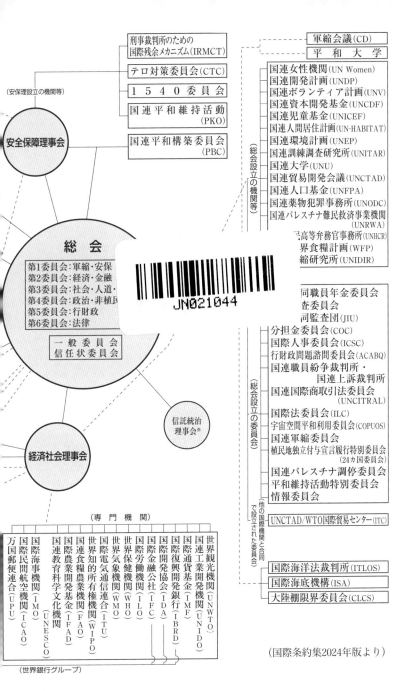

刑事裁判所のための
国際残余メカニズム(IRMCT)

テロ対策委員会(CTC)

１５４０委員会

国連平和維持活動
(PKO)

国連平和構築委員会
(PBC)

（安保理設立の機関等）

安全保障理事会

総　会

第1委員会：軍縮・安保
第2委員会：経済・金融
第3委員会：社会・人道・
第4委員会：政治・非植民
第5委員会：行財政
第6委員会：法律

一　般　委　員　会
信任状委員会

信託統治
理事会※

経済社会理事会

軍縮会議(CD)

平　和　大　学

国連女性機関(UN Women)
国連開発計画(UNDP)
国連ボランティア計画(UNV)
国連資本開発基金(UNCDF)
国連児童基金(UNICEF)
国連人間居住計画(UN-HABITAT)
国連環境計画(UNEP)
国連訓練調査研究所(UNITAR)
国連大学(UNU)
国連貿易開発会議(UNCTAD)
国連人口基金(UNFPA)
国連薬物犯罪事務所(UNODC)
国連パレスチナ難民救済事業機関
(UNRWA)

（総会設立の機関等）

高等弁務官事務所(UNHCR)
界食糧計画(WFP)
縮研究所(UNIDIR)

同職員年金委員会
査委員会
同監査団(JIU)

分担金委員会(COC)
国際人事委員会(ICSC)
行財政問題諮問委員会(ACABQ)
国連職員紛争裁判所・
　　　国連上訴裁判所
国連国際商取引法委員会
(UNCITRAL)
国際法委員会(ILC)
宇宙空間平和利用委員会(COPUOS)
国連軍縮委員会
植民地独立付与宣言履行特別委員会
(24カ国委員会)
国連パレスチナ調停委員会
平和維持活動特別委員会
情報委員会

（総会設立の委員会）

UNCTAD/WTO国際貿易センター(ITC)

（他の国際機関と合同
で設立された委員会）

国際海洋法裁判所(ITLOS)
国際海底機構(ISA)
大陸棚限界委員会(CLCS)

（専　門　機　関）

世界観光機関(UNWTO)
国連工業開発機関(UNIDO)
国際復興開発銀行(IBRD)
国際通貨基金(IMF)
国際金融公社(IFC)
国際開発協会(IDA)
世界保健機関(WHO)
世界気象機関(WMO)
国際電気通信連合(ITU)
世界知的所有権機関(WIPO)
国際労働機関(ILO)
国連食糧農業機関(FAO)
国際農業開発基金(IFAD)
国連教育科学文化機関(UNESCO)
国際民間航空機関(ICAO)
国際海事機関(IMO)
万国郵便連合(UPU)

（世界銀行グループ）

（国際条約集2024年版より）

JN021044

国際法

第5版

中谷和弘・植木俊哉・河野真理子・
森田章夫・山本 良［著］

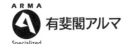

ARMA
有斐閣アルマ
Specialized

第5版 はしがき

　本書の初版は2006年3月に刊行された。本書は幸いにも国際法全般を鳥瞰できるコンパクトかつオーソドックスなテキストととして多くの読者が手にとって下さり，また，多くの大学において国際法の教科書としてご採用頂いた。このことは我々にとって望外の喜びであった。初版の刊行以後，5年毎に改訂して第4版まで刊行してきた。その意味で本書は約20年の国際法の歩みと軌を一にする。

　2022年2月にはロシアのウクライナ侵略が発生し，国際関係はまさに激動しているため，これまでの5年毎のアップデートを早める形で，このたび第5版を刊行することにした。この間に新たに採択・判示された条約・国際判例や重要な事案における国家実行を中心として補充することにより，国際社会の激しい動きをキャッチできる国際法の教科書を目指して，限られた紙幅の範囲内ではあるものの可能な限りヴァージョン・アップした。同時に，激動する国際関係の中でも揺るがぬ国際法の基本原則があることを理解できるように配慮した。

　本書の内容をより深く理解するためには，座右に『国際条約集』と『国際法判例百選〈第3版〉』をおいて，常に条約と判例を直接確認して頂くのがベストだと信じる。

　第5版の刊行に際しては，有斐閣学習書編集部の渡邉和哲氏に全面的にお世話になった。この場をお借りして御礼申し上げたい。

　2024年2月

執筆者一同

初版 はしがき

　本書は，国際法における，コンパクトでスタンダードな教科書を目指したものである。国際法のすぐれた教科書は，すでに数多く存在する。そこで，ほぼ同時期に東京大学法学部研究室において国際法の研究をはじめた我々が，今回，教科書を執筆することになった際，まず心がけたことは，特徴のない1冊を付け加えることだけは避けようということであった。同時に，わかりやすい記述によって容易に通読できるものであること，最新の問題にも可能な限り言及したものであること，初学者にとって興味を持ちながら能率よく国際法のエッセンスが理解できるものであることを目指した。つまり，高度で最新の情報が含まれながらも，コンパクトな書物のメリットを最大限活かそうと心がけて執筆を行った。このような試みが成功したかどうかの判断は読者各位に委ねたいが，我々としては，一人でも多くの読者が本書によって国際法に関心を抱き，より本格的な国際法の著書や論文に目を通すようになっていただければ，これに勝る喜びはない。

　本書が取り扱う国際法自体の重要性については，今日，もはや強調する必要もないほどである。21世紀に入り，国際関係はますます複雑化している。そのような中，国際法は，国際社会の「背骨」をなすものだといっても過言ではない。そのため，国際関係における法の実像を一通り把握しておくことは，すべての法学徒にとって不可欠であるばかりか，すべての地球人にとって有益である。その意味で，国際法の正確な理解なしに国際関係を語ることは，無責任であるどころか有害でさえあろう。同時に，国際法

は，目次を見ていただければわかるように，極めて広範な範囲を今日規律している。法学でこれほどの広範囲をカバーするものは他にはなく，その意味では，まさに「夢とやりがいのある法学」が国際法である。

　本書は5名の分担執筆によるものであるが，それぞれの担当部分については，相互に相当の意見交換を行った。もとより，学説上の見解の相違については，最終的には担当執筆者の責任である。

　最後になったが，有斐閣書籍編集第一部の神田裕司氏には本書の企画段階から刊行に至るまですべてにわたって大変お世話になった。この場をお借りして心より厚く御礼申し上げたい。

　2006年1月

執筆者一同

著 者 紹 介 （執筆順, 《 　 》は執筆箇所）

なか たに かず ひろ
中 谷 和 弘

東京大学教授

《第 1 章 *1*・*2*・第 11 章・第 14 章 *3〜5*・第 15 章・第 17 章》

うえ き とし や
植 木 俊 哉

東北大学教授

《第 1 章 *3*・*4*・第 2 章・第 4 章・第 7 章》

かわ の まり こ
河 野 真 理 子

早稲田大学教授

《第 1 章 *5*・*6*・第 3 章・第 8 章・第 13 章・第 14 章 *1*・*2*》

もり た あき お
森 田 章 夫

法政大学教授

《第 5 章・第 9 章・第 10 章・第 18 章》

やま もと りょう
山 本 　 良

埼玉大学教授

《第 6 章・第 12 章・第 16 章》

目　次

Column 目次

判例に，〈百選○〉とある表記は，国際法判例百選〈第3版〉（有斐閣，2021年）に，〈百選初版○〉とある表記は同〈初版〉（有斐閣，2001年），〈百選2版○〉とある表記は同〈第2版〉（有斐閣，2011年）に登載されている項目番号を示す。

第 1 章 | 国際社会と国際法

●本章のサマリー

　国際法は，「主に」国家間の関係を規律するルールである。国際社会における法のあり方は国内社会におけるそれとは異なっている（⇨**1**）。国際関係の現実においては，条約や慣習国際法において規定されたとおりに国際法ルールが解釈・適用されるわけではない。国際法は，外交のみならず国内行政，企業，法曹にとっても有用なものである（⇨**2**）。

　また，現代の国際社会では，国家以外に国際組織やNGO，多国籍企業，個人など，多様な主体（アクター）がさまざまな活動を行っていることにも留意する必要がある（⇨**3**）。国際法は，かつては欧米の「文明国」中心に構成されていたが，第2次大戦後は途上国の発言力の増大を反映した国際法の主張がなされた。現代では，南北問題はむしろ文明間の対立といった新たな様相を見せつつある（⇨**4**）。

　国際法の原始的な起源は古代の国家間の取決めにあるが，現在のような形の法体系が形成されたのは，欧州で封建社会が崩壊し，主権国家を中心とする国際秩序が成立して以降である。その後，国際社会の現実を反映して，国際法とその理論はさまざまな変化を遂げてきた（⇨**5**）。国際法が規律するのは，原則として国家である。しかし，国家の国際法上の権利・義務関係は人の日常生活に影響を与えることも多い。国際関係が緊密化するにつれて，その影響はますます増大している（⇨**6**）。

SUMMARY

1 国際法の基本的特徴

1-1
国際法の基本構造

国際法（international law, droit international）は，「主に」国家間の関係を規律するルールである。ここで「主に」といったのは，非国家主体（国際組織，個人，企業，NGO 等）に関する国際法ルールも少なからず存在するからである。

　国際法は，対等な主権国家間の関係を規律することを主たる目的とするものである。国際法を作成するのは諸国家であり，諸国家は自らが作成した国際法によって拘束されることとなる。

　国際法の主要な構成要素は，条約と慣習国際法である。国際社会においては，慣習国際法といういわば不文法の占める地位が高いのが特徴である。基本的に，条約は締約国のみを拘束し第三国を拘束しないのに対して，慣習国際法は国際社会のすべての国家を拘束する。なお，国際法ルールの中には，国際組織による「勧告」のように，法的拘束力はないが一定の法的効果（対抗力）を有するものもある。また，犯罪人引渡しのように友好関係等に配慮して自発的に行う措置（**国際礼譲**）や，国際儀礼のための措置（**プロトコール**）は，国際法上の義務としてなされる措置ではない。

　国際法違反を犯した国家には国家責任が生じ，原状回復，損害賠償，陳謝といった事後救済の義務が生じるが，現実にそれを強制執行するメカニズムが国際社会においては十分確立されてはいない。国際社会においては，客観的な事実認定・違法性認定や法適用を行う制度的保証はない。それゆえ，国際社会においては被害国による

単独での自力救済的措置（具体的には後述する自衛権および非軍事的復仇）を認める必要性があり，また実際に認められてきた。

国内社会においては，国内法の解釈・適用は最終的には裁判によって担保されており，その前提として国内裁判所には強制管轄権が付与されているが，国際社会においては，そのような前提を欠く。ハーグには国連の主要な司法機関として国際司法裁判所（ICJ）があるが，裁判が成立するためには紛争当事国の合意（合意管轄）が必要であるため，国際法違反が必ず ICJ で裁かれる保証はなく，国際紛争全体の中で ICJ で扱われた紛争はごく一部にとどまっている（ICJ にこれまで付託された紛争は，主題別では，領土紛争や海洋境界画定紛争が比較的多い）。国際紛争の大半は，外交交渉によって解決されるか，解決されずに時間が経過するかのいずれかである。ICJ が判決および勧告的意見において示してきた国際法の解釈・適用は，国際社会において高い権威を有し，国際法の発展に非常に大きな貢献をしてきたが，そのことと現実の紛争解決における限定的な有用性とは別である。

国際法は，対等な主権国家間の関係を主な規律対象とする特徴を有してきたため，伝統的には民事法に法構造が近いといわれてきた。もっとも最近は，集団殺害や人道に対する罪を犯した個人を裁く国際刑事裁判所（ICC）に代表されるように国際法において刑事法的側面も無視できないものとなっている。しかし，国際法を国内法の安易な類推で考えることは不合理な結論に陥るおそれがあるので慎まなければならない。国際法において何よりも重要なことは国家実行（国家の言動）をよく観察することである。

1-2
国際法の検討対象

国際法は何を検討対象とするかについて，ここでは，「法律問題」と「政策問題」

の区別を指摘しておきたい。ここでの「法律問題」とは，国家がある行動をとることが，国際法上，義務とされているか，許容されているか，禁止されているかを明らかにすることである。他方，「政策問題」とは，国家がある行動をとることが，政策上，好ましいか否かを明らかにすることである（国際法分野での立法論もこの「政策問題」に含まれる）。両者の関係については，「法律問題」の判断において，「義務」とされた場合には政策問題を云々することなく行動をとるべきであり，他方，「禁止」とされた場合は政策問題を云々することなく行動を控えるべきであるといえる（政策問題を語る真の意味があるのは「許容」の場合に限定される）。この点からも，少なくとも理念的には「法律問題」の判断は「政策問題」の判断に先行してなされるべきであるといえる。このような「法律問題」の判断をする政府の国際法法律顧問部局は，日本の場合は，外務省国際法局である。国際法学においては，「政策問題」の検討も重要であるが，まずは「法律問題」を明らかにすることが不可欠である。

国際法のカバーする範囲は非常に広く，安全保障，領域（陸地，海洋，空・宇宙），経済，人権，環境・エネルギーなど多岐にわたる。学問の発展・細分化とともに，国際経済法，国際人権法，国際環境法といった国際○○法が独立した学問分野として確立してきたが，これらにおいても，国際法の一般的知識は不可欠である。特に，国際関係においては，人権侵害国に対して輸出入を禁止するといった具合に諸規範はリンクしているため，1つの分野（たとえば経済）の細目のみを検討して国際法全般の中での位置づけを考えないと，誤った結論を導きかねないことになるので，とりわけ注意が必要である（特に，条約法，国家管轄権，国家責任といった国際法の一般理論にかかわる諸分野の正確な理解が重要である）。

国際法が達成しようとする主な理念には，平和，安全，環境，人権，自決，開発，自由貿易等があり，また国際社会における法的安定性の確保は，無視できない国際法の重要な任務である。もっとも，これらの具体的内容・射程範囲をめぐっての対立は不可避であり，環境と開発の関係や自決権と領土保全の関係のように，2つの価値が両立しがたい場合もある。

2 国際関係の現実と国際法

1-3
国際法をめぐる現実　国際法は，約200の国家という匿名性のない「会員制」の国際社会におけるルールであり，さらに，*1*でみたように客観的な事実認定や法適用の機関が確立されていないゆえ，国際関係の現実においては，条約や慣習国際法において規定されたとおりに国際法ルールが解釈・適用されるわけではない。

　第1に，現代の国際社会においては，法制定の平等は確立され，また法内容の平等についても確立されているどころか，途上国に有利な内容の補償的不平等の内容を有するルールも現れているが（例，GATT/WTOや気候変動枠組条約京都議定書），法適用の平等は（確立されるべきであるにもかかわらず）およそ確立されていない。A国の国際法違反に対する国際社会の対応とB国の国際法違反に対するそれが，全く異なるという一見不合理な現象は国際社会においてはしばしば出現する。

　第2に，国際法違反に対しては，国家責任のルールで規定されたとおりに違法行為責任が追及されるわけではない。一般に国家は自

国が国際法違反を犯したと認めることを極端に嫌い，事実認定の段階でまず争い，たとえその事実が認定されても責任を自認せずに，しばしば別の形での解決を図ろうとする。**恩恵による支払**（*ex gratia payment*）はその一例である。逆に，拘束された自国民を救出するため，あえて自国の違法行為責任を認めて陳謝と受け取れる言葉を発することさえある（例，2001 年の米中軍用機接触事件および 1968 年のプエブロ号事件における米国の対応）。

第 3 に，事前の合意は事後の慣行によって改変されうる（1963 年 **米仏航空協定仲裁裁定**）。

第 4 に，法的安定性を担保するため，人工的な解釈を採用することが国際社会においてしばしば見られる。たとえば，国際社会は，ソ連は法的には消滅せず，ただしロシアがソ連の継承国となるという扱いにして，安保理常任理事国の地位や核兵器等の承継の問題を処理した。

さらに，そもそも，国際法ルールが何であるかという条約の解釈および慣習国際法の認定をめぐって争いが生じた場合に，これを有権的に判断する第三者機関である国際裁判所は当該問題につき管轄権を有するとは限らないため，当事国間での見解の対立がそのまま放置されることが往々にして存在する。

1-4 国際法と国内行政，企業，法曹

国際法は外交において不可欠なものだが，その知識は，各国外務省や国際組織においてのみ必要とされているものではない。

たとえば，航空輸送を主管する国土交通省にとっては，国際線を運航させるためには，航空協定を締結する必要があり，条約法や国際航空法の正確な知識が不可欠である。また，国連の専門機関の 1 つである国際民間航空機関（ICAO）が定める国際標準について適切

な対応をするためには，上記に加えて国際組織法の正確な知識も要求される。企業にとっても，**企業の社会的責任**（Corporate Social Responsibility, CSR）を果たすためには，今日では，労働条約，人権条約，環境条約等の内容を理解することが不可欠であり，また，たとえば京都議定書で定められた排出権取引は，環境ビジネスのチャンスにもなった。在外子会社の資産が国有化された場合の対処には，国際経済法や外交的保護の知識が欠かせない。国内法曹にとっても，たとえば，どのような条約であれば国内裁判所で直接に援用できるかという問題や，相手国政府が容疑者を引き渡しても死刑にしないと言明したことは国際法上いかなる意味を有するかといった問題についての正しい理解が必要であることは，いうまでもない。

まさに国際法は，国際社会における共通言語であり，21世紀のすべての法学徒にとって不可欠なものである。

3 国際社会のアクターと国際法の主体

1-5

国際社会における国際法の主体としての国家

現代の国際社会には，さまざまな行為主体が存在し，無数ともいえる多様な活動を行っている。われわれ個人一人一人や，企業その他の団体，さらに国家，そして各種の国際組織など，多種多様な主体が，現代の国際社会ではさまざまな活動を展開しており，これら各主体による諸活動の帰結として現実の国際社会は動いている。

国際社会におけるこれらの諸活動を規律する法規範は，大別すれば，国内法と国際法の2つの法体系のいずれかに分類することがで

きる。国際法とは長い間，国家間の関係を規律する法として理解されてきた。このような考え方は，主権国家を構成単位とする国際社会の秩序が確立した近代国際社会における「国際法」概念として，長い間支配的なものであった。(1)主権国家は，それぞれが国際社会における最高の存在であり，この主権国家間の合意に基づいて作り出される法規範が国際法である，(2)国際法が規律する対象は国家間の関係である，(3)それゆえ，国際法の主体は，その定立主体という意味からも，規律対象という意味からも，国家である。このように整理される伝統的国際法の下では，**国際法主体**は，主権を有する国家に限られ，それ以外に国際法主体としての地位が（部分的ながら）認められるものは，ローマ法王庁（バチカン）やマルタ騎士団といった歴史的・宗教的理由に基づく極めて例外的なものに限られていた。

1-6
国家以外の主体と国際法

他方で，第2次大戦後になると，国際社会のいわゆるグローバル化の進展に伴なって，国際社会における国家以外の主体による国際的な活動が従来にも増して量的にも質的にも飛躍的に拡大していった。

このような現象は，国際法の観点からすると，まず第1に，国際法の規律対象を国家以外に個人，NGO，企業といったものにまで拡大する結果をもたらした。すなわち，現在の国際法には，個人の人権を保障するための条約や，戦争犯罪やジェノサイド，人道に対する犯罪等を犯した個人を処罰することを定めた条約など，個人に対して直接的に権利を付与しまたは義務を課す内容のものも含まれる。また，国境を越えて世界的規模で企業活動を行っているいわゆる**多国籍企業**を規律するための規則も，国際法の重要な一分野を占

めるようになった（⇨第14章）。これらの国際法規範に，国際組織に関係する国際法の規則等を加えると，今日の国際法規範全体の中で国家以外の主体が関係するものの割合は，かなりの程度に上っていると解することができる。

第2に，国際法の定立の側面においても，国家以外に国際組織や個人，NGO等が一定の役割を果たすようになった。たとえば国連では，NGO（non-governmental organizations；国連憲章71条では「民間団体」と訳されている）が重要な役割を果たすようになりつつある。国際組織が条約の締結等を通じて国際法の定立に果たしている重要な役割については，第4章 **1** で述べるが，国際労働機関（ILO）総会において使用者代表・労働者代表がILO条約の採択の過程で投票権を個別に行使する例（ILO憲章3条1項・4条1項）や，欧州連合（EU）における欧州議会（EU条約14条）の議員やEU委員会（EU条約17条）委員など，政府代表以外の主体が国際法の定立過程で重要な役割を果たすことが認められている事例は，必ずしも稀ではない。

4 国際社会の多様性と国際法

1-7

国際法における「文明」概念とその変化

現代の国際社会は，グローバル化による世界の一体化とボーダーレス化が急速に進展する中で，均質的な経済発展を遂げつつあるわけでは必ずしもなく，経済的に高度に発展しその大多数の国民が十分な生活水準を享受している先進国と，大半の国民が現在なお極めて厳しい経済状態に置かれている途上国とが存在する。

現代の国際法は，このように現実には必ずしも同質的ではない世界全体に対して適用されるべき法規範であり，国際法を途上国の立場から見た場合，そこには先進国の立場とは異なる一定の主張や問題意識が提起されることになる。

たとえば 19 世紀に世界的規模にその適用範囲を拡大した当時の国際法のルールは，欧米列強の世界支配を法的に正当化する機能を持った法体系であった。当時の欧米の「**文明国**」の基準に照らしてこれに達していないとされたアジア・アフリカの土地は，いかに現地の人々が実際に共同体を形成して平和的に暮らしていようとも，国際法上は**無主地**とされ，**先占**による領域取得の対象とされた（⇨**9-4**）。このような当時の「無主地先占」の法理は，この時代の欧米列強による世界的規模での植民地獲得競争を法的に正当化する機能を営むものであった。第 1 次大戦後に成立した常設国際司法裁判所（PCIJ）が，その裁判準則の 1 つとして定めた「**文明国**（civilized nations）が認めた法の一般原則」という概念は，今日の ICJ 規程にも引き継がれている（38 条 1 項(c)）。**委任統治**制度の創設を規定した国際連盟規約 22 条も，第 1 次大戦の結果として植民地等から離れた「近代世界ノ激甚ナル生存競争状態ノ下ニ未タ自立シ得サル人民ノ居住スル」地を連盟の委任統治下に置くことは「文明ノ神聖ナル使命」であると規定していた。

しかし，第 2 次大戦後に発足した国連は，「**人民の同権及び自決**」の原則をその目的の 1 つとして明記し（国連憲章 1 条 2），人民の自決権は今日では国際法上の権利として確立したものと理解されている（1975 年の西サハラ事件・ICJ 勧告的意見〈百選 2 版 13〉，1995 年の東ティモール事件・ICJ 判決〈百選 96〉）。したがって，今日では，人民の自決権を侵害するような形での領域取得は，国際法上合法なもの

とはみなされない。

1-8

南北問題の国際法上の展開

第2次大戦後の国際社会では，1960年代までに脱植民地化の動きが世界的規模で急速に進み，アジア・アフリカの新興独立諸国の国際舞台における発言権が急速に増大した。これらの（発展）途上国は，国連の場でいわゆる「77か国グループ」（G77）を形成し，一国一票制度をとる国連総会での圧倒的多数派を形成することとなった。

1970年代初頭には，第1次石油危機（オイル・ショック）が発生し，産油国を中心として途上国による資源ナショナリズムが強まった。これを国際法上支えた理論が「**新国際経済秩序**」（**NIEO**）樹立の主張であり，国連総会の場で数次にわたる「天然資源に対する恒久主権」決議（1962年，1966年，1973年）や「国の経済的権利義務憲章」（1974年），「新国際経済秩序樹立宣言」（1974年）といった決議が次々に採択されていった。その中では，たとえば途上国が自国に進出した先進国の企業を「国有化」または「収用」する際の補償原則（⇨*14-8*）といった個別の争点について，先進国と途上国は激しく対立することとなった。1973年に開始された第3次国連海洋法会議における国連海洋法条約（1982年採択，83年署名）の起草過程においても，とりわけ深海底の鉱物資源の開発に関する条項（同条約第11部）をめぐって，「**人類の共同の財産**」概念を基礎として国際的機関による独占的開発およびその収益の途上国への優先的分配を主張する途上国と，市場原理に基づく自由競争による開発を主張する米国との先鋭的な対立がみられた（⇨*10-9*）。

このように1970年代から80年代には，国際法の個別分野において，米ソ両超大国を中心とする東西両陣営の政治的対立を国際関係

の基本構造とする中で，先進国・途上国間の利害対立が投影された主張が国際法上展開されていった。

1-9

文明間の対立？——21世紀における国際法の役割

1990年代に入り，ソ連の消滅および社会主義陣営の崩壊により東西冷戦が終結し国際社会の基本構造に大きな変化が生じると，先進国・途上国間の南北問題もその様相を根本的に変えるようになる。この間，東アジアや東南アジア等の途上国はかなりの経済発展を遂げたのに対し，アフリカの大多数の国々では絶対的な貧困問題が解決せず，凄惨な民族紛争が多発し，ルワンダに見られるように大規模なジェノサイド（集団殺害）等も発生した。21世紀に入り，2001年9月に米国で発生した**同時多発テロ**は世界中を驚かせたが，その1つの重要な背景にはこのような途上国における絶対的な貧困問題と先進国・途上国間の膨大な経済的格差の問題がある。また，同時多発テロ後のアフガニスタンのタリバン政権に対する米国等による武力攻撃，さらに2003年のイラクのフセイン政権に対する米英両軍を中心とする武力攻撃は，米国とイスラム社会，さらには欧米諸国とイスラム諸国といった「文明間の対立」の図式を世界的規模で生み出した。2010年にチュニジアで始まった「アラブの春」と呼ばれる民主化運動は，エジプトやリビア等で独裁政権の崩壊をもたらしたが，その後シリアやイラクの国内ではいわゆる「イスラム国」(Isramic State; IS) を自称する武装集団が支配地域を拡大して内戦が激化し，シリア等から多くの難民が国外に脱出するなど，深刻な問題が発生した。

他方で，たとえば2002年に発効した**国際刑事裁判所（ICC）**規程は，集団殺害犯罪や人道に対する犯罪，戦争犯罪等の重大な犯罪を行った個人の国際法上の刑事責任を追及する裁判所の設置を定めた

（⇨*13-23*）が，これらの重大な犯罪を犯した者に対しても死刑を科すことは認めない裁判所であるため，その締約国の大半は（死刑制度を廃止した）欧州諸国および米州大陸諸国などであり，死刑制度を存置しているイスラム諸国やアジア諸国の多くは批准していない。また，米国は自国の軍人等が同裁判所に訴追されることへの懸念という観点から，ICC に強く反対している。ICC は，今後の国際法の発展を考える上で非常に重要な意義を有する裁判所であるが（⇨*13-21*），死刑制度や「人権」概念，刑罰観や裁判制度等をめぐる各国間の基本的な考え方の相違は，一種の「文明間の対立」につながりうる問題を含んでいる。その中で，死刑制度を有するアジアの有力国である日本が 2007 年に ICC に加入したことは，特に注目に値するといえよう。

　以上のような 21 世紀における国際社会の新しい秩序の構造と対立の図式の中で，国際法がどのようにして真の意味で普遍的かつ全世界的に妥当する規範秩序を構成することができるかは，未来に向けた重要な課題である。

5 国際法の歴史と国際法学の歴史

1-10
国際法の起源

人間が国という集団を形成するのは古代から見られる現象であり，異なる国家集団の間でさまざまな取決めがなされた。ともにメソポタミアの都市国家であったラガシュとウンマの間で紀元前 2100 年頃に締結された条約を記した石碑は現存する最も古い条約である。この石碑には，境界を画する濠と石を侵してはならないことが厳粛に宣言されてい

る。こうした原初的な条約は，古代エジプトやヒッタイト，バビロンなどでも結ばれ，国境線の不可侵，犯罪人の引渡し，防衛同盟など多様な内容の取決めが文字で記された。また，古代のインドや中国でも国家間で一定の規則が存在したと説明する学説もある。

　紀元前6世紀以降のギリシアの都市国家間では，国家間の条約が相互の不可侵などの政治的な問題だけでなく，相互の通商関係を円滑にするための国民の相互保護などについても定めるようになった。ローマ帝国の初期には，帝国の領域内に住む者を規律する市民法（*jus civile*）が発達したが，その後の帝国の拡大につれ，ローマ帝国の臣民と外国人の関係を規律する法である**万民法**（*jus gentium*）が発展した。ギリシアやローマのこうした基本的な法思想が，その後の欧州の国際法の発展に大きな影響を与えた。

　戦争についても，古くから議論がなされてきた。欧州の中世社会では，神聖ローマ皇帝とローマ法王を頂点とする国際関係が誕生し，ローマ・カトリック教会とスコラ哲学者を中心に，戦争の正当性が論じられた。中世のイスラム社会でも，イスラム法のもとでの戦争の正当性についての理論が発展した。

1-11
国際法体系の誕生

このような原初的な国際法は，国家間での規則として機能したが，その当事者限りの性格が強く，一般的な国際法規範ではなかった。現在につながる伝統的な国際法理論が見られるようになるのは，1492年の「アメリカ大陸発見」と宗教改革以降である。ビトリア（1480-1546），スアレス（1548-1617），ゲンチリ（1552-1608）の理論を受け継ぎ，さらに，中世のスコラ哲学の影響を脱したのが，国際法の父と呼ばれる**グロティウス**（1583-1645）である。彼は，三十年戦争中に『戦争と平和の法』を著し，当時の国際社会を背景としたあるべき法を論じた。

1–12

主権国家の間の国際法の出現

近代の国際法の国家を中心とする規律の体系が生まれるのは，三十年戦争の講和条約として結ばれた**ウェストファリア条約**（1648年）以降である。この条約により，主権国家を単位とし，その勢力均衡をはかる国家体制が欧州にもたらされた。また，それぞれの国家の内部で新興市民階級が形成され，国民主権や人権などの思想も生まれたことも，国際社会に大きな影響を与えた。

これらの欧州の社会的状況を受けて，ズーチ（1590-1660），プーフェンドルフ（1632-1694），バインケルスフーク（1673-1743），ヴォルフ（1679-1754），ヴァッテル（1714-1767）などの思想家や学者が輩出され，その後の国際法理論に大きな影響を与えた。

1–13

19世紀の国際社会の変化と国際法の発展

ウェストファリア条約以降の欧州を中心とした国際法理論が実態としての条約や国家慣行を伴うようになるのは，19世紀以降である。ナポレオン戦争の講和会議である**ウィーン会議**では，単なる講和問題だけでなく，当時の欧州の秩序の構築が議題となり，その議定書（1815年）には，**奴隷売買の禁止**，**国際河川制度**の設立や，**スイス**，**オランダの独立**などが盛り込まれた。

18世紀末から19世紀初めのスペインやポルトガルの植民地の独立は，欧州国際社会の拡大の第一歩となった。さらに，19世紀半ば以降のトルコ，日本，タイなどの非欧州・非キリスト教諸国の国際社会への登場は，国際社会の範囲や性格を根本的に変化させた。また，19世紀後半の産業革命により，人間の科学・技術が飛躍的に発展したことに伴い，通商や人の移動が活発になった。拡大し，緊密化する国際社会の秩序の維持・確保のため，条約の数が飛躍的に増加し，行政的・技術的な分野を中心として，国家間の協力を促

進するための組織化が行われるようになった。また，国家間の紛争処理の方式の1つとして，**仲裁裁判条約**に基づく義務的仲裁裁判制度が多く取り入れられるようになった。

このような国際社会の変化を受けて，諸国家の共同意思に国際法の根拠を見いだすトリーペル（1868-1946）の学説のように，国際法を国家の意思に基礎づけ，国家慣行や慣例，判例などを重視する**実証主義**が台頭することとなった。実証主義の台頭とともに，国際法の法典化への動きが始まったこともこの時期の大きな特色である。1899年と1907年に，国際社会の平和と安全について話し合う**ハーグ平和会議**が実現したのは，こうした国際社会の実際の動きと理論の変化の成果であるともいえる。

1-14
20世紀初頭の国際法

第1次大戦は，近代兵器を用いる戦争の悲惨さを印象づけ，その後の戦争の違法化とその履行確保のための制度を構築する努力の源となった。ヴェルサイユ条約の一部である**国際連盟規約**は，**集団安全保障**の制度化をもたらした条約であり，**不戦条約**（1928年）は歴史上初めて，国家の政策の実現手段としての戦争を一般的に放棄する条約が実現した。これらの条約は，第1次大戦以前の国際社会に見られなかった制度を規定したが，その実効性に限界があったことは，第2次大戦の勃発から明らかである。

また，第1次大戦後の，**常設国際司法裁判所**（PCIJ）や**国際労働機関**（ILO）の設立は，第2次大戦後に引き継がれる国際社会の組織化への重要な動きであったことも付言しておかなければならない。

1-15
第2次大戦の終結と国際社会の変容

第2次大戦の終結後，**国際連合**を中心として，新しい国際社会の平和と安全の維持のための制度が設けられた。国連は，

国際の平和と安全の維持だけでなく，**人民の自決の権利の尊重**や**基本的人権の保障**のための国際協力の促進などを目的とする組織である。

　東西冷戦の影響もあり，国連の制度と活動には様々な制限や限界が指摘されてきた。しかし，第2次大戦後，国家主権の尊重が強調される国際社会（international society）から，**国際共同体**（international community）全体の共通利益の保護のための国際協力の必要性が認識されるようになった。こうした社会の変化そのものと国際共同体全体の共通利益を保護する国際法の規則の発展において国連が重要な役割を果たしてきたことも事実である。

1-16
社会主義体制の崩壊と国際法

第2次大戦後の国際社会の代表的な特色の1つであった東西冷戦が1980年代末の**社会主義体制の崩壊**によって終結した。これにより，国際社会の根本的な対立構造は解消した。その結果，東西冷戦の前提となっていた自由主義対社会主義，市場経済対計画経済，ブロック内への相互不干渉という基本的な対立枠組みも解消した。現在の国際社会では，**民主主義**を基礎とする政治的な枠組みと市場経済に基づく資本主義経済体制が普遍的に是認されるべきであるとの主張が説得力を持つようになっている。このことにより，従来，国家の国内体制を各国が自由に決定してきたことと矛盾する結果が生じている。たとえば，旧ソ連や旧ユーゴスラビアの解体後，欧州共同体理事会宣言（1991年）でいわれたように，民主主義体制，人権の保障，人種・民族集団と少数者の権利の保障などのさまざまな要件が満たされなければ国家として承認しないといった，国内体制に関わる条件が国家としての要件に加えられるべきであるとの主張が見られる。

　社会主義の崩壊後の混乱への対応に加えて，特に1990年代以降

の国際社会においては，従来の国際法が予定してこなかったような破綻国家などへの対応も必要となっている。このような国家に対して，上記の民主主義や市場経済，そして人権や民族・宗教・少数者の保護の保障などをどのように求めていくかも重要な課題である。

1-17
新たな国際対立 東西冷戦という対立構造は解消したものの，2000年以降は新たな国際対立の構造が生じている。第1に，発展途上国対先進国という単純な対立が崩れていることが指摘されなければならない。一方で，先進国間の経済競争が激しくなり，利益が多様化している。他方，かつて発展途上国として共通の利益を共有していた諸国の中では，発展の度合いに格差が生まれているのである。大きな経済発展を遂げた一部の諸国は，**BRICS，グローバルサウス**と呼ばれ，国際関係全般において発言力を強めている。こうした中で，GATT/WTO体制のような普遍的な国際組織の制度が行き詰まりを見せるとともに，利害関係を共有する諸国の間での地域的な経済連携が加速化している（⇨第13章）。

第2に，経済的，政治的および軍事的に大きな勢力となった中国が，一帯一路政策や積極的な海洋進出政策によって，国際社会全体と周辺諸国への影響を強めようとしていることも現在の国際関係の重要な関心事項となっている。特にアジア太平洋地域への中国の進出は，米中対立をもたらしており，欧米諸国のこの地域への関心も高まっている。また，国連の集団安全保障体制にも新たな問題が生じている。シリアのアサド政権の国内の政策，ロシアのウクライナ侵略など，国連安保理の機能が国際の平和と安全の維持の中核を担うことが期待された国連の集団安全保障体制の機能不全に伴う問題が改めて認識されるようになっている。

6 日常生活と国際法

1-18
人々の日常生活と国際法

国際法の規則は，条約や外交関係，武力行使といった日常生活と関係が薄い事象を規律しているという印象があるかもしれない。しかし，国家の国際的な権利・義務関係が人々の日常生活と深く関係することは古くから見られた。欧州で中世に締結された通商条約は，人の交流や物資の流通を促進した。また，19世紀に締結された行政・技術に関する条約には，**万国郵便連合設立条約**（1874年）や**メートル法の統一条約**（1875年）など，現在まで，人々が日常的に恩恵を受けているものも多い（⇨4-7）。

第2次大戦後は，国家間関係の相互依存の高まりや，個別の国家の利益を超える国際共同体の共通利益の存在容認，個人の国際的な活動の活発化などによって，国家の国際法上の権利・義務関係の人々の日常生活への影響はますます増加している。特に人権の保障と経済の分野では国家間の条約が個人の日常生活に密接に関係する可能性が高まっているだけに，条約を締結したり，国際的な活動に参加したりする際，各国は国内社会でそれをどう支え，履行するかを法制度の調整を含めて検討しなければならない。

1-19
人権条約と個人の人権の保障

伝統的な国際法では，個人の人権保障は各国の国内法によって定められると考えられていた。しかし，国連憲章1条で人権と基本的自由の尊重が国連の目的の1つとされ，世界人権宣言の採択後，多くの人権条約が締結されてきた。人権条約の多くは，条

約上規定された人権の保障を実現するための制度を作ることを国家の義務として，個人の人権保障は各国の国内法を通じて実現されるべきとされている。したがって，人権条約の下での権利の実現に関しては，国内裁判所の手続が重要な役割を担うことになる。国内裁判所の事例では，条約の直接適用の可能性が論じられる場合もある。また，**欧州人権裁判所**のように個人に直接の当事者適格が認められている裁判所がある場合は，国内裁判所だけでなく国際裁判所の手続の利用も可能となる（⇨第12章 **3**）。

1-20

経済関係の条約と個人の生活

経済関係の条約も日常生活に直接関連している。たとえば，経済統合協定や自由貿易協定，経済連携協定は，締約国内の産業やモノやヒトの流れに直接的な影響を与える。国際的な経済活動の自由の促進は経済的な利益や発展をもたらすものである。しかし，**経済のグローバリゼーション**に対する批判としてしばしば指摘されるように，脆弱な伝統産業や文化が経済的な合理性によって淘汰され，世界の均一化につながる現象も見られる（⇨第14章）。

　条約上の義務以外にも，国際法が人々の日常的な経済生活に影響を及ぼす場合がある。たとえば，**国連安全保障理事会の決議**に基づく**経済制裁**やそれぞれの国家の判断による経済制裁も，国内経済に直接の影響を持つ国際法上の措置の1つである（⇨第17章 **2**）。

1-21

感染症のパンデミックと国際法

2020年，**新型コロナウイルス感染症**への感染が急速に拡大し，**パンデミック**の状態となった。これに対応して，各国は，自国民も含め外国からの人の流入を認めないことで自国領域への感染症の持ち込みを防ごうとした。こうした政策は，第2次大戦後，国際社会の経済発展のために，ヒトやモノの自由な移動を確保する

方向で発展してきた国際的な制度に大きな影響を与えた。特に，こうした政策により，航空機や船舶の円滑な運航に支障が生じ，多くの人々が日常生活への影響を感じることになった。

　保健や健康の分野では世界保健機関（WHO）が中心的な役割を果たすことが期待される。しかし，SARS の蔓延の経験から 2005 年に改正された，**国際保健規則**（International Health Regulations, IHI）は，新型コロナウイルス感染症のパンデミックへの対応には十分ではなかったし，WHO のあり方自体に改めて疑問を呈する国もあった。

　新型コロナウイルス感染症のパンデミックへの対策は，特に呼吸器系の感染症への対応について多くの教訓をもたらしたと考えられる。今後はこの経験を活かし，呼吸器系の感染症に限らない新たな感染症に備えるための体制の構築が求められる。感染症の拡大の防止と経済活動の自由や人の国際的移動の自由の確保のバランスや，ワクチンの国際的に公平な配分とそれに関連する知的財産権の保護などの問題に対応するためには，国家間の協力や国際組織間の協力が不可欠である。

●本章のサマリー

　国際社会において国家を構成する要件として，①永久的住民，②一定の領域，③実効的政府，の3つが一般に挙げられるが，国家が国際社会における国際法の主体としての地位を認められるためには，他国による国家承認が必要とされる。国家承認の法的効果については，創設的効果説と宣言的効果説という2つの考え方が主張されてきた。1つの国家の中で，非合法的手段により政府の交代が行われた場合には，他国による政府承認が問題となる（⇨1）。また，国家も，その分離独立，分裂，合併等さまざまな理由により変動する（⇨第9章）が，特に国家の消滅等の場合には，当該国家が有していた権利義務や財産債務等がいかなる場合に他国に承継されるのかという国家承継の問題が生じる（⇨2）。国際社会における法主体としての地位が認められた国家には，いわゆる国家主権の具体的内容として，対外的には独立権が，対内的にはその領域に対する領域主権が認められるほか，使節権や自衛権といった国家の基本権と呼ばれる国際法上の権利が認められる（⇨3）。さらに，国家には，その領域に対して行使する属地的管轄権のほかに，国籍を根拠として個人や法人に対して行使する属人管轄権（対人管轄権），船舶や航空機に対して行使する旗国管轄権などが認められるが，各国によるこれら国家管轄権の行使をめぐってはさまざまな法的問題が存在する（⇨4）。

SUMMARY

1 国家の成立と要件

2-1
国家を構成する要素

現在の国際社会には，約200にものぼる「国家」が存在するが，国際社会において国家として認められるためには，どのような要件を満たす必要があるのであろうか。この点につき，たとえば1933年に署名され34年に発効した米州諸国間の「**国の権利及び義務に関する条約**」（**モンテビデオ条約**）の1条は，「国際法上の人格としての国はその要件として，(a)永続的住民，(b)明確な領域，(c)政府，及び(d)他国と関係を取り結ぶ能力を備えなければならない。」と規定する。一般に国際法上「国家」として認められるための要件としては，①住民，②（一定の）領域，③（実効的な）政府，の3つが挙げられ，この3つがいわゆる国家の3要素とされる。さらに上記のモンテビデオ条約1条のように，これに外交能力（他国と関係を取り結ぶ能力）を「国家」の第4の要件として挙げる見解もある。外交能力を制限された国家は，主権を制限された国家であり，その意味では完全な国際法主体としては位置づけられない。したがって，完全な国際法主体としての地位が認められる「国家」とされるためには，住民，領域，政府の3要件に加えて，外交能力（または他国からの独立性）という要件も満たす必要があるといえよう。ただし，この外交能力の保持という要素を，「実効的政府」という要件の中の「実効的」という部分に置き換えて，「住民」「領域」「実効的政府」の3つを国家の要件として挙げる見解もある。

2-2

国家承認とその法的効
果——創設的効果説と
宣言的効果説

このように「国家」であると主張する存
在が国際社会に新たに登場した場合，前
述の要件を満たす事実が存在すればその
事実自体によって当該「国家」には国際

社会における国際法主体としての地位が当然に認められるのであろ
うか。通常，国際社会に新国家が誕生した場合，他の国家がその新
国家を「承認」するか否かが問題とされることが多い。これは，現
在の国際社会には新国家の成立を統一的・有権的に認定する権限を
有する機関が存在せず，新国家の誕生が国際法上認められるか否か
は，他の国家による個別の判断または認定に委ねられざるを得ない
ことの当然の帰結ともいえる。たとえば，新国家の国連における国
連加盟国としての地位の承認の問題と，その新国家を他の国家が個
別に承認するか否かの問題とは，法的に別個の問題であることが従
来から確認されており（1950年3月のリー国連事務総長の覚書），国連
（または安保理や総会といった国連の個別の機関）に新国家の成立を認定
する特別の権限が付与されているわけではない。

　国際社会において新たに国家が成立したと主張される場合に，そ
の新国家を他国が国際法主体として承認する行為を，一般に「**国家
承認**」と呼ぶ。この国家承認の法的効果をめぐっては，古くから創
設的効果説と宣言的効果説という2つの異なる見解が主張されてき
た。**創設的効果説**とは，国家は他国から国家承認を受けることによ
って初めて国際法主体としての地位をその承認国との関係で認めら
れるのであり，国家承認を行わない国との関係では新国家に国家と
しての法的地位が認められないと解するものである。これに対して，
宣言的効果説とは，新国家が前述の要件をすべて満たして客観的に
成立している場合には，国家承認は既に国際法主体としての地位が

認められた新国家の地位を確認する宣言的な意味を持つものにすぎないと解するものである。一見したところ，この2つの見解は真っ向から対立するものである。しかし，これら2つの見解は，それぞれその主張が提起された歴史的・時代的背景を含めて理解する必要がある。

2-3

かつて創設的効果説が主張された理由

かつては，創設的効果説が一般的に有力な見解と考えられていた。たとえば，19世紀初頭にラテン・アメリカ諸国がスペインからの独立を宣言し，本国スペインがこれに反対したにもかかわらず英国や米国といった当時の欧米の大国がこれを国家承認した結果，(旧)本国であるスペインがこれら諸国の独立を認めていなくても，少なくともこれら新独立国の「国家承認」を行った(スペイン以外の)欧米諸国との関係では，これらラテン・アメリカ諸国に国際社会の主体としての法的地位が認められることとなった。また，19世紀後半から20世紀初頭にかけて，欧州を中心とした当時の国際法秩序がその地理的な妥当範囲を米州大陸諸国やアジア諸国など全世界的規模に拡大していく過程では，当時の欧米列強諸国がたとえば日本や清国，トルコといった諸国を「文明国」として認め「国家承認」を行うことは，これらの国々に当時の欧州国際法秩序の主体としての法的地位を認めることを実質的に意味した。逆の見方をすれば，19世紀から20世紀初頭にかけての欧米中心の国際法秩序の下では，「文明国」としての国家承認を受けない国家は，いかに現地の共同体としては「客観的」に成立していても，当時の国際法秩序の下で正当な法主体としては認められず，「先占」等により植民地化の対象とされうる「無主」の地(⇨*9-4*)として法的には位置づけられたという意味で，当時の「国家承認」には創設的効

果が認められていたと理解することもできる。

しかし，第2次大戦後に国連が創設され，「人民の同権及び自決の原則」（国連憲章1条2項）が国際法上の原則として認められるようになると，人民が自決の権利を行使した結果として新国家を誕生させた場合に，他国が国家承認を行わない限り当該新国家には国際法主体としての地位が認められないという創設的効果説を維持することは，事実上困難となった。そこで，今日では，一定の客観的要件を満たして成立した新国家については，これに対する他国による国家承認は宣言的効果しか持たず，他国による国家承認を受けるまでもなくこのような新国家には国際法主体としての法的地位が認められる，と一般に考えられるようになった。

　しかし，現代の国際法の下でも，たとえば違法な武力行使の結果として成立した国家については，これを国際法主体として承認すべきではなく，このような場合にはむしろ他国にはその新国家を承認しない義務が課せられる（1970年の友好関係原則宣言の第1原則参照）。第2次大戦後の国連の実行においても，国際法に違反する形で独立を宣言した国家に対しては，国連の安全保障理事会等がその不承認の決議を行う場合がある（例：1965年の白人少数派政権によるローデシア独立宣言，1983年のキプロスのトルコ系住民による北キプロス・トルコ共和国の独立宣言など）。この場合には，そのような新国家はいかに「客観的」に成立していようとも，正当な国際法主体としての地位は認められないものと考えられる。2014年，ウクライナ東部で親ロシア武装勢力が一定領域を支配し，ウクライナからの「独立」を一方的に宣言した（「ドネツク人民共和国」，「ルガンスク人民共和国」）。2022年2月，ロシアはこれらを「国家承認」したが，国際社会の

他の国はこれを承認しなかった。ロシアによるウクライナ侵略後の2022年10月，ロシアはこれらの地域をロシアに「併合」したが，国際社会のほとんどの国はこれを承認していない。

2-5 国家承認の種類と方法 国家承認は，いったん行うとこれを撤回することのできない「**法律上の (de jure) 承認**」として通常はなされるが，当該新国家の成立に流動的な要素が残っている場合には，暫定的に「**事実上の (de facto) 承認**」としてなされる場合もあり，後者の場合にはその後の状況の変化に応じて承認の撤回が可能とされる。他方で，新国家が本国からの独立を宣言したような場合に，新国家が十分にその支配の実効性を確立していない段階で新国家の承認を行うことは，「**尚早の承認**」として本国に対する国際違法行為とされる場合もある。

　国家承認の方法としては，承認国が被承認国を通告や宣言等によって承認する「**明示的承認**」と，重要な二国間条約の締結や外交使節団の派遣接受等を通じて国家承認の意図が推定される「**黙示的承認**」の2つがある。ただし，国家承認はあくまで承認国による被承認国に対する一方的行為であるのに対して，外交関係の樹立は二国間の同意に基づくものである（外交条約2条）という違いに留意する必要がある。

2-6 国家の変動と政府承認 国家は，領域，住民および（実効的）政府という先に述べた3要素を満たして国際法主体としての地位が国際社会で承認された場合には，たとえば，(1)当該国家の領域の範囲が変更（拡大または縮小）しても，(2)住民の数が変更（増大または減少）しても，あるいは，(3)政府の変更が行われても，その国家の同一性自体に変更がない限りにおいて，当該国家はその国際法主体としての地位を保持し続ける。このうち，

第3の政府の変更に関しては，当該政府の変更がその国の国内法上合法的手段によって行われた場合（いわば政権交代の場合）には何ら国際法上の問題は生じない。他方で，政府の変更が国内法上違法な手段によって達成された場合（革命やクーデターの場合）には，そのようにして誕生した新政府にその国家を正統に代表する資格が認められるか否かが国際法上問題となる。このような場合には，新たに誕生した政府に当該国家を代表する資格が認められるか否かの認定を他国が行う必要があり，このように新たに政府が成立した場合に他国がこの新政府の当該国家を代表する資格を承認する行為を，国際法上一般に「**政府承認**」と呼ぶ。

2-7
トバール主義，エストラーダ主義，「政府承認廃止」政策

政府承認に関しては，クーデターや革命による政府の非合法的交代が頻発したラテン・アメリカ諸国において，いくつかの政策論や原則が主張されてきた。20世紀の初頭には，エクアドルの外務大臣であったトバールが，当該国の国内法上違法な手段によって成立した新政府については政府承認を行わないとする**トバール主義**を唱えたが，これは新政府誕生の国内的プロセスの正統性を重視する一種の正統主義的な考え方であった。このような主張は，革命やクーデターといった非合法的ないし暴力的手段による政権転覆をなるべく抑止しようとする政策的配慮に基づくものであったが，他方で実際には新政府に対する政府承認の有無を他国が判断することを通じて，実質的な内政干渉を正当化する危険性を孕むものでもあり，このような実行は必ずしもラテン・アメリカ諸国においても確立しなかった。これに対して，1930年代になると，正統主義に反対する事実主義の立場から，メキシコの外務大臣であったエストラーダが，いわゆる**エストラーダ主義**を

主張した。これは，ある国家がいかなる政治体制を採るかは基本的に当該国家の自由であるという原則を基礎として，政府の変更が当該国の国内法上非合法的手段によって行われた場合であっても，他国が新政府の承認を行うことは不要であり，他国はもっぱら外交関係を維持すべきであるか否かという観点から，しかもなるべく外交関係を維持していくという立場から，政策的な判断を行うべきであるとする主張である。このようなエストラーダ主義は，一種の政府承認不要論であるともいえるが，これもやはり政策論にとどまり，ラテン・アメリカ諸国の地域的な慣行としても確立することはなかった。しかしその後，1970年代以降になると，英国や米国などが，「承認」を行うのは新国家が誕生した場合に限り，ある国家の内部で非合法的な政府の変更が行われた場合にも「政府承認」は行わず，もっぱら当該国家との間で外交関係を維持することが適切か否かを政策的に判断するにとどめるという**「政府承認廃止」**政策を打ち出すようになった。これは，現代における一種のエストラーダ主義の復活であると解することもできる。

なお，中国に関しては，1949年の中華人民共和国の樹立以降，北京にある中華人民共和国政府と台湾にある中華民国政府とが，互いに自らが中国を代表する正統政府であると主張し対立を続けてきた。国連の場では，1971年に中華民国政府（台湾政府）から中華人民共和国政府（北京政府）に中国の国連代表権の変更が行われた。日本も，1972年の日中共同声明において，中華人民共和国政府が「中国の唯一の合法政府」であることを承認した（同声明2項）。日本の最高裁は，2007年の光華寮訴訟判決の中で，中華民国駐日大使が有していた中国国家の日本における代表権が日中共同声明により消滅したことは公知の事実である，と判示した。

2 国家の変動と国際法

● 国家承継

国家は，新しく誕生して国際社会に国際法主体として登場した後にも，その分離独立，分裂，合併等さまざまな理由により国家領域の変動が生じる（⇨第9章）。特に国家が消滅した場合には，当該国家が締結していた条約等に基づく国際法上の権利義務や当該国家が有していた財産債務等がどのように他国に承継されるか（またはされないか）という**国家承継**の問題が生じることになる。

第2次大戦後の現実の国際社会では，東西冷戦を基調とする1960年代から70年代までの間は，国際社会に新たに登場した国家の大部分は，植民地や保護領等から独立して新国家として成立した国々であった。ところが東西冷戦構造が解消した1990年代以降になると，旧ソ連や旧ユーゴスラビアの消滅に伴う新国家の誕生およびそれに伴う各地での民族紛争の多発，東欧の社会主義陣営の崩壊の結果としての東西ドイツの統一やチェコスロバキアのチェコとスロバキアへの分離など，国家承継の問題は新たな段階を迎えることとなった。

国家承継に関しては，国際法上は従来から主張されてきた「包括承継」の考え方と，第2次大戦後に途上国（新独立国）を中心に主張されるようになった「クリーン・スレート」理論（ここでは「白紙承継」理論と訳しておく）という2つの異なる考え方が存在する。**「包括承継」**とは，旧国（「先行

国」と呼ばれる）の有していた国際法上の権利義務を新国（「承継国」と呼ばれる）は原則としてすべて引き継ぐ（承継する）という考え方である。これに対して，**「クリーン・スレート」**（clean slate）**理論**（「白紙承継」理論）とは，植民地等から独立して国際社会に新しく誕生した国家は，国際法上白紙の状態で出発すべきであり，新国家自らが同意していない条約や国際法上の義務に当然に拘束されるものではなく，新国家が同意したもののみに拘束されるとするものである。第2次大戦後に欧州諸国による植民地支配を脱し新独立国として新たに国際社会に登場した途上国の多くは，かつて自らを支配していた先進国が締結した条約や国際法上の権利義務が当然に自国を拘束するという見解に対しては，強い反発を示した。しかし他方で，これら新独立国にとっても，一定の領域に付随する属地的な権利義務や，自らにとって有利な内容の条約および国家財産等については，その承継を主張することもあり，国家承継に関する国際法上のルールの明確化が必要とされることとなった。

2-10
2つの国家承継条約

以上のような状況を背景として，国連の国際法委員会（ILC）は国家承継に関する条約の起草作業を行い，1978年には**条約国家承継条約**（「条約についての国家承継に関するウィーン条約」）が，1983年には**国家財産等承継条約**（「国家財産，公文書及び債務の国家承継に関するウィーン条約」）が，それぞれ採択された。これら2つの条約はいずれも，国家領域の一部の変動や複数国家の「結合」または「分離」といった一般的な国家承継の場合と，植民地等の従属地域が独立した「新独立国」の場合とに分け，前者の場合については原則として包括承継を認める一方，後者の新独立国の場合についてはクリーン・スレート理論が原則として適用されることを規定した。しかし，これら2つの条約に対し

ては，先進国を中心に多くの国が批判的であり，前者の条約国家承継条約は1996年に発効したものの主要先進国は未加入で当事国数は約20か国にとどまり，後者の国家財産等承継条約は未発効である。そのため，これら2つの条約の規定は，国家承継に関する現行の国際法上の規則として一般に受け入れられているとは必ずしもいえず，1つの重要な指針として参考となるものにとどまる。

<table>
<tr><td>2-11
国際組織の加盟資格と
国家承継・国家承認</td></tr>
</table>

国家承継に関しては，国連その他の国際組織の加盟資格がどのように承継されるかも重要な問題である。最近の国家承継に関する実例をみると，東西ドイツの統一は，ドイツ民主共和国（旧東ドイツ）のドイツ連邦共和国（西ドイツ）への「加入」という形で行われ，ドイツ民主共和国は国家として消滅するとともに，国連加盟国としてもドイツ連邦共和国がその地位を継続して保持し続けた。これに対して，旧ソ連の消滅に際しては，バルト三国（リトアニア，エストニア，ラトビア）は旧ソ連による国際法上違法な併合（1940年）からの独立の回復という立場から国連への新規加盟を行ったが，これ以外の12の共和国は旧ソ連の承継国という立場から承継に関する問題をそれぞれ次のように処理した。国連において旧ソ連が有していた加盟国としての地位は，安保理常任理事国としての地位を含めてロシア連邦がこれを承継し，旧ソ連とともに国連の原加盟国としての地位が認められていたウクライナとベラルーシを除くその他の旧ソ連構成国は，それぞれ国連への新規加盟の手続を行った。旧ユーゴスラビアの分裂に際しては，新ユーゴスラビア（セルビアおよびモンテネグロで構成）を除く4つの新独立国は国連への新規加盟の手続を行い，旧ユーゴの国連加盟国としての地位の承継を主張していた新ユーゴも，結局2000年には国連への新規加盟

の手続をとった。その後，2006年にモンテネグロが新ユーゴから独立して国連に加盟し，新ユーゴはセルビアとモンテネグロという2つの独立国に分かれた。

　また，2008年にはコソボがセルビアからの独立宣言を行い，日本を含む一定数の国がコソボを国家承認したが，セルビアはコソボの独立に強く反対し続け，コソボの国連加盟についてはセルビアを支持するロシア（国連安保理常任理事国としていわゆる拒否権を有する。⇨*4-6*）がこれに反対しているため，いまだに実現していない。他方で，2010年7月にICJは，コソボの一方的な独立宣言は国際法に違反するものではないとの勧告的意見を下した〈百選12〉。

3　国家の国際法上の権利義務

●「国家主権」の具体的内容

2-12

対内主権と対外主権──国家主権の2つの側面

　国際社会における法主体としての地位を認められた国家は，いわゆる国家主権を有する主権国家として理解される。主権国家は，対外的には外部の他の国家等からいかなる支配や命令も受けない独立した存在であり，対内的には領域内のすべての人および物に対して排他的な統治権限を行使することが認められる。国家主権には，このような2つの側面があるが，前者の対外的側面を**対外主権**または**独立権**と呼び，後者の対内的側面を**対内主権**または**領域主権**と呼ぶ。

　第1に，主権国家は，その領域主権（対内主権）に基づき，当該国家の領域（領土・領海・領空）（⇨第9章〜第11章）内の人および物に対して排他的な統治権を行使することが原則として認められる。

このような国家による当該国家領域内に対する排他的な統治権能の行使が例外的に制限されるのは，外国国家の公館（大使館，領事館）内や外交特権を認められる外交官（外交職員）に対してなど，極めて限定された場合に限られる（その具体的内容は⇨第3章）。

　第2に，主権国家には，国家主権の対外的側面として独立権が認められ，国際社会の他の主体からの支配や干渉を受けずに自ら意思決定を行う権利を有する。このような独立権は，他の主権国家からの支配や干渉を受けないことのみでなく，国際組織や多国籍企業といった国際社会の他の主体からも干渉を受けないことを含意する。国家の独立権は，国家間の相互関係においては**内政不干渉**または**国内事項（国内管轄権）不干渉**の義務または原則という形で国際法上は定式化されており，1970年の友好関係原則宣言の第3原則（「憲章に従って，いかなる国の国内管轄権内にある事項にも干渉しない義務に関する原則」）はその内容を明文化している。他方で，国家間関係ではなく国際組織の権限行使との関係では，国内管轄権不干渉の原則は多くの国際組織の設立条約において明記されているものの（例，国連憲章2条7項），実際の運用上は国内管轄権として加盟国に留保され国際組織の介入が許されない領域は狭められる傾向にある。たとえば，かつて南アフリカ共和国が行っていたアパルトヘイト（人種隔離政策）に対する国連による介入の事例などは，その典型例であるといえよう。さらに，国家の独立権は，新国家が**人民の自決権**行使の結果として誕生した場合等には，自決権と密接な関連を有するものであるが，独立権が「国家」の権利であるのに対して自決権は「人民」の権利であるという点において，独立権と自決権は権利を有する主体が異なることに注意すべきであろう。

国家の基本権 ── その具体的内容

国家主権というものの具体的内容として，国家には，使節権，条約締結権，自衛権，平等権など，**国家の基本権**とも呼ばれるいくつかの国際法上の重要な権利が認められる。このうち，たとえば使節権と条約締結権は，国家のいわば外交権（国際社会において他国その他の国際法主体との間で関係を取り結ぶ権能）から派生するものである（使節権については⇨第3章，条約締結権については⇨第6章）。

このうち**自衛権**（⇨**17-2**）は，歴史的には国家の基本権として国際法上認められてきたといえるが，国際法上戦争が違法化される以前の時代には，自衛を権利として援用するまでもなく，武力の行使（あるいは戦争）が合法的に行われえたわけであるから，自衛権の存在理由は現代とは異なっており，自衛は武力行使を正当化するために援用される政治的概念としての色彩が強かった。しかし，国連憲章2条4項に基づいて武力不行使義務が確立した現代の国際法の下では，自衛権について国連憲章はこれを「自衛の固有の権利」と表現している（国連憲章51条）ものの，自衛は「国家の基本権」の1つという性格とともに，武力不行使義務の最も重要な例外を構成する「違法性阻却事由」の1つとして位置づけられるものになった（たとえば国家責任条文21条参照）（⇨第8章**3**）。

国家の基本権として整理されるもののうち，最も重要なものの1つが**平等権**である。主権を有する国家は，その面積，人口，経済力，軍事力等の大小にかかわらず，国際法上は法的に平等なものとして扱われる。このような国家の平等権は，国際法上は「**主権平等**」**原則**として構成される（例，国連憲章2条1項，友好関係原則宣言第6原則）。しかし，この国家の平等権または主権平等原則の意味するところは，各国家が「法的に」平等に扱われ，その国際法主体として

の地位（国際法人格）が保障されるといういわば「機会の平等」を保障するものであり（友好関係原則宣言第6原則参照），各国家が具体的に有する権利義務の実質的な内容が平等であるという「結果の平等」までをも保障するものではないことには留意する必要がある。

Column① **国家の「平等」とは何か** ···

現在の国際社会には，約200の国家が存在するが，各国家の人口や面積，経済力，軍事力等は千差万別である。たとえば，ツバル，サンマリノ，リヒテンシュタインなど人口が5万人に満たない国もあれば，人口が13億人を超える中国やインドといった国も存在する。また，面積が30平方キロメートルに満たないモナコ，ナウル，ツバルといった国もあれば，面積が1700万平方キロメートルを超える広大なロシア連邦もある。さらに，日本や米国や一部の欧州諸国などでは，一人当たりの年間GNP（国民総生産）が3万ドルを超えるが，これが100ドル程度にとどまる国もアフリカなどでは珍しくない。このように実際に存在する「国家」の間には，その人口，面積，経済力や軍事力など，数多くの面において膨大な格差が存在する。にもかかわらず，国際法はすべての「国家」を法的に平等なものとして扱っている。しかし，たとえば人口14億人を超える中国やインドと人口5万人に満たない国とが，ある国際組織の総会的機関において同じ1票を有するということは，形式的には「主権平等」原則にかなうものであっても，実質的に正当な「平等」を意味するものであろうか。たとえば国連において，人口が極めて少ない「極小国家」（mini-State; micro-State）にも国連総会の場で1票を有する加盟国としての地位を認めてよいのであろうか。この点に関しては，国連が基礎を置く第1の原則として「すべての加盟国の主権平等の原則」が憲章上明記されている（2条1項）以上，「極小」国家であるからといってその国連加盟国としての資格や地位を特別に扱うことは，事実上困難であるといえる。他方で，世界銀行（国際復興開発銀行，IBRD）や国際通貨基金（IMF）といった国際金融や国際経済の分野における専

門機関では，各加盟国の出資額に応じた加重投票制が採用されているものも多い。これらの組織では，主権を有する国家間の「形式的平等」よりも，出資額に応じた発言権を保障するという経済的観点からの「実質的平等」を重視した意思決定手続が制度化されている。ただし，このような方式は，大きな経済力を持つ先進国にとって有利な意思決定方式であり，途上国の側からは不満も提起されている。また，IBRD や IMF では，近年急速に経済力を拡大させた中国の出資額および投票権の拡大が米国の反対等のために長期間実現せず，これに反発した中国が IBRD や IMF とは別に独自にアジアインフラ投資銀行（Asian Infrustructure Investment Bank; AIIB）を設立する，といった問題も発生している。

4 国家の管轄権

2-14
国家管轄権の諸類型

国家には，当該国家の領域に対して行使する**属地的管轄権**のほかに，国籍を根拠として個人や法人に対して行使する**属人的管轄権**（対人管轄権），船籍の登録を根拠として船舶に対して行使する**旗国管轄権**などが認められる。各国によるこれらの国家管轄権の行使を相互にどのように調整すべきかについては，いくつかの原則が存在するが，国際社会における統一的な規則が必ずしも明確に確立していない部分も残っているため，国家間での紛争の原因となることもある。

また，国家の管轄権は，その内容に照らして**立法管轄権**（国内法規範を制定する権能），**裁判管轄権**（裁判等において判決や決定を下す権能），（狭義の）**執行管轄権**（捜索，逮捕，押収等の強制的措置をとる権能）などに分けることができる（裁判管轄権と執行管轄権を合わせて**強**

制管轄権または（広義の）執行管轄権と呼ぶ場合もある），これらの国家管轄権の具体的な行使に関して，その行使が認められるための原則を整理すると，以下の通りである。

2-15
国家管轄権行使を根拠づける原則

ある行為（たとえば犯罪等）が行われた場合に，どの国家がこの行為に対して法律を適用し，裁判を行い，その裁判の結果を執行するかといえば，通常は当該行為が行われた場所をその領域（領土，領海または領空）とする国（領域国，行為地国）である。つまり，国家は原則としてその領域内で生じた問題に対して領域主権に基づき管轄権を有するのであり，このような国家管轄権行使の原則を**属地主義**と呼ぶ。ただし，領海における船舶および領空における航空機に対しては，いずれも**旗国主義**に基づいて当該船舶または航空機の登録国（旗国）が原則として管轄権を有するものとされる。これに対して，行為者の国籍を基準としてその本国が管轄権を行使するという考え方を**属人主義**と呼び，これには行為者（当該行為の実行者）の国籍を基準とする**積極的属人主義**と，当該行為の被害者の国籍を基準としてその本国による管轄権行使を認める**消極的属人主義**がある。通常，属人主義として国家管轄権行使が認められるのは前者の積極的属人主義であり，後者の消極的属人主義に基づく管轄権が認められるのは重大な犯罪行為の場合などに限定される。

　現代においても，国家管轄権行使が認められる基準として最も重要な原則は，属地主義である。しかし，属地主義を前提とした場合でも，たとえば米国などでは外国領域内で行われた外国人または外国企業の行為であってもその効果が米国国内に及ぶ場合には米国国内法の適用を認めるいわゆる「**効果理論**」という考え方も主張されている。この効果理論は，米国が競争法や通商法などの「域外適

用」を行う場合の理論的根拠とされているものであるが，このような米国の国家実行に対しては欧州諸国などが強く反発し，米国法の適用を排除するための対抗立法を制定した国も多い（この点の詳細に関しては，⇨第14章 *4*）。さらに，属地主義の例外として，国家の安全等の重大な国家利益を侵害する犯罪（内乱，外患誘致，通貨偽造，公文書偽造等）についてはその行為地や実行者の国籍等を問わず国家管轄権の行使を認めるという**保護主義**が認められている。さらに，国際社会の共通利益を侵害する犯罪については，犯罪の行為地や実行者の国籍等を問わずにすべての国による管轄権行使を認めるという**普遍主義**が主張されており，古くから海賊の処罰に関してはこのような考え方が認められてきた。最近では，ハイジャック等の個人による犯罪や国際テロなどに関しても，このような考え方が個別の条約の中で部分的に取り入れられつつある（⇨第13章）。

第3章 国家機関

●本章のサマリー

　国際法が規律の対象としている「国家」とは本来人為的に作られた概念にすぎない。実際の「国家」の活動は国家の機能を担うべき人の活動によって実施されている。国家として活動する個人のうち，国内法上その権限を正統に付与されているものは国家機関と呼ばれ，その行為が国家に帰属するだけでなく，その者も国家機関の地位にあるものとしての保護を受ける場合がありうる。本章では国家の行為が具体的にどのような人によって担われ，国際法上どのような意味を持つのかを検討する。

　国際法では，国家や国家機関に特別な地位と保護が与えられる。逆の見方をすれば，外国の国家機関に対する国家の権限の行使が制限されるということを意味する。国家それ自体，外交使節団，領事機関，軍艦，軍用航空機，軍隊，国家元首や首相，外務大臣は，国際関係において他国との関係でこのような特別の地位を認められ，特別の保護を受ける。

　国家それ自体について外国国家の権限の行使が制限されるのが国家免除である。国家免除は国家間の主権平等原則という国際法の基本原則の1つから生ずる（⇨**1**）。接受国において，派遣国と接受国の関係を担う機関として，常駐外交使節団と領事機関があり，国際法はその実効的な機能を確保するための規則を設けている（⇨**2**）。国家の機能が多様化している中でも，外交や条約の締結と並んで，原則として国家にしか担えない機能として，軍隊や基地に関わる活動がある。この分野でも国家機関としての軍隊や基地は国際法上，特別の扱いを受けることになる（⇨**3**）。国家元首や首相，外務大臣も国際法上一定の特権・免除を享有する（⇨**4**）。

SUMMARY

1 国家免除

3-1
　国家免除の意義と適用法

国際法の基本原則の1つとして**主権国家の平等原則**と**主権の不可侵原則**がある。

これらの原則により，国家は他国の裁判権や強制執行権に服さないということが確立した国際法の原則となっている。こうした裁判権や強制措置からの免除を国家免除，あるいは主権免除という。国家免除に関する法規則は，各国の国内法と国内裁判所の判断によって発展してきた。したがって，国家免除に関する慣習国際法は，法的根拠が国際法にありつつも，国内法制度での具体的な適用を通じて，形成されてきたといえる。

　1970年代以降，国家免除に関する法の成文化のための努力が顕著に見られる。国内法としては，**米国外国主権免除法**（1976年），**英国国家免除法**（1978年）に続き，カナダ，シンガポール，オーストラリア，南アフリカ，アルゼンチン，パキスタンなど，特に英米法系の諸国で国内法の制定が相次いだ。また，**欧州国家免除条約**（1972年）や国連国際法委員会（ILC, International Law Commission）が草案を作成した**国連国家免除条約**（「国家及びその財産の裁判権からの国家免除に関する国際連合条約」）（2004年）のような多数国間条約により，この分野の国際法の内容の明確化と統一化がはかられている。これは，各国の国内裁判所の判断が異なることが国家間の紛争に発展しうるという認識があるからである。

3-2
　国家免除の付与の基準

国家免除は通常，裁判権免除と強制措置からの免除に分けて考えられる。国家免

除が認められるか否かの判断基準は，主体的基準と事項的基準の2つに分かれる。

(1) 主体的基準　**主体的基準**とは，「主権」国家として免除を享有する国家機関の範囲を判断するためのものである。これは国家とは何かという根本的な問題につながる。国家機関の定義や範囲は，各国家の国内法を判断基準とするのが通説である。中央の機関である，立法機関，行政機関，司法機関が国家機関であることには異論がない。しかし，地方の行政を担っている連邦国家の構成単位や国の政治下部機構，国家の経済政策に深く関わりうる国有企業や中央銀行などが国家免除を認められる国家の範囲に入るかは各国の国内法や国内判例によって判断が異なる。また，未承認国が国家免除を享有するか否かについての判断も国により異なる。国連国家免除条約2条では，連邦の構成単位や国の政治下部機構については，主権的権能を行使する権限を有し，その資格で行動している場合，国の外部機構その他の団体については当該国の主権的権能を行使する権限を有し，かつ実際に行使している場合に，主体的基準を満たすとの立場をとっている。

(2) 事項的基準　**事項的基準**とは，主体的基準を満たした国家がどのような種類の行為や財産について裁判権や強制措置からの免除を認められるかに関する基準である。後述する（⇨*3-3*）ように**絶対免除主義**が妥当していた時代には，主体的基準が免除の付与の可否の判断において重要な意味を持っていたが，**制限免除主義**が一般化した今日では，事項的基準がより重要な役割を果たすようになっている。

(1) 絶対免除主義 国際法における

国家免除の根拠は，主権平等の原則と主
権の不可侵原則である。これらの原則に
よれば，平等な主権国家間の関係において，主権国家が当事者とな
るすべての行為や外国国家が所有する財産は，他の国家の国家機関
の権限の行使にあたる裁判権や強制措置の対象とならないという絶
対免除主義が導かれることになる。**スクーナー船エクスチェンジ号
事件**〈百選 19〉や**パルルマン・ベルジュ号事件**（英国控訴院判決（1880
年））では，米国の裁判所も英国の裁判所も絶対免除主義の立場で
の判断を示した。

(2) 制限免除主義の登場と拡大 19 世紀以降，国家の経済活
動が拡大するようになると，絶対免除主義は，国家と経済関係に入
る個人の利益を害する可能性を持つものとなった。このため，19
世紀にはベルギーやイタリアの国内裁判所の判決で，国家の行為を
主権的行為（*jus imperii*）と**商業的行為**（*jus gestionis*）に区別し，商業
的行為の場合には国家免除を与えないとする立場が見られるように
なった。また，国有船舶に関する訴訟で国家免除を認めないことを
明記した「**国有船舶の免除に関するブラッセル条約**」（1926 年）も国
家免除に事項的な制限を設けた初期の条約の例である。

制限免除主義は，次第に各国で支持されるようになった。米国で
は，「**テイト書簡**」（1952 年）で，国務省見解として，制限免除主義
に移行すべきとの見解が示され，裁判所の判例も同じ時期に制限免
除主義に移行した。1976 年には外国主権免除法が立法された。英
国は長く絶対免除主義の立場をとっていたが，まず裁判所が制限免
除主義を支持し始めた。そして，欧州主権免除条約への加入をきっ
かけに国家免除法が立法され，英国は判例法上も成文法上も，制限

免除主義に移行した。米国や英国だけでなく，既に述べた英米法系の諸国の主権免除法はすべて，制限免除主義の立場をとっている。また，ドイツやフランスでは明文の国内法はないが，判例上，制限免除主義が確立している。中国やブラジルは，1980年代にILCで国家免除についての条文草案が審議された際には絶対免除主義の立場をとっていたが，1999年以降の再審議の時点では，条約案が制限免除主義を採用することに反対しなかった。また，旧社会主義国は社会主義体制の時代には絶対免除主義の立場をとっていたが，社会主義崩壊後，急速に制限免除主義を支持するようになった。なお，旧ソ連の場合，免除を放棄した機関に外国企業との取引に従事させることで実質的に制限免除主義に移行していたことは注目される。以上から，現在，制限免除主義が慣習国際法となったといえる。

3-4

主権的行為と商業的行為

制限免除主義の下，国家が他国の裁判権や強制措置からの免除を享有することを原則としつつ，その例外があるとされるようになった。この場合，事項的基準の重要性が増すことになる。制限免除主義が支持されるようになった背景を最も端的にあらわしているのは，ビクトリー運輸会社事件（米国連邦控訴裁第2巡回裁判部判決（1964年））の以下の文言である。国家免除の目的は，「自らの法的権利を裁判所に決定してもらうことについての，外国政府と取引をする私人の利益と，外国の裁判所で自らの行為の妥当性を弁護することによって政治的な行為を行う自由を阻害されたり，妨げられたりすることがないという国家の利益の調和をはかる」ことである。制限免除主義は，国家と取引関係などに入る私人に一定程度の法的保護をもたらすものであり，国家と関係する私人の経済活動を奨励するために必要であるといえる。さらに，基本的人権である

公正な裁判を受ける権利とのバランスへの配慮も必要である。

　制限免除主義の導入の経緯もあり，事項的基準で最も注目されてきたのが，国家の行為に関する主権的行為と商業的行為の区別である。国家は，主権的行為について裁判権免除を享有するが，商業的行為についてはこれを享有しない。主権的行為と商業的行為の区別の判断基準については行為性質説と行為目的説が対立してきた。行為性質説は国家の行為の客観的な性質によって，2つを区別すべきとするのに対し，行為目的説は，国家の行為を客観的な外形によって判断するだけでなく，その行為の目的も考慮して判断すべきとする。米国や英国などの成文法を有する国とドイツは行為性質説を支持する立場をとっているが，フランスの国内判例は行為目的説を採用している。一般的に，行為性質説によれば，私人の利益保護が重視され，裁判権免除が認められる場合が限定的になるのに対し，行為目的説では，裁判権免除が認められる可能性が高くなる。このため，1980年代まで絶対免除主義を支持していた中国やブラジルは制限免除主義への移行後，行為目的説を支持している。

　行為性質説と行為目的説の対立は，ある意味で抽象的なものにすぎない。国家免除が問題になる実際の事例は事実関係が複雑なものが多く，性質のみによるか目的を考慮するかという単純な基準で判断することが難しい。たとえば，実験用のサルの捕獲と輸出の許可が取り消された事例（MOL事件・米国連邦控訴裁第9巡回裁判部判決（1984年）），革命によって成立した新政権に対する政策上の理由で，船荷契約の不履行が生じた事例（イ・コングレソ事件・英国貴族院判決（1981年）），湾岸戦争時に軍隊によって持ち去られ，イラクの国内法に基づき所有権が変更された航空機の返還と損害賠償が請求された事例（クウェート航空会社事件・英国貴族院判決（1995年））など，複

雑な政治的背景等がある事例では，国内裁判所はさまざまな要素を考慮した判断を求められる。

　なお，国連国家免除条約では，商業的行為の決定基準として，行為性質説を第一義的に採用しつつ，行為目的説も排除しない立場をとっている（2条2項）。

3-5
その他の事項的基準

国連国家免除条約では，国家の裁判権免除の例外として，商業的取引（10条）だけでなく，雇用契約（11条），人身損害と財産損害（12条），財産権（13条），知的財産権（14条），企業体の構成員としての地位（15条），国有船舶（16条），仲裁合意がある場合（17条）を挙げ，これらの事項に関する訴訟で国家が被告となる場合に，裁判権免除が認められないとの規定を置いている。いずれの例外も多くの国の国内法や国内判例で広く認められているものを条文の形にしたものである。

3-6
免除の放棄

裁判権免除に関しては，訴えられた国家の文書による通知や，当該国が応訴することなどによって，**免除の放棄**が可能である。

3-7
強制措置からの免除

裁判権免除とは別に，外国国家が所有する財産に対する**強制措置**についても，国家免除が認められてきた。欧州主権免除条約では，強制措置について，これを禁止する規定を置いており，各国の国内法でも，外国国家の財産について強制措置からの免除を認める場合が多い。ただし，裁判権免除で制限免除主義が導入されたことは，強制措置についての国家免除原則にも影響を与えるようになっている。強制措置からの免除を原則とする国内法や判例，学説でも，強制措置の対象となる財産のうち，商業目的のための財産については，強制措置を認めるべきという立場が強くなっている。

国家免除条約では，強制措置を判決前の仮手続の段階と判決後の執行の段階とに区別している。前者については，国家の明示の同意がない限り，強制措置の対象とならない（18条）のに対し，後者については，国家の明示の同意がない場合に強制措置の対象とできないことを原則としつつ，国家が財産を統治に関わる非商業目的以外のために使用し，または使用することを意図しており，当該財産が法廷地国の領域内にあることが確認された場合で，かつ訴訟の対象とされた団体と関連を有する財産に限って強制措置の対象となりうることを認めた（19条）。これは，強制措置についても，限定的ではあるが，制限免除主義を認めるものである。

<u>3-8</u>
国家免除の新たな例外　制限免除主義の下，国家の行為のうち国家免除が認められない例外事項に新たな事項に関する議論がみられるようになっている。拷問等の人権侵害，テロリズムへの支援，国家による強行規範の違反に関して，国家免除を認めるべきでないとする立場である。

拷問行為については，英国（アル・アドサニ事件，英国控訴院判決（1994年），ジョーンズ事件，英国貴族院判決（2006年））やカナダ（ブザーリ事件，オンタリオ州控訴裁判決（2004年））では，外国国家による拷問行為についての損害賠償を請求する訴訟で，拷問を行ったとされる国家に裁判権免除が認められた。

テロリズムを支援する行為については，これを裁判権免除の例外とする規定を置く国内法（米国主権免除法§1605(a)(7)，カナダ国家免除法6.1条）がみられるようになっている。

国家による強行規範の違反に関しては，第二次世界大戦の戦後補償に関する訴訟の事例が多いが，これを例外とするかどうかについては，裁判所によって異なる判断が示されている。イタリア（フェ

ッリーニ事件（破棄院，2004年決定））やギリシア（ディストモ事件（最高裁判所，2000年判決））で，ドイツに裁判権免除が認められなかった。また，韓国（慰安婦事件，ソウル高裁2023年判決）でも，日本に裁判権免除が認められなかった。これに対し，米国の裁判所では，ドイツに裁判権免除を認める判断が出されている（一例として，プリンツ対ドイツ事件（米国連邦控訴裁D.C.巡回裁判部判決（1994年）））。

3-9

国家免除の新たな論点と国際裁判所

欧州人権裁判所では，英国のアル・アドサニ事件とジョーンズ事件における裁判所の判断に関して欧州人権条約3条と6条1項の違反が論じられた。欧州人権裁判所は，裁判権免除の例外を検討し，英国はこれらの規定に違反していないと判断した（アル・アドサニ事件，2001年判決，ジョーンズ事件，2014年判決）。また，ディストモ事件のギリシア最高裁判所の損害賠償を命じる判決の執行がギリシアとドイツのいずれでも認められなかったことについて，原告が両国の欧州人権条約の違反を論じた事件でも，ギリシアに同条約の違反はない，ドイツに対する訴えは受理不可能であるとの判断が示されている（カロゲロプル他事件，2002年判決）。

　米国とカナダの裁判所がテロリズムを支援する行為の例外をイランに対する訴えについて適用する例がみられるようになっている。2023年6月，イランはカナダに対して，カナダ法6.1条の違法性を問う紛争を国際司法裁判所（ICJ）に付託した。なお，本件では管轄権の根拠は強制管轄受諾宣言であり，イランは宣言を行った直後にICJに紛争を付託した。なお，イランは，この宣言をしていない米国との間の紛争をICJに付託することはできない。

　国家免除に関する国際紛争はICJにも付託されている。イタリアにおいて，フェッリーニ事件で裁判権免除が認められなかったこと，

ディストモ村事件の判決の執行が認められドイツの国有財産に強制措置がとられたことに関して，ドイツがイタリアを訴えた国家の裁判権免除事件（ギリシア訴訟参加，2012年判決）〈百選1〉で，ICJは，イタリアが主張するような国家免除の例外は慣習国際法では認められていないと判断した。この判決を受けて，イタリアでは立法措置がとられたが，憲法裁判所がその措置について違憲であるとの判断をした。その後，イタリアではドイツの第2次大戦中の行為についての訴訟で裁判権免除や強制措置の免除が認められない例が続き，2022年にドイツはイタリアを相手として国家免除に関する問題についての新たな紛争をICJに付託した。

3-10
日本と制限免除主義

日本では，中華民国約束手形事件の大審院決定（1928年）の絶対免除主義の立場が長く踏襲されてきた。絶対免除主義の立場をとると，外国の裁判所で日本に対する訴訟が提起されても，裁判所に出廷することができなくなる。特に雇用契約に関連する訴訟では裁判権免除の例外とする国内法制度の国で，出廷できないことによる敗訴の事例が増加するという問題があった。また，諸外国に比べて，国家免除に関する判例の数が少ない状態が続いていた。しかし，国際社会が制限免除主義に移行していることに配慮した裁判例が見られるようになった。円建債償還等請求事件（東京地判平成12・11・30）やマーシャル諸島に対する「永住権プログラム手続に関する合意」に関する不当利得返還請求事件（東京地判平成12・10・6）で制限免除主義に配慮した判決が出され始めた。しかし，その後の控訴審判決では中華民国約束手形事件の判例変更に消極的な判断が示された（円建債償還等請求事件・東京高判平成14・3・29，不当利得返還請求事件・東京高判平成12・12・19）。

裁判所は，外国国家に対する送達手続について絶対免除主義を前提として，当該国家の応訴意思を送達前に確認する取扱いをしていたが，2002年4月にこれも廃止され，制限免除主義の容認の傾向が徐々にみられるようになった。**横田基地夜間飛行差止等請求事件**の最高裁（第2小法廷）判決（最判平成14・4・12）の傍論に続き，パキスタン政府が購入したコンピューターの代金に関する準消費貸借契約事件で，最高裁（第2小法廷）判決（最判平成18・7・21）は，制限免除主義に基づく判断を行い，パキスタンに裁判権免除を認めず，これにより制限免除主義の支持への判例変更が行われたといえる。また，ジョージア州整理解雇事件でも，最高裁（第2小法廷）判決（最判平成21・10・16）は，問題になった解雇は私法的ないし業務管理的な行為にあたるとし，裁判権免除を認めた東京高裁判決を破棄し，差し戻した。

日本は2010年4月1日，国家免除に関する国内法として，「外国等に対する我が国の民事裁判権に関する法律」を施行し，同年，国連国家免除条約を批准した。

2 外交関係，領事関係

3-11
外交関係と領事関係の
目的

外交関係は，国家間で相互の同意によって樹立され，**常駐使節団**の交換によって，国家間の協力と相互理解を促進し，紛争の予防や解決をはかるために必要な制度である。**領事関係**は，**接受国**において，自国民の一定の利益，とりわけ経済的利益の保護の任務にあたるために，国家間の相互の同意に基づいて樹立される。**外**

交使節団が，**派遣国**を代表して，接受国との外交関係の処理にあたるのに対し，領事機関は国家を代表する資格を持たず，もっぱら行政的な機能を担う。

3-12
外交関係と領事関係の歴史

(1) 外交関係の発展 外交関係は，13世紀にイタリアの諸都市国家の間での代表者の相互の交換が起源である。15世紀以降，これが欧州全般に拡大し，17世紀後半に一般化し，1815年の**ウィーン会議**や1818年の**エクス・ラ・シャペル会議**で，外交使節の階級を決める規則が作られるまでに至った。主として国家間で確立した慣習国際法の規則を条約の形にしたのが，**外交条約**（「**外交関係に関するウィーン条約**」）（1961年）と**特別使節団条約**（「**特別使節団に関する条約**」）（1969年）である。

(2) 領事関係の発展 領事関係は，欧州の封建社会で成立した自治的な商工組合によって設けられた組合員同士や組合員と外部者との間の紛争解決のための制度が，商人の外国への移住に伴って外国での紛争解決のための自治的な制度に拡大したことが，その起源である。その後，イタリアの都市国家がレバント諸国の港で自国の船舶の運航管理や在留自国民の保護の任務にあたるようになり，現在の領事機関に類似した機能を果たすようになった。17世紀に外交使節の交換の制度が一般化すると，領事機関の任務は欧州地域では存在意義が低下したが，中東や極東地域で欧州諸国との領事裁判条約という形で機能することになった。19世紀に国際的な貿易，交通が盛んになるにつれて，欧州諸国で近代的機能を持った領事制度が確立された。領事関係は多くの二国間条約とこれを補完する国内法と国内裁判所の判例によって国際法の規則が形成されてきた。これらを条約の形にしたものが**領事条約**（「**領事関係に関するウィーン**

条約」）（1963 年）である。

3-13
外交関係の基本的制度
外交関係の開設と常駐外交使節団の交換は，国家間の相互の同意による（外交条約2条）。常駐使節団は，接受国において，派遣国を代表して，恒常的に外交関係を処理するために派遣される国家機関である。特別使節団は常駐使節団とは別に，派遣国を代表して，特定の問題の交渉や特定の任務の達成のために派遣されるが，その派遣には接受国の事前の同意を必要とし（特別使節団条約2条），任務の内容について派遣国と接受国の間の相互の同意が必要である（同3条）。外交使節団を構成するのは，**使節団の長**および使節団の職員である。すべての構成員が外交職員の地位を持つわけではなく，使節団の長と外交職員にのみ外交官の地位が認められる。使節団の長の選定は派遣国の裁量によるが，**アグレマン**の制度があり，派遣国は自国が派遣しようとする使節団の長について，接受国のアグレマンが与えられていることを確認しなければならず，接受国の側は，アグレマンを与えない場合，その理由を示す義務も負わない（外交条約4条）。使節団の長の任務は，接受国への信任状の提出などの手続を経て開始される（同13条）。

　常駐使節団の任務（外交条約3条1項）は，派遣国を代表すること，接受国の諸事情を派遣国に報告すること，自国民の保護と監督にあたることに大別することができる。接受国の諸事情の調査は適法な調査によるものでなければならない。接受国は，外交使節団の長や外交職員について，いつでも理由を示さないで，**好ましからざる人物**（*persona non grata*）として派遣国への召還，あるいは任務の終了を求めることができる（同9条）。たとえば，スパイ行為などを行ったものについては，この措置がとられうる。

外交官の任務は，通常の場合，その任務の終了を派遣国が接受国に通告することによって終了する。こうした通常の方法以外に，**外交関係の断絶**による使節団の閉鎖や，制裁の一部として外交関係が縮小される場合に，一部の外交職員の任務が中断する場合がある。戦争が国家の政策として認められていた時代には，外交関係の断絶は，**宣戦布告**の前段階とされていた。現在でも外交関係の断絶や縮小は，国家間関係が重大に悪化することを意味している。

₃₋₁₄
領事関係の基本的制度　領事関係の開設は国家間の相互の同意に基づく（領事条約2条）。**領事機関**は，接受国の同意を得て，派遣国がその所在地や種類を決定する（同4条）。派遣国の国民が多く在住する場所や，経済的，政治的，社会的な関係が深い場所に置かれることが多い。領事機関の長の任務は，派遣国からの委任状の送付とこれに対する接受国からの認可状の付与をもって開始され，外交使節団の長の場合のようなアグレマンの制度はない。なお，領事には本務領事の他に，領事任務を本務としない名誉領事もある。

領事機関の任務は，自国民の保護，派遣国と接受国の関係の促進，行政機関事務に分類される（領事条約5条）。領事機関は原則として，派遣国を代表する機能を持たない点で，外交使節団と異なる。領事機関の構成員の任務が終了するのは，派遣国が接受国に当該構成員の任務が終了した旨の通告を行った時，接受国の認可状が撤回された時，接受国が派遣国に対し，当該構成員を領事機関の職員として認めることをやめた旨の通告を行った時である（同25条）。

外交関係の開設は特段の意思表示がない限り，領事関係の開設についての同意を含むが，外交関係の断絶は当然には領事関係の断絶を意味しない（領事条約2条2項・3項）。外交関係が断絶する程度に

国家間関係が悪化した場合でも，領事機関が残って，自国民の保護などの任務を継続する場合も多く見られる。

Column② 領事条約の違反に関する事件 ································

　領事条約36条は，領事通報と領事保護に関する規定である。外国籍の人の身柄を拘束した当局は，まず，その者に，領事通報と領事保護を受ける権利があることを通告し，その者が通報を希望する場合，権限ある領事機関に通報する義務を負う。そして，その通報を受けた領事機関がその者と連絡，面会し，弁護士の紹介等の保護を行えるようにしなければならない。

　36条の下での義務の不履行の結果，厳罰に処される外国人が存在する。特に問題となるのは，死刑制度の存続国において死刑判決が出される場合である。死刑制度の国際法上の可否に関する紛争についてICJの義務的管轄権の根拠を見出すことは困難だが，領事条約には，紛争解決に関する選択議定書があり，議定書の当事国間の紛争についてICJへの一方的紛争付託が可能である。このような背景から，1998年にパラグアイ（ブレアード事件），1999年にドイツ（ラグラン事件〈百選44〉），2003年にメキシコ（アヴェナほかメキシコ国民事件，以下アヴェナ事件）が，米国による36条の下での義務の違反に関する紛争をICJに付託した。いずれの事例でも紛争付託と同時に，間近に迫った死刑の執行の停止を求める仮保全措置の指示が要請され，ICJはこれに応じた。ブレアード事件とラグラン事件では，仮保全措置命令にもかかわらず，死刑が執行されたが，アヴェナ事件では，最終判決の時点で，米国の36条違反が認められたいずれのメキシコ人の死刑も執行されていなかった。

　ブレアード事件では，仮保全措置命令後，原告が訴訟を取り下げたが，ラグラン事件とアヴェナ事件では，最終判決（それぞれ，2001年，2004年）が出された。この2つの判決で，ICJは，米国による36条の下での義務の違反を認めた。特に，36条の下での義務の違反の主張が，州裁判所で行われなかった場合に，その主張を連邦裁判所で行うことができないとする手続的懈怠の原則の適用が36条の下での義務の不履行に

あたるとした。また，ラグラン事件では，仮保全措置命令の法的拘束力が初めて認定され，仮保全措置命令の不履行についても米国は責任を負うとされた。さらに，ICJ は，36条の下での権利は，国家だけでなく個人の権利であると認めた。

ラグラン事件では，ラグラン兄弟の死刑がすでに執行されていたため，再審は不可能であった。しかしアヴェナ事件では，ICJ が米国の領事条約36条の下での義務の違反を認めたメキシコ国籍の者の再審または再検討が可能であったため，ICJ は，この義務違反に対する賠償として，これらの者が受けた判決を，米国が選択する方法で，司法的手続により再審または再検討するよう命じた。

領事条約36条の下での義務の違反については，その後の事件でも問題になっている。アーマドゥ・サディオ・ディアロの事件（2010年）で，ディアロの身柄の抑留後，領事保護の権利についての通告が遅滞なく行われなかったことから，36条1項(b)の下での義務の違反が認められた。ジャダフ事件の本案判決（2019年）では，スパイ行為とテロリズムに関する容疑で滞在先のイランからパキスタンに連れ去られ，死刑判決を受けたインド国籍のジャダフに関して，パキスタンの36条の下での義務の不履行が争点となった。ICJ は，スパイ行為の容疑の場合は36条の下での領事保護の例外であるというパキスタンの主張を認めず，36条の下での義務の違反を認めた。

3-15

外交使節団と領事機関の特権・免除

外交使節団や領事機関の任務は国家間関係を健全な形で維持し，派遣国の国民を有効に保護するために不可欠である。このため，外交使節団や領事機関には，特権と免除が国際法上認められている。特権・免除が認められる根拠として，かつては**治外法権説**が用いられた。すなわち，外交使節団や領事機関の所在場所が派遣国の領土の延長とみなされるという考え方である。しかし，今日

では，主権国家の平等という観点から，この立場は否定されている。外交使節団の場合は，派遣国を代表する機能を持つこと（**代表説**）とその任務の円滑な遂行のため（**機能説**）の２つの根拠によるとされ，領事機関の場合は，任務の円滑な遂行のため（**機能説**）のみが根拠とされる。こうした根拠の違いのために，外交使節団の方が広範，かつ一般的な特権・免除が認められる。

3-16
特権・免除の内容

外交使節団や領事機関が享有する特権・免除には，使節団や機関それ自体に与えられるものと，外交官や領事官に与えられるものがある。使節団や領事機関に認められる特権・免除として，公館の不可侵権（外交条約22条，領事条約31条），公館に対する課税の免除（外交条約23条，領事条約32条），公文書の不可侵権（外交条約24条，領事条約33条），国旗および国章掲揚の権利（外交条約20条，領事条約29条），公館の開設と任務のための便宜（外交条約21条・25条，領事条約28条・30条），通信の自由（外交条約27条，領事条約35条）がある。さらに領事機関には，派遣国の国民との通信および接触の権利（領事条約36条。⇨*Column* ②参照），死亡，後見または財産管理ならびに難破および航空事故の場合の通報の権利（同37条），接受国の当局との通信の権利（同38条）が認められており，これらの権利を行使することにより，領事機関は自国民の保護などの任務を円滑に遂行できる。

公館の不可侵権については，使節団や機関の長の同意がない限り，接受国の官吏は公館に立ち入ることができない。また，接受国は自国にできる最大限の保護を公館に対して与えなければならないとされる。通信の自由については，本国と公館の間の通信については，**外交封印袋**の利用が認められており，外交封印袋についてはＸ線検

査も認められないと考える立場が通説である。

　外交官や領事官が享有する特権・免除としては，身体の不可侵権（外交条約 29 条，領事条約 41 条），住居，書類，通信および財産の不可侵権（外交条約 30 条），移動および旅行の自由（外交条約 26 条，領事条約 34 条），裁判権等の免除（外交条約 31 条，領事条約 43 条・44 条），社会保障，租税，役務，関税などの免除（外交条約 33 条〜36 条，領事条約 48 条〜50 条）が認められている。なお，外交官の特権・免除は，接受国の国民でない家族にも認められ，外交使節団の構成員で外交官の地位を有さないものも，一定限度の特権・免除が認められる（外交条約 37 条）。領事官の家族や領事機関の領事官以外の職員の特権・免除はより限定的である。

3-17
使節団，領事機関の特権・免除に関する問題

　使節団や領事機関が享有する特権のうち，問題が生ずることが多いのは，公館の不可侵権と，通信の自由である。公館の不可侵権についての問題の 1 つは大使館や領事館の不可侵権を利用した**外交的庇護**である。国家が自国の領域に逃げてきた者を保護する領域庇護は領域主権に基づく国家の権利であるが，外国の公館に逃げ込んだ者を保護する外交的庇護は，国際法では国家の権利として認められておらず，公館の不可侵権によって接受国の捜査などを逃れる事実上の行為である。このため，**庇護事件**（ICJ 本案判決（1950 年））のペルーとコロンビア間の紛争のように，外交的庇護が国家間の紛争に発展する場合があるし，1956 年のハンガリー動乱の際に，米国大使館がカトリックの司教であるミンジェンティ枢機卿に外交的庇護を与えた事例で，出国許可が与えられないまま 1970 年まで彼が大使館内に滞在せざるを得なかったような事態も生じうる。ウィキリークスの創設者，アサンジ氏が駐英エクアドル大使館で外

交的庇護を受けたことも，英国とエクアドルの外交上の問題となった。2012 年に彼が外交的庇護を受けた後，2019 年にエクアドル政府の要請により英国の警察が同大使館に入り，アサンジ氏を逮捕するまで，外交的庇護が続いた。

　2002 年の中国・瀋陽の日本の総領事館に北朝鮮の国民が逃げ込んだ事例のように，外交的庇護の事例では，庇護を受けた者の人権に配慮して，比較的早期に関係国の合意により出国許可が出される場合も増加しているものの，このような事実上の保護は，関係国にとって大きな政治的な負担となることが否めないことは指摘されなければならない。

　公館の不可侵権や通信の自由が著しく濫用される場合もある。たとえば，1973 年の駐パキスタンのイラク大使館の事件では，外交封印袋を利用した多数の武器の大使館への搬入に関する情報を得たパキスタン政府が，イラク大使に大使館の捜査許可を要請したが，同大使はこれに同意しなかった。パキスタン政府は強制捜査を実施し，多数の武器が発見された。また，1964 年のローマ空港事件で，在イタリア・エジプト大使館発カイロ向けの外交郵便の印が付いたトランクからイスラエル人が発見された事例や，1984 年，英国スタンステッド空港で，ナイジェリア向けの外交封印袋から，ナイジェリアのクーデター前の大臣が発見された事例など，通信の自由の濫用の事例もある。これらの事例では，関係国の大使館員に好ましからざる人物として退去要請がなされるなど，国家間関係が悪化する結果になった。

3-18

外交官, 領事官の特権・免除に関する問題

外交官や領事官には広範な特権・免除が認められている。外交官や領事官は接受国においてしばしば，本国の象徴のよう

に捉えられ，攻撃の対象とされる。外交条約や領事条約では，身体の不可侵の保障義務についての規定しか置かれていないが，その後**国家代表等に対する犯罪防止条約**（1973年）が締結されている。この条約で保護の対象とする者に対する犯罪行為の防止と処罰の確保が図られていることは，外交官や領事官が常に危険に直面していることを示している。

外交官と領事官に特別の保護が不可欠な反面，この権利が濫用される場合があることも事実である。たとえば，外交官や領事官が通信や財産の不可侵権を利用して，密輸などに関わる事例や，裁判権免除があるため，交通違反や犯罪行為の処罰ができない場合が多いことが指摘されている。外交条約や領事条約の前文に明記されているように，外交官と領事館の特権・免除は個人の利益のために与えられるものではない。また，外交官や領事官は接受国の**法令遵守義務**を負っており（外交条約41条，領事条約55条），派遣国の判断により裁判権について**免除の放棄**が可能である（外交条約32条，領事条約45条）。

民事請求に関しては，外交条約を採択した外交会議で採択された決議で，外交使節団の任務の遂行が妨げられないときは，免除を放棄するか，請求権の正当な解決のための最大限の努力を払うことが派遣国に求められている。外交官や領事官に対する民事請求について，被害者の救済を確保する制度が設けられている例もある。たとえば，日本は，交通事故の場合に備えて，十分な保険に加入していることを確認したうえで外交ナンバープレートを配布する政策をとっている。英国は，他国の外交官や領事官への民事請求について，英国政府が被害者に対して補償を行った上で，派遣国に対して請求を行う制度を設けている。

3 軍艦，軍用航空機，軍隊の地位

3-19

軍艦，軍用航空機に対
する管轄権の行使

軍艦は，これが権限ある士官の指揮の下に置かれている限り，国家機関の1つである。軍艦は**旗国**の完全な支配の下にあり，これに対する外国国家の管轄権の行使は認められていない。軍艦の乗組員については，原則として派遣国が管轄権を行使する。それらの者が公務の一環として上陸する際の犯罪行為については，派遣国の管轄権に服するとされる。他方，公務外で上陸している場合の犯罪行為については，上陸した国が刑事管轄権を行使できることが原則であるとされる。なお，これらの原則は同様に**軍用航空機**についても適用される。

3-20

軍　　隊

軍隊は国家機関の1つである。武力紛争時ではないときに，軍隊が外国の領域内に所在する代表的な事例は，外国に基地がある場合である。また，同盟国の領域内に軍隊が滞在する場合や，外国に派遣される軍隊が第三国を通過する場合もある。いずれの場合も，駐留国の許可を受けて滞在することが原則である。

　駐留国における外国軍隊の地位について，確立した慣習国際法はないとされている。外国軍隊も国家機関であるので，軍の規律に関する事項などについては，派遣国が管轄権を持つと考えられている。駐留国は，外国軍隊を受け入れることに同意することによって，少なくとも自国内に滞在する外国軍隊が実効的に機能するために必要な程度の免除を認めたことになると解される。かつては，駐留国が

許可を与えることにより，すべての権限を派遣国に認めたことを推定するという学説もあったが，今日ではこの立場は受け入れられておらず，駐留国の領域主権の行使が一定限度，認められている。また派遣国自らが特権・免除を放棄することも可能である。

今日，外国軍隊の地位については，地位協定など関係諸国間の条約で具体的，かつ詳細に規定されている。刑事管轄権については，そうした条約で，派遣国と駐留国の専属的裁判権の対象について詳細な規定が置かれ，裁判権が競合する場合にどちらが第一次的な裁判権を持つかも明記されている（NATO軍の地位協定（1951年）7条，日米地位協定17条）。民事裁判権と請求権についても条約で詳細な規定が置かれている（NATO軍の地位協定8条，日米地位協定18条）。このように派遣国と駐留国の権限配分に関する規定が見られることは，外国軍隊について派遣国の権限のみが排他的に行使されるという立場が修正されつつあることを示している。

4 国家元首，首相，外務大臣

3-21

国家元首の外国における地位

国家元首とは，各国の国内法上，国家の最高機関の地位にあって，国家を代表する者をいう。かつては国家元首と国家が同一のものと考えられ，国家元首が実質的に国家を統治していたが，20世紀以降，多くの国で国家元首の役割は形式的な憲法上のそれにとどまり，実質的な統治や国家を代表する機能は，政府の代表である**首相**によって担われるようになっている。

国家元首の権限は各国の国内法によって規定される。国際関係に

関連する権限としては，主として，自国の外交使節の任命と外国の外交使節の接受，条約締結，戦争の宣言および平和条約の締結などをあげることができる。国家元首は，国家を代表するものとして，これらの行為を行う。

　国家元首は，その家族も含め，外国において特段の尊厳，不可侵権，特権および免除を認められる。国家を代表して外国を訪問する場合，本国は，特別の保護や儀礼を与えることを接受国に要請する権利を持つとされる。しかし，国家元首が私的な目的で外国に滞在する場合にこのような特別の保護を認められるべきか否かについては，議論の余地があるとされる。

3-22
首相，外務大臣の外国における地位

首相は政府の長，**外務大臣**は対外関係を処理する機関の長として，対外関係の処理にあたる地位にある。その権限の内容と範囲は各国の国内法によって判断されるが，外国国家は，その権限の円滑な行使のために必要な，尊厳，不可侵権，特権および免除を認めなければならないとされる。

3-23
国家元首などの国際法上の刑事責任

国家元首等の行為は通常国家に帰属することになる。しかし，この原則により，その者の個人としての国際法上の刑事責任が免除されるべきではないとの議論が重要性を増すようになっている。この点については，国際刑事法に関する説明（⇨第13章 **8**）を参照されたい。

第4章

国際組織と国際法

●本章のサマリー

　国際法は主として国家間の関係を規律する法として理解されるが，現代の国際社会では国家以外の主体として，個人や企業（多国籍企業）・NGO（非政府間国際組織）等の団体，さらに国際組織（政府間国際組織）が活動している。このうち，本章で具体的に取り上げるのは国際組織である。国際組織は，現代の国際社会において国家と並ぶ重要な法主体であり，国連をはじめとする国際組織に関する法（いわゆる国際組織法）は，国家間の関係を規律する伝統的な国際法とともに現代国際法秩序の重要な一部を構成するものとなっている（⇨*1*）。現在の国際社会には，数多くの国際組織が存在するが，その中で国際社会においてとりわけ重要な役割を果たしているものが国際連合（国連）である（⇨*2*）。また，個別の専門分野においては，各種の専門機関と呼ばれる国際組織がそれぞれの分野で欠くことのできない重要な機能を遂行している（⇨*3*）。さらに，世界の各地域には，地域の実情や社会的・文化的背景等に応じて，いくつかの地域的国際組織が存在しており，それぞれが重要な役割を果たしている（⇨*4*）。

SUMMARY

1 国際組織と国際法・国内法

4-1

国際組織とその名称

　国家以外の法主体のうち，国際法との関係で最も重要なものは，**国際組織**（international organization）である。国際組織は，国家間の合意に基づいて

設立され，国家をその構成員とするものである点で，私人をその構成員とする**NGO**（非政府間国際組織，私的国際組織）とは区別され，**政府間国際組織**または**公的国際組織**とも呼ばれる。また，わが国では，"international organization" にあたる訳語として，「国際組織」以外に，「国際機関」または「国際機構」という訳語が用いられることもある（前者の例として条約法条約2条1項(i)，後者の例として国連憲章前文）。

国際組織に対しては，国際法と国内法の双方が規律を及ぼしており，国際組織は国際法主体であると同時に国内法の主体でもある。

4-2
国際組織と国内法

国際組織がその活動を実際に遂行する場となるのは，大半の場合が各国の領域内である。たとえば，国連憲章104条は，「この機構は，その任務の遂行及びその目的の達成のために必要な法律上の能力を各加盟国の領域において享有する。」と規定しているが，ここで規定された「法律上の能力」とは，国内法上の法律上の能力を意味するものと解されている。そして，国連の有する国内法上の法律上の能力の具体的内容として，国連特権免除条約の1条は，(a)契約を締結すること，(b)不動産および動産を取得し，および処分すること，(c)訴えを提起すること，の3つを規定している。国連以外の国際組織についても，国内法主体として有する具体的権能の内容としては，一般に，(a)契約締結能力，(b)不動産および動産を取得および処分する能力，(c)訴訟当事者能力，を挙げることができる。

この国際組織の国内法主体性との関係では，国際組織に対して認められる特権免除も法的に問題となる。特に，上述(c)の「訴訟当事者能力」との関係では，国連ならびにその財産および資産は，免除を明示的に放棄した特定の場合を除き，あらゆる形式の訴訟手続

の免除を享有するものとされる（国連特権免除条約2条2項）。

4-3
国際組織と国際法 　国際組織が，その加盟国とは別個の独自の国際法主体としての地位を有すること

は，1949年の「国連の勤務中に被った損害の賠償」事件の勧告的意見〈百選38〉の中で，ICJが国連について明確に承認した。この意見の中で，ICJは，国連が国際法の主体であり，国際的な権利義務を有する能力を持つという意味で「**国際法人格**」を有することを認め，さらにそれは国連の非加盟国との関係においても認められる「**客観的国際人格**」であると述べた。

　国際組織に独自の国際法人格を持つ国際法主体としての地位が認められたとしても，個別の国際組織に対して認められる具体的な国際法上の権能の内容は，各組織の目的および任務，機能等に照らして多様であり，この点がおよそ主権国家である以上同一の国際法上の権能が認められる国家の場合とは大きく異なる国際組織の特徴である。このように各国際組織に対して認められる国際法上の権能の内容には具体的な差異があるにしても，多くの国際組織に共通して認められる権能として，以下のようなものが挙げられる。

　まず，国家や他の国際組織といった国際法主体との間で交渉や折衝等を行う**使節権**の行使である。これには，他の国際法主体に対して使節を派遣する能動的使節権と，他の国際法主体の派遣する使節を接受する受動的使節権の2つが含まれる。前者の点については，大半の国際組織は，国家の場合のように在外公館（大使館や領事館など）を有するわけではないが，EUなどは主要な第三国や国際組織に代表部を置いており，国連や専門機関なども世界各地に各種の事務所等を設けている。また，アド・ホックな使節等の派遣は，国連をはじめ多くの国際組織が実際に行っている。受動的使節権につい

ては，たとえば国連は加盟国の代表団や常駐使節団を受け入れており，多くの国連加盟国は国連代表部を設け，そこにいわゆる国連大使を代表とする外交団を常駐させている。

　また，国際組織は，自己が直接の当事者となる形で条約を締結する場合があり，それはたとえば国連の経済社会理事会と専門機関との間で締結される連携協定（国連憲章63条）のように，国際組織の機関相互間で締結される場合もあれば，国連が平和維持活動（PKO）の派遣先の国との間で締結するPKO駐留協定のように，国際組織と国家の間で締結される場合もある。後者の国連によるPKO駐留協定の締結は，国連憲章上の具体的な根拠規定を持つものではないが，国際組織はその目的および任務を遂行するために必要な範囲内で設立条約上明示されていない権限も認められるという**黙示的権限**（**implied powers**）の法理に基づいて認められるものと解される。

　さらに，国際組織には，1949年の「国連の勤務中に被った損害の賠償」事件の勧告的意見〈百選38〉でICJが国連について認めたように，国際違法行為の結果として当該組織自身またはその職員等が損害を被った場合には，国際請求を行う能力が認められる。とりわけ組織の職員等が損害を被った場合には，当該国際組織は「**機能的保護**」権の行使として責任追及を行う資格が認められるが，これは自国民が損害を被った場合に国家に対して「外交的保護」権を行使することが認められることと対比して捉えられるものである。また，逆に，国際組織が国際違法行為を行って損害を発生させた場合には，当該組織自身が国際法上の責任主体となるべきことが想定される。また，国際組織が債務超過等で財政的に破綻した場合には，**国際組織の破産**という事態が生じ，当該組織自身とその加盟国との

間での責任関係（加盟国が負うのは有限責任か無限責任か等）が問題となる（1985年の国際すず理事会の破産の事例など）。

2 国 際 連 合

4-4
設立の経緯と背景

第1次大戦後に創設された国際連盟が第2次大戦の発生を阻止できなかったことの反省を踏まえ，第2次大戦中の1943年10月，米英中ソの主要連合国4か国が発表したモスクワ宣言の中で，戦後の国際秩序維持のために国際連盟に代わる新たな一般的国際組織を創設することが規定された。その後，この新たな組織の具体的な内容は，1944年8月から10月のダンバートン・オークス会議で骨格が固まり，45年2月の米英ソ3国首脳のヤルタ会談において安保理の常任理事国にいわゆる「拒否権」を認める決定方式等についての妥協が成立した。その後，45年4月から連合国50か国が参加して開催されたサンフランシスコ会議において，国連の設立条約（基本文書）である国連憲章の草案の審議が行われ，会議最終日の6月26日に国連憲章の署名が行われ，同年10月24日国連憲章は発効して，国連が正式に発足をみた。国連の原加盟国は，サンフランシスコ会議参加50か国とポーランドの51か国である。

　国連の本部は，国際連盟の本部が永世中立国スイスのジュネーヴに置かれたこととは対照的に，第2次大戦の連合国の中心であった米国のニューヨークに置かれ，また国連憲章自体も日本が降伏する前の第2次大戦中の45年6月に採択されるなど，少なくとも発足当初は「連合国の国際組織」としての性格を色濃く有するものであ

った。このことは，国連の英語表記である "the United Nations" が同時に「連合国」を意味するものでもあること（たとえば，国連憲章の前文の冒頭の主語である "We the peoples of the United Nations" は，「われら連合国の人民は」と日本語の公定訳で訳されている）や，国連憲章中のいわゆる旧敵国条項（憲章53条・107条）の存在などからも窺い知ることができる。

4-5
目的と構成，任務

国連の目的は，憲章の1条に明記されており，(1)国際の平和および安全を維持すること，(2)人民の同権と自決の原則の尊重に基礎をおく諸国間の友好関係を発展させること，(3)経済的，社会的，文化的または人道的性質を有する国際問題の解決，ならびに人権および基本的自由の尊重を助長奨励することについて，国際協力を達成すること，の3つである。

以上の3つの目的を達成するために，国連には6つの主要機関が設けられている（憲章7条）。総会，安全保障理事会（安保理），経済社会理事会（経社理），信託統治理事会，国際司法裁判所および事務局である。このうち，国連総会は，すべての国連加盟国の代表で構成され（憲章9条），一国一票制による表決手続がとられるが（憲章18条），その決議は勧告的効力しか持たない。これに対して，国連の第1の目的である「国際の平和及び安全の維持」について「主要な責任」を負う重要な機関が安保理である（憲章24条1項）。安保理は，現在では米英仏ロ中の5常任理事国と2年の任期で総会において選出される10の非常任理事国の合計15か国で構成され，その一定の決定は国連加盟国に対して法的拘束力を有する（憲章25条）。また，国連憲章第7章に基づく強制措置の発動の決定も，安保理が有する重要な権限である（憲章39条・41条・42条）。

これに対して，上記の国連の第2および第3の目的との関係で重要な役割を果たしている機関が，経済社会理事会（憲章第10章）である。経社理は，国連発足当初は総会で選出される18か国で構成されていたが，現在では54か国で構成されている（憲章61条）。人権関係や人道問題，経済問題や社会問題など，経社理の所掌する事項の範囲は極めて幅広く，数多くの補助機関や下部組織等が活発に活動を行っている。なお，主要機関の1つであった信託統治理事会（憲章第13章）は，その任務の対象であった信託統治地域（憲章77条）がすべて独立を達成して国際信託統治制度（憲章第12章）がその使命を終えたため，1994年に事実上活動を停止した。国際司法裁判所（憲章第14章）は，国連の主要な司法機関と位置づけられるものである（憲章92条）が，その具体的な活動等については本書第16章で説明する。国連の事務局（憲章第15章）は，国連の職員から構成されるものであり，国連事務総長がその長とされる（憲章97条）。

　国連がその任務を効果的かつ効率的に遂行していくためには，国連職員の役割は極めて重要であり，その円滑な任務の遂行を保障するためにも，国連職員には一定の中立性と独立性が要求されると同時に加盟国からの独立性が保障されている（憲章100条）。

4-6
国連改革へ向けての最近の動向

国連は，1945年の設立から75年以上が経過し，その間の国際社会の大きな構造変化を受けて，とりわけ設立50周年を経過した1990年代後半以降，新たな時代状況に対応した国連となるべく抜本的改革が各方面から求められることとなった。その際の論議の対象は，旧敵国条項（憲章53条・107条）の削除など多岐にわたるが，最大の争点は国際の平和と安全の維持に関して最も重要な役割を担う機関である安全保障理事会（安保理）の改革問題であ

った。国連の安保理は，当初は常任理事国5か国・非常任理事国6か国の合計11か国により構成されていたが，1965年に発効した憲章23条の改正（国連総会決議1991A（XVIII））によって常任理事国5か国・非常任理事国10か国の合計15か国による構成に改められた。しかし，いわゆる拒否権を有する常任理事国（米英仏ロ中の5大国）の地位に変化はなく，国連加盟国数の増大（国連創設時は51か国，2020年時点では193か国）に対応して，また国連への財政負担の拠出状況（たとえば国連の分担金は，常任理事国ではない日本が1985年以降米国に次いで第2位となり，2000年時点での日本の分担率約20%は，米国以外の英仏ロ中4常任理事国の合計の分担率約15%よりも大きかった）に見合った安保理の構成への改革を求める声が次第に高まっていった。

　しかし，安保理常任理事国の変更のためには国連憲章の規定（23条1項）の改正が必要であり，その改正のためには5つの常任理事国すべての賛成が必要とされるため（108条，⇨*Column*③参照），安保理常任理事国の変更は現在に至るまで実現していない。

　他方で，2005年9月の国連首脳会合の成果文書を踏まえ，紛争後の平和構築のための政府間諮問機関として2005年12月に国連の総会と安保理により平和構築委員会が設立され，2006年には総会の補助機関として新たに人権理事会が創設されるなど，安保理以外の国連の機構改革は一定の進展をみせつつある。

*Column*③　国連安保理常任理事国の地位と国連憲章の改正 ‥‥‥‥‥‥‥

　国連憲章は，その23条1項で，中華民国，フランス，ソヴィエト社会主義共和国連邦，英国および米国の5か国が安全保障理事会の常任理事国となることを明記しており，国連憲章中のこの部分は，1945年の国連憲章採択以来現在まで全く変更されていない。しかし，1971年に中国の国連代表権が中華民国から中華人民共和国に変更され，1991年

にはソ連が消滅してロシア連邦が国連におけるその地位を承継した。したがって，現在では憲章23条1項に規定されている5つの常任理事国のうち，中華民国は中華人民共和国に，ソ連はロシア連邦に，それぞれ変更がなされているにもかかわらず，憲章上の文言は改正されていないのである。これら2つの事例は，前者は中国という1つの国連加盟国の内部における国連代表権の変更であるのに対して，後者はソ連消滅に伴う国家承継の問題の一部であるといえ，法的には性質の異なるものである。このような安保理常任理事国の（実質的な）交代という国連の構成上非常に重要な変更が，国連憲章の正式の改正手続によらずに実施されたのは，国連憲章の改正の要件が極めて厳格であり（憲章108条および109条参照），また憲章の実質的改正という「パンドラの箱」を開けることに加盟国が躊躇したためであろう。以上のような実際上の処理を国際法理論上説明するとすれば，そのような国連加盟国間の合意を条約法条約31条3項(a)の「条約の解釈又は適用につき当事国の間で後にされた合意」と捉えるか，あるいは同項(b)の「条約の適用につき後に生じた慣行であって，条約の解釈についての当事国の合意を確立するもの」と捉えることによって，憲章23条1項の解釈の際に「文脈とともに」これを考慮する（条約法条約31条3項），と説明することになると考えられる。

3 専門機関

4-7

国際組織の歴史的発展と国際行政連合

現在の国際組織の歴史的発展の源流をたどると，19世紀初頭以降に欧州の国際河川（ライン川，ダニューブ川など）の管理を目的として誕生した各種の**国際河川委員会**や，伝染病の蔓延防止等を目的としてオスマン・トルコ領の主要都市に誕生した国際衛生理

事会等が挙げられる。これらは特定の地域に限定してその権限が認められる国際的機関であり，その意味で次の**4**で述べる地域的国際組織の原型をなすものであるとも捉えられる。これに対して，その目的および任務の範囲は特定の専門分野に限定されるが，加盟国の範囲は特定の地域に限定されず，広く普遍的に各国の参加を予定する国際的な組織が19世紀の後半になると欧州に誕生するが，これが**国際行政連合**と呼ばれるものである。この国際行政連合は，今日の国連の専門機関に連なる系譜を持つものであり，現に最も初期に設立された国際行政連合である国際電気通信連合（ITU，1865年設立）と万国郵便連合（UPU，1874年設立）は，それぞれ現在でも存続し国連の専門機関となっている。また，1883年設立の工業所有権保護同盟と1886年設立の著作権保護同盟は，その後統合して世界知的所有権機関（WIPO）という専門機関となった。このように19世紀後半になって各専門分野で国際行政連合の設立が相次いだのは，電気通信や郵便といった分野では国境を越えた活動が次第に増大し，一国の国内法による規律だけではなく国際的機関による国際的なルール作りが不可避とされるようになったという事情がある。

　その後，20世紀に入り，第1次大戦後になると，国際連盟とともに国際労働機関（ILO）がジュネーヴに設立されるなど，経済社会分野での国際組織の設立はさらに進んだが，このような傾向が飛躍的に加速するのは，第2次大戦後の国連の設立によってであった。

4-8
専門機関とは何か

現在の国連憲章は，その57条1項において，「政府間の協定によって設けられる各種の専門機関で，経済的，社会的，文化的，教育的及び保健的分野並びに関係分野においてその基本的文書で定めるところにより広い国際的責任を有するものは，第63条の規定に従って国際連合

と連携関係をもたされなければならない。」と規定し，同条2項で「こうして国際連合と連携関係をもたされる前記の機関は，以下専門機関という。」と定めた。したがって，**専門機関**とは，①政府間の協定によって設けられる国際組織で，「経済的，社会的，文化的，教育的及び保健的分野並びに関係分野においてその基本的文書で定めるところにより広い国際的責任を有するもの」であり，かつ，②国連憲章63条に従って国連との間でいわゆる「連携協定」を締結しているもの，と定義されることになる。この専門機関との間の**連携協定**は，憲章63条によれば，国連の側では経済社会理事会が締結し，総会の承認を受けるものとされる。

4-9
現在どのような専門機関があるか

以上のように定義される専門機関は，国連と連携関係にあり，いわゆる（広義の）国連ファミリーには含まれるものであるが，法的には国連とは別個の国際法主体性を有する独立した国際組織として捉えられる。このような要件を満たす専門機関は，2023年現在で17存在する。第1次大戦前からの歴史的系譜をもつ前述のITU，UPU，WIPOおよび第1次大戦直後に創設されたILOの他に，交通分野で国際民間航空機関（ICAO）および国際海事機関（IMO），金融経済分野で国際復興開発銀行（IBRD，通称は世界銀行），国際通貨基金（IMF），国際金融公社（IFC）および国際開発協会（IDA），農業分野で国連食糧農業機関（FAO）および国際農業開発基金（IFAD），教育科学文化分野で国連教育科学文化機関（UNESCO），保健分野で世界保健機関（WHO），気象分野で世界気象機関（WMO），工業分野で国連工業開発機関（UNIDO），さらに観光分野で世界観光機関（UNWTO）である。2020年に始まった新型コロナウイルス感染症のパンデミックの際には，保健分野の専門機関であ

3 専門機関　73

るWHOが緊急事態の宣言を行うなど，大きな注目を集めた。

4 地域的国際組織

4-10

**地域的国際機関の国際
法上の位置づけと役割**

以上の*2*で取り上げた国連や*3*で述べ
た専門機関は，その加盟資格が原則とし
て世界中のすべての国に開放されている
という意味で，普遍的国際組織と呼ばれる。これに対して，国際組
織の中には，一定の地理的範囲に所在する国にその加盟資格を限定
する**地域的国際組織**というものが存在する。このような地域的国際
組織の中にも，たとえば北大西洋条約機構（NATO）のように地域
における平和と安全の維持を目的とするいわば軍事的国際組織や，
特定の専門分野における地域協力の推進のみを目的とする専門的な
地域的国際組織，さらには地域における平和と安全の維持から経済
的，社会的，文化的諸分野での地域協力までを幅広くその目的とす
る一般的権能をもつ地域的国際組織まで，多様なものが存在する。
米州機構（OAS）やアフリカ連合（AU）などは，このうちの最後の
類型に属する地域的国際組織の代表例である。

これらの地域的国際組織について，国連憲章は，その第8章に独
立した章を設けて規定を置いている。この国連憲章第8章は，「地
域的取極」という表題を持つが，52条において地域的取極（region-
al arrangements）または地域的機関（regional agencies）による地域的
紛争の処理を認め，そのような地域的取極または地域的機関を有す
る紛争処理を国連安保理による紛争処理に先行させるべきことを定
めている（憲章52条2項）。さらに，次の53条では，このような地

域的取極または地域的機関による強制行動についても規定を設け，地域的取極または地域的機関による強制行動には安保理による事前の許可が原則として必要とされるが，第2次大戦の敵国に対しては一定の場合に安保理の事前の許可なくこのような強制行動をとることが認められている（憲章53条1項但書，いわゆる旧敵国条項。なお，憲章107条も参照のこと）。

　このような地域的国際組織の利用による地域的な強制行動の実施については，自衛の権利に関する国連憲章51条の規定中にいわゆる集団的自衛権を認めることが盛り込まれたため，実際の国際社会の実行の中では，地域的国際組織による強制行動の法的根拠としては安保理への事後の報告のみで手続的要件が足りる憲章51条がほとんどの場合に援用されることとなった。ただ，国連憲章上の法的根拠の問題は別として，たとえばNATOのような地域的国際組織が軍事的な強制行動の実施主体として登場する事例は，1999年のユーゴスラビア紛争におけるコソボ空爆や，2001年のアフガニスタンのタリバン政権に対する武力攻撃など，近年においてもしばしば見られる。

　他方で，欧州人権裁判所設立の根拠となった欧州人権条約および同条約議定書等を審議・採択する母体となった欧州評議会（CE）や，欧州安全保障協力会議（CSCE）が発展して常設的な国際組織となった欧州安全保障協力機構（OSCE）などの地域的国際組織は，欧州地域およびその近隣諸国の人権保障に関する状況を改善するために実質的に極めて大きな役割を果たしている。

以上のように，各地域的国際組織の目的
や付与された機能および権限は極めて多
様であるが，その中には地域的な国際協
力をさらに深化させて地域的な経済統合
や政治統合へと道を開くような強力な権限を付与された地域的組織
も存在する。1952年に発足した欧州石炭鉄鋼共同体（ECSC）およ
び1958年に発足した欧州経済共同体（EEC）・欧州原子力共同体
（EURATOM）の3つの共同体として出発した欧州共同体（EC）は，
その後単一の委員会，理事会，議会，司法裁判所を備える地域的組
織体として発展を遂げ，加盟国間の経済統合を実質的に推進した。
さらに，1993年に発効した欧州連合条約（マーストリヒト条約）に
より欧州連合（EU）が発足し，単一通貨ユーロの発行（2002年）等
による経済統合のさらなる深化とともに，共通外交安全保障政策に
みられるような政治統合へと歩みを進めた。2009年12月のリスボ
ン条約の発効により，EUは常設の欧州首脳理事会議長や外交安全
保障上級代表のポストを新設するなど，28か国にまで拡大した加
盟国が効果的に意思決定を行うとともにEUとしてのプレゼンスを
一層高めるための機構改革を行った。しかし，このようなEUによ
る権限強化の動きに対しては，加盟国内での反発も根強く，英国は
2016年6月の国民投票の結果EUからの離脱を決定した。2020年
1月末に英国は正式にEUから離脱し，EU加盟国は27か国となっ
た。

　以上のような欧州地域の他に，アフリカ地域においてもアフリカ
統一機構（OAU）が2002年にアフリカ連合（AU）に発展的に改組
された。しかし，アフリカ地域においては経済統合や政治統合の深
化のための具体的道筋は，まだ見えていない。

これに対して，アジア太平洋地域においてはアジア太平洋経済協力会議（APEC）といった緩やかな地域的協力の枠組みがあるほか，2016 年には環太平洋地域での経済連携協定である環太平洋パートナーシップ（Trans-Pacific Partnership; TPP）協定が日米を含む 12 か国間で署名された。その後，2017 年に米国は TPP からの離脱を表明したが，残りの 11 か国で新たな TPP（TPP11 または CPTPP）が採択され発効した（⇨第 14 章 *3*）。さらに 2023 年には英国が TPP に加盟し，その加盟国は「環太平洋」という地理的範囲を越えて 12 か国に拡大した。また，東南アジア 10 か国をメンバーとする東南アジア諸国連合（ASEAN）でも，2015 年末に ASEAN 経済共同体が発足し，域内の市場統合が進みつつある。このように，地域的国際組織による地域協力および地域統合がどの程度進展しているかについては，各地域の歴史的，社会的，文化的事情等を反映して，さまざまに異なるのが現状である。

第5章 国際法の存在形態

●本章のサマリー

　本章では，国際法の規範構造として，実体法上の権利義務配分の方法と規則・原則の相違についてまず説明する（⇨*1*）。次に，国際法上の法源と呼ばれるもののうち，ICJ 規程に規定された伝統的な法源である，国際法の存在形式に関して説明し（⇨*2*），さらに，それ以外の形式として問題となるものを説明する（⇨*3*）。

SUMMARY

1 国際法の規範構造

5-1

実体法上の権利義務配分

　国際法における実体法上の権利義務配分は，国内法とは異なる特有の構造を有しており，いずれに該当するかは，個別具体的な規範を，文脈に応じて検討する必要がある。

　学説上，**共存の国際法**（国家相互間の権利・義務を画定する国際法）と呼ばれる規範の構造は，規則（⇨*5-2*）としての**許容規範**と**義務・禁止規範**に加えて，それらの「**欠缺**」（lacunae，自由ないし事実）領域から構成されている。許容規範とは，国際法上の権利，すなわち，許容されている（相手国に対して法的に強制可能な）行為の範囲を指示する（個別具体的な二国間の事情に基づく狭義の対抗力と異なり，一般的対抗力を付与するとも呼ばれる）規範である。義務・禁止規範とは，法的義

務・禁止を設定し（狭義の拘束力を付与する），その違反に対しては国際責任（⇨第8章）を発生させる規範である。これら広義の拘束力が付与される構造が，近時の多数国間条約等で明確に現れる場合，許容規則については「できる」（may）を，義務・禁止規則については，「する（しなければならない）・してはならない」（shall, must; may not, shall not）を用いて区別されている。慣習国際法においても，許容規範と義務・禁止規範の区別は，成立要件に反映している（⇨*5-6*）。このようにして，実定国際法上は，合法・違法のどちらかに一般的な推定をおいているわけではない（ローチュス号事件（1927年）〈百選17〉判旨に見られる，いわゆる「主権の残余原則」は，後の判例では採用されていない）。そして，上記の国際法規則の欠缺に対する，補充的法源その他による具体的な補充方法が，重要な課題である。

　これに対して，学説上，**協力の国際法**（国際協力の手段としての国際法）と呼ばれる規範に関しては，その構造が異なる。各条約締約国は，共同で達成すべき「国際的公共事務」を設定し，それを分担する，**客観的義務**（国際社会全体に対する義務である，**対世的義務**（obligations *erga omnes*，条約全当事国に対する当事国間対世的義務は，obligations *erga omnes partes*）もこの一種と考えられる。バルセロナ・トラクション会社事件（1970年）〈百選71〉，パレスチナの壁事件（2004年）〈百選110〉，訴追または引渡しの義務に関する問題事件（2012年）等参照）を負うこととなる（その義務の内容・範囲をめぐって，国際組織・国際委員会と個別国家の間で，条約運用の際に解釈・適用紛争が生じることも多い。それでもなお，欠缺が残る場合には，事実上その判断は国家の裁量に委ねられることとなろう）。これに対し，他の締約国は，条約によっては，義務の履行確保のために，特別の**制度的権限**（「客観的権利」とも呼ばれる）が与えられることもある（監視，制裁権限等）。これは，各個別

国家の法益に関わる実体法上の権利ではなく，手続的権限である。

5-2
規則・原則の区別　　　　国際法規範においては，**規則**（rule）と**原則**（principle）を区別することも，相対的ではあるが，重要である。規則とは，法規範の名宛人に対して具体的な行動を指示するのに対して，原則とは，規則の背後にあってその基礎となり，規則の理由づけを説明し，提供するものである。そこで，個別具体的な法規範が規則にまで成熟しているか，原則にとどまるかという点や，規則が存在しない場合に（上記の欠缺），具体的な事実に照らして，諸原則をいかに操作して最も妥当な法的結論を得るか等が，重要な問題となる。

2 法　源

　国際法上の法源の問題とは，法としての国際法が，どのような形態をとり，どのようにしてその存在を認定されるかという問題である。この法源の問題として議論される主要なものには，形式的法源と実質的法源とが存在する。**形式的法源**とは，法の存在形式を示すもので，法の妥当性と効力（広義の拘束力）の淵源となる。これに対して，**実質的法源**とは，特定の法規の要因を構成するもので，たとえば，国家実行がこれに該当する。ちなみに，これらの実質的法源の論証を支える個別の論拠は，証拠と呼ばれる。

　以下では，このうち，形式的法源を中心として，法源を説明することとする。この法源を議論する際の出発点となるのが，国際司法裁判所（ICJ）規程 38 条 1 項である。そこでは，「裁判所は，付託される紛争を国際法に従って裁判することを任務とし，次のものを

適用する」として，a 条約，b 慣習国際法（国際慣習法），c 法の一般原則，に加えて，d において，「法則決定の補助手段として」，判決と学説に言及している。本条は，あくまでも ICJ が適用する裁判規範を述べたものであるが，その常設の国際裁判所としての影響力にかんがみ，極めて重要である。しかし，今日では，形式的法源は，これらに限定されないということにも，十分注意する必要がある。

　よって，以下では，38 条に列挙されている法源について説明した後，それ以外の法源に関して，節を改めて説明を加える（⇨*3*）。その際注意すべき点は，第 1 に，実際の問題解決には，複数の法源が関わることも多いこと，第 2 に，特定の規範について法源としての性質に変動が生じうることである（⇨*5-9*）。

1 条　　約

　条約とは，当事国間限りの権利義務を定める法源で，ICJ 規程 38 条 1 項 a においては，「一般又は特別の国際条約で係争国が明らかに認めた規則を確立しているもの」と表現されている（国内法上の契約と比較せよ）。

　条約の重要な意義は，以下のような点にある。まず，その性質として，内容の明確化・規定の精密化・締結の迅速化が可能なことが挙げられる。次に，それゆえ，条約は，国際社会において，独自の手段として用いられる。第 1 に，慣習国際法の克服としての手段である。具体的には，法典化（一般条約の作成。⇨*5-9*），二国間条約の作成によって，慣習国際法において不明確であった点や，慣習国際法と異なる点を規定することが可能となる。たとえば，慣習国際法の内容は生成に携わった欧米先進諸国に有利とする新興独立諸国に

よる批判を克服するため，国際法の内容を普遍化する手段として法典化が重視された。第2に，相互主義を超える国際協力の手段として用いられている。すなわち，国際協力を実現するための国際制度の創設は，慣習国際法によっては困難なため，多数国間条約が多用されているのである。

　ここでは，条約の基本的な特徴のみを説明し，詳細は条約法（⇨第6章）において説明する。

5-3
要件（定義）

条約法条約および国際組織条約法条約では，条約の要件（定義）を3要素で規定している（各条約法条約2条1項(a)）。

　第1は，**国家間，国家・国際組織間，国際組織同士間で，締結される**ということである。このような国際法主体以外の間で締結された協定，たとえば国家と私人間の国家契約は，条約に該当しない（アングロ・イラニアン石油会社事件（1952年））。

　第2は，**国際的合意**である。ちなみに，条約法条約は，文書によるものを適用対象としているが，口頭による条約の存在，法的効力を排除したものではない（条約法条約3条）。さらに，合意と異なる，一方的行為（単独行為）は，別個に取り扱われる。

　第3は，国際法によって規律されることである（**国際法準拠**）。よって，ここでは，国際法主体間で締結されたものであっても，国内法に準拠した契約や，そもそも「法」に準拠しない，いわゆるソフト・ロー（⇨*5-18*）は，これに該当しない。

　このような要件を充足すれば，その名称に関わらない。たとえば，条約（treaty），協定（convention），議定書（protocol），宣言（declaration），憲章（charter），規約（covenant），盟約（pact），議定書（決定書）（act），協定（agreement），和親協約（concordat），取極（arrangement）等，さまざまな名称が用いられている。

<table>
<tr><td>5-4
効　果</td></tr>
</table>

条約の法的効果は，基本的に，当事国の
みを拘束する，ということである。以下
では，当事国間と，第三国との間の関係とに分けて説明する。

(1) 当事国間　条約は，**当事国**（条約に拘束されることに同意し，
かつ，自国について条約の効力が生じている国。条約法条約2条1項(g)）
間において遵守が義務づけられる。すなわち，「効力を有するすべ
ての条約は，当事国を拘束し，当事国は，これらの条約を誠実に履
行しなければならない」（同26条）とされ，いわゆる「**条約（合意）は
遵守しなければならない**」（*pacta sunt servanda*）ことが規定されている。

(2) 条約と第三国　以上のように，条約は，当事国間に効果
を及ぼすことを目的とするものであるが，**第三国**（条約の当事国でな
い国。条約法条約2条1項(h)）との関係も問題となる。そこでの，条
約の第三国に対する関係の原則は，「**合意は第三者を害しも益しもし
ない**」（*pacta tertiis nec nocent nec prosunt*）という法格言に表されるよ
うに，「条約は，第三国の義務又は権利を当該第三国の同意なしに
創設することはない」（同34条），とされる（契約と第三者の関係と比
較せよ）。

② 慣 習 国 際 法

<table>
<tr><td>5-5
定 義・意 義</td></tr>
</table>

慣習国際法は，国際社会における慣習法
で，ICJ規程38条1項bでは，「法とし
て認められた一般慣行の証拠としての国際慣習」と表現されている。
この慣習国際法は，形態としては**不文法**であるが，国際社会におい
て伝統的に認められてきた，重要な法源である。その明確化のため，
（国連）国際法委員会（⇨5-9）は，2018年に「慣習国際法の同定に

関する結論」を採択している（以下「慣習国際法の同定結論」とする）。

　その意義として，まず，第1に挙げられるのが，規律内容の重要性である。たとえば，公海自由，外交使節といった，伝統的国際法の重要原則を規律してきたのは，この慣習国際法であった。

　次に重要な意義は，今日，慣習国際法が，多くの機能を担わされていることである（たとえば，黙示の合意，国際社会の一般法（「一般国際法」）など）。そのため，法的性質，要件・効果等の理解は多岐にわたり，混乱状況にあるとさえいわれる。いずれにせよ，慣習国際法はいわば柔軟な法源として機能しており，「慣習」国際法として議論することの適否も含めて，その法的性質，要件・効果等の分類ないしカテゴリゼイションが，重要な課題である。

5-6
成立要件

以下では，主として一般慣習国際法を念頭に置き，その成立要件を議論する。そこでは，**一般慣行**と**法的確信**の**2要件論**が，ICJ規程38条1項bの文言より導かれ，国際判例も一貫してこの立場をとる（慣習国際法の同定結論2）。注意すべき点としては，2要件の相互関係があり，さまざまな議論があるものの（個別性を強調するものとして，慣習国際法の同定結論3第2項），下記に見るような両者の相互作用から，原則としては，一体として判断すべきものと考えられよう。

　(1)　一般慣行　　まず，一般慣行が要件とされる（客観的要件，慣習国際法の同定結論第3部）。一般慣行とは，反覆，継続により，一般性を有するに至った国家実行である（慣習国際法の同定結論8）。本要件の趣旨は，一般慣行という事実的要素が，国際社会における一定行動の予測可能性（法的安定性）に加えて，法遵守の基盤となる実効性を保障することにある。そのため，この要件を不要とする見解（たとえば，いわゆる即席（インスタント）慣習法論）は支持を得て

いない。

　国家実行の内容としては，国家機関の種類を問わず，その行為（作為，不作為）を幅広く包含する他，今日では，国際組織における国家の行動や，国際組織自身の活動も含まれる。ただし，それらの個別具体的な行為が，実効性を有する実行かどうか，関係国の反応はどうであったか，従前の国際法原則との関係はどうか等，さまざまな諸要因によって重要性が異なりうる。

　この一般慣行は，国際判例によって，以下のような具体化がなされている。まず，「恒常的かつ均一の慣行」(constant and uniform usage) である（庇護事件 (1950 年)）。さらに，「特別に（自国の）利害が影響を受ける国（特別利害関係国）の実行を含む国家実行が広範で実質上均一」なことが要求され，そのようなものであれば，時間的要素は，重要視されない（北海大陸棚事件 (1969 年)〈百選 2〉)。

　注意すべき点としては，内容の一般性（たとえば，常設の国際裁判所による認定，法典化条約）や，法的確信の重視から，個別の認定が緩和されうることである。さらに，規範内容による相違が存在し，権利（許容）規範の場合には，抗議の不存在で足りるのに対して，義務規範の場合には，義務の明示的承認，国家責任の追及例が必要とされ，立証の程度が異なるものと理解されている。

　(2)　法的確信　次に，法的確信 (*opinio juris*) が要件とされる（主観的要件，慣習国際法の同定結論第 4 部）。法的確信とは，一般慣行を法的なものと認めて行うという，信念である。本要件の趣旨は，国際礼譲，すなわち，政治的便宜や「礼儀，便宜，伝統」に基づく国際慣行との区別を図ることにある（以上につき，慣習国際法の同定結論 9 参照）。

　国際判例では，本要件の必要性は一貫して認められている。ただ

し，単独での認定は困難なことから，一般慣行から推論することが通常であろう。これに対して，国際組織や国際会議の決議・宣言から法的確信の要件を引き出し，同時に一般慣行要件の認定を緩和した判例もあるが（ニカラグア事件（1986年）〈百選107〉），批判もある。

規範内容による相違はここでも見られる。権利（許容）規範の場合には，許容的規範意識を必要とするのに対して，義務規範の場合には，義務的規範意識という高度の規範意識を必要とする。

5-7 効 果

(1) 一般的適用の推定 慣習国際法は，すべての国家に一般的に適用されるとの推定が働く（「**一般国際法**」の推定）。ただし，この一般的推定は，後述の「一貫した反対国」と一体として理解すべきで，その意味で，原則としては，あくまでも推定にとどまる。この推定の趣旨は，特定の規範を国際社会において一般的に実現することによる，法的安定性・予測可能性の確保にある。

(2) 適用範囲の限定 慣習国際法は，常に一般的適用範囲を持つものではなく，適用範囲が限定される場合がある。

成立範囲が限定されるものとして，地域的慣習法（庇護事件，インド領通行権事件（1960年）〈百選初版3〉）と，その特殊な形態である二国間慣習法（インド領通行権事件）が認められている（「特定」慣習国際法とする，慣習国際法の同定結論16も参照）。**地域的慣習法**の要件は，一般慣習国際法の要件と，抽象的には同様である。その効果は，当該地域内諸国につき拘束力をもつことである。しかし，一般慣習国際法との抵触がある場合，その内容は，一般慣習国際法を援用する地域外の諸国には当然には対抗しえない。そのうち特に**二国間慣習法**は，「当事国により法として認められた慣行」として，二国間においてのみ認められる慣習法である。

一般慣習国際法の適用範囲から除外されるのが，「**一貫した反対国**」（persistent objector）である（慣習国際法の同定結論15）。その趣旨は，形成しつつある一般慣習国際法規の内容に反対する国家の利益保護にある。一般慣習国際法規の形成は，上述のように，個別国家の同意を必要とせず，緩和された要件で認められていることから，このような制度を必要とする。その要件は，慣習国際法の形成以前から絶えず反対を表明することである（漁業事件（1951年）〈百選4〉。ただし，国際法上の「基本原則」については，この制度の適用は認められない）。一貫した反対国の効果は，慣習国際法が，当該「一貫した反対国」に対抗しえないことである（同様に，一貫した反対国の法的立場も，慣習国際法に拘束される国々に対抗しえない）。なお，慣習国際法の成立要件に関わる，たとえば特別利害関係国による「一貫した反対」は，その要件の充足を阻害し，慣習国際法の成立自体が妨げられる。

③　条約と慣習国際法の関係

　上記に述べた，条約と慣習国際法の相互関係が問題となる。

5-8
法 的 価 値

両者の法的価値は，原則として，同等である。そのため，関係国の意図が明らかでない場合には，同一の法源から生ずる規範間で適用される調整原則の適用が図られる（特別法は一般法を破る，後法は前法を破る）。この場合，条約が特別法となることが通常であるが，例外も見られる。

　しかし今日，上位規範の導入によって，この問題の処理が図られることもある（たとえば，国連憲章103条）。特に強行規範（*jus cogens*）は，抵触する条約を無効としたり（⇨*6-23*），その違反について国際責任上特別の効果が生じると主張されており（⇨*8-22*），国際裁

判所も，集団殺害の禁止や拷問の禁止について強行規範と言及するようになってきている。その明確化のため，国連国際法委員会（⇨*5-9*）は，2022 年に「一般国際法の強行規範（*jus cogens*）の同定および法的効果に関する結論草案」を採択したが，具体的適用に関しては議論が残されている。

5-9

規定相互の関係（一般条約と慣習国際法）

実務上もしばしば問題となるのは，一定の規範内容が，法形式上，変化するというダイナミズムである。このことは特に，一般性において共通するため，一般多数国間条約と慣習国際法の間に生じやすい。

　ここでは，**法典化**（国際立法とも呼ばれることもある）の名称で，多数国間条約作成に積極的な貢献を果たしている国連を，例として説明する。その内容として，広義に法典化と呼ばれるものは，国連憲章 13 条 1 項 a に規定されている，国際法の「漸進的発達〔progressive development〕及び法典化〔codification〕」の両者を含む，多数国間条約の作成である。狭義の法典化と呼ばれる後者は，既に慣習国際法上確立している規則を条約形式で成文化することをいう（公海条約前文参照）。これに対して**漸進的発達**とは，慣習国際法上確立していない規則を新たに条約形式で制定することをいう。ちなみに，北海大陸棚事件判決の学説上の整理に依れば（慣習国際法の同定結論 11 も参照），これらについては，(i)慣習国際法が法典化された場合には「宣言的効果」を持つ，(ii)条約作成段階では慣習国際法ではないが，一般条約の採択によって慣習国際法として確定する場合には，「結晶化効果」を持つ，(iii)条約採択の段階では慣習国際法ではなく，純然とした条約規定であるが，その後の国家実行を統一する基準となることによって，慣習国際法を形成する場合，「創設的効

果」を持つ，とそれぞれ呼ばれることもある（条約法条約38条も参照）。

　一方，その手続として，国連は，法典化に際して，さまざまなフォーラムを用いている。まず，重要な例としては，国連総会の補助機関として設けられた（国連）国際法委員会（ILC: International Law Commission）が草案を作成し，国連総会に送付する方式である。作成された草案は，各国代表を招集して開催される外交会議，または直接総会によって採択される（外交条約，条約法条約等，多数の例がある）。国連内部においては，他に，人権委員会とそれを引き継ぐ人権理事会によって人権関連諸条約，宇宙平和利用委員会によって宇宙関係諸条約の作成が行われている。さらには，上述のような委員会審議を経ず，国連主催の外交会議によって直接条約の採択が行われたものとして，第3次国連海洋法会議における国連海洋法条約が例として挙げられる。

④　法の一般原則・国際法の一般原則

　法の一般原則は，ICJ規程38条1項cにおいて，「文明国が認めた法の一般原則」と表現されている。これは，条約，慣習国際法が存在しない場合に用いられる，補充的法源である（⇨5-11）。国連国際法委員会（⇨5-9）は，本問題について検討中である。

5-10
> 定　義

「法の一般原則」に関しては，その定義自体に争いがある。

　まず，これを自然法原則と理解する説もあるが，ICJ規程38条2項が「衡平及び善」を規定しており，これと対照される1項の規定は実定法原則と解されるため，支持されていない。

　有力な見解は，これを，国内法の一般原則，すなわち，世界の主

要法系に属する諸国の国内法で共通に認められている原則のうち，国際関係に適用可能と判断されるものと解する。その根拠としては，ICJ 規程がほぼそのまま踏襲した常設国際司法裁判所（PCIJ）規程の起草経緯が挙げられる。

　これに対して，国際法の一般原則，さらには，法体系に内在する基本原則をも含む，という説もある。ただし，裁判所の適用基準としては，両者ともに法基準として適用されることに争いはなく，その意味では議論の実益はそう大きくない。

5-11
趣　　旨

このような法の一般原則を認める趣旨は，起草経緯を根拠として，前述した法源が存在しない場合の欠缺補充，ないしは，「**裁判不能**」（*non liquet*）の回避と解するのが一般的である。さらに，実質的にも，そのような場合に，裁判所の完全な裁量ではなく，客観的基準として機能することが期待される。このような点から，その趣旨は，実質的な意味で，欠缺を補充し，裁判不能を防ぐことと理解することができよう。

5-12
法　源　性

国内法の一般原則を含むと解する場合，特にその部分についてその国際法上の法源性が問題となる。

　まず，否定説は，法の一般原則は，ICJ 規程という条約によって認められた裁判基準にすぎないとする。結局この見解の背後には，法源を国家間の合意に無理にでも還元しようという態度があると考えられ，疑問である。

　これに対して，肯定説は，法の一般原則を，国々の一般的法意識を国際法的意識に再構成する，補完的法源と理解する。問題は，そのような裁判基準が国際法と認識されるための，形式的，実質的根拠である。形式的根拠としては，ICJ 規程 38 条 1 項柱書は，PCIJ

規程から改正され，「国際法に従って」と明記することとなった。実質的根拠としては，ここでは，2つの理由が挙げられよう。まず，その内容が，条約や慣習国際法と異なり，それら法源に解消しえない要素を有していることである。次に，PCIJ 以前の国際仲裁裁判時から既に，このような基準がしばしば用いられていたことからも理解されるように，国際紛争を法的に解決しうる規範性を挙げることができる。

5-13

適 用 例

国内法原則としては，違法行為に関する責任原則（「何人も自己の違法な行為によって利得することを得ず」,「約定違反には事後救済の義務を伴う」）や，司法行政（裁判原則）に関わる原則等が従来挙げられてきた。これらのうち，今日では，慣習国際法に転化した原則も多い。そのような変化を支える要因は，法の一般原則の内容が持つ一般性である。

国際法の一般原則も含める場合には，普遍的なものとして，主権平等，侵略（武力行使）の禁止，「人道の基本的考慮」を例とする人道法の諸原則等が挙げられる。

5 補 助 手 段

ICJ 規程 38 条 1 項 d は，「法則決定の補助手段としての裁判上の判決及び諸国の最も優秀な国際法学者の学説」を掲げる。「法則決定の補助手段」のため，それ自体は，厳密には，法源ではない。国連国際法委員会（⇨5-9）は，本問題について検討中である。

5-14

判 例

判決が有する最も重要な機能は，実定法認定機能である（これ以外にも，法社会学的に見た場合，実定法形成機能という，重要な機能も果たしている）。国際裁判所が「実定法」を認定することによって，その内容に関する

極めて説得力のある証拠が提供される。これは，国際法に基づいてのみ判決を下す国際裁判所において，紛争当事国が国力を挙げて法的論証を尽くした結果が反映された「重み」を示すものといえよう。このような例は枚挙にいとまがない。

他方，ICJ においては，当該紛争当事国の，かつ，特定の事件限りの拘束力であって，コモン・ロー諸国に認められるような先例拘束性（*stare decisis*）は存在しない（ICJ 規程 59 条）。しかし，ICJ が自身の先行判決に従うのみならず，国際裁判所が，同一の裁判所でなくとも，先行する国際裁判の判決内容に従う傾向があり，国内法ほどではないにせよ，実質的に，「判例法」を形成している。

なお，国内判例も本項に含まれると考えられるが，当事者，公平性が国際裁判所と異なり，その意味で，証拠価値が劣る。

5-15
学　　説

国際法においても実証主義の進展とともに，学説は，その比重が低下している。しかし，依然，現に存在する法を示す，解釈論（*de lege lata*）による実定法認定機能は重要である（これに対して，あるべき法を示す，立法論（*de lege ferenda*）による実定法形成機能も，学説の機能として同様に重要である）。

3 その他の法源

以下ではさらに，上記のような伝統的に認められた法源ではなく，よって ICJ 規程 38 条にも列挙されていない規範に関して説明を加えることとする。これらの存在形式が国際法上の法源かどうかに関しては，2 つの点から考察される。1 つは，法的な効力（広義の拘束

力）を有しているかどうか，もう1つは，従来の伝統的な法源に還元しえない実質的要素が存在するかどうかである。

5-16	
衡　平	

近時，ICJ は，国際法の解釈・適用に関して，衡平概念の適用に積極的で，それらは，以下のように機能別に分類されている（ブルキナ・ファソ＝マリ国境紛争事件（1986 年）〈百選 5〉）。

　まず，実定法としての衡平である。これらは，具体的事件の特徴に応じて，法益調整のため適用される基準で，その内容は一般化になじまない要素をもつ。第1は，「**実定法規**（実定法規則）**の範囲内の衡平**」（equity *infra legem*）で，法規則の形式的，厳格な適用が不合理な結果を生ずる場合に，解釈の基準として用いられるものをいう。第2は，「**実定法規**（実定法規則）**の外にある**（を補充する）**衡平**」（equity *praeter legem*）で，具体的事案に実定法規則が欠缺している場合に用いられ，補充的法源に該当する。

　それ以外にも，衡平概念には，実定法外の衡平がある。「**実定法規**（実定法規則）**に違反する衡平**」（equity *contra legem*）や「**衡平及び善**」（*ex aequo et bono*）（ICJ 規程 38 条 2 項）が，これに該当する。しかし，これらを基準とすることは，実定法に基づいて判断を行うという本来の司法機能を超えるため，当事者の特別の合意を必要とする（同項参照）。

5-17	
国際組織の決議	

国際組織は，その独自の活動を，内部機関の決議により遂行するため，そのような決議の法源性が問題となる。ここでは，その効果と法源性に限定して，説明する。

　（1）効果　決議の法的効果に関しては，**内部的効果**と**外部的効果**を区別することが有用である。

内部的効果とは，国際組織の内部事項に関する決議の効果を指し，拘束力を有する場合が多い。このような内部事項としては，たとえば，行政事項，予算事項に含まれる，予算，加盟，権利停止，除名，理事国選挙等が挙げられる。これらは，設立条約に実質的に還元できない内容を実現し，そのような範囲において独自の法源と評価しうる（国際組織の「内部法」を構成するとされることもある）。

これに対して，決議の外部的効果が別個問題となる。これは，国際組織の外部事項，すなわち，加盟国に関する決議の効果であるが，原則として，狭義の拘束力を有さず，勧告にとどまる。例外的に，拘束力を有するものとして，安保理の拘束力ある決定（国連憲章25条）が挙げられる。また，専門機関の基本条約において，特定の技術規則の採択が決議によって行われれば，一定期間内に不承認・留保を通告した国には「適用除外（contracting-out, opt-out）」されるものの，原則として全加盟国について効力を生じるとするものもあり（国際民間航空条約，世界保健機関憲章，世界気象機関条約），「準立法」権限とも呼ばれることがある。しかし，勧告でも，それに従う国の行為に対抗力を付与したり，違法性阻却事由（⇨第8章*3*）となるものもある。これらの決議も，以上のような法的効力を有する範囲において，設立条約に（形式的にはともかく）実質的に還元できない内容を実現するため，その意味で独自の法源と評価しうるであろう。

(2) 形式的法源との関係　　上記のような決議以外に，もともとは実質的法源にすぎない決議が，特に形式的法源に転化する，ないしは，形式的法源成立のプロセスを促進する機能を持つものとして，注目される場合がある（慣習国際法の同定結論12も参照）。特に，ここでは，国連総会決議を取り上げることとする。

国連総会決議は，直接の形式的法源ではないが（国連憲章10条参

照），形式的法源との関係で，以下のような重要な機能を果たしている。第1は，国連憲章の**解釈基準**となることである（たとえば，友好関係原則宣言）。このうちには，憲章の有権的解釈とは当然にはいえないにせよ，国連諸機関による国際コントロール（履行確保のための監視措置）を通じて，加盟国に対して当該決議を受諾するよう，誘導するものもある（たとえば，世界人権宣言，植民地独立付与宣言等）。第2は，事後の**条約作成の基準**となることである（たとえば，1948年世界人権宣言，1963年宇宙活動法原則宣言，1970年深海底原則宣言）。第3は，**慣習国際法**の確認や形成に影響を与えることである。

5-18 ソフト・ロー

ソフト・ローとは，従来の形式的法源（ハード・ロー）に含まれず，法と非法の境界領域に存在する規範の総称である（たとえば，1975年ヘルシンキ会議最終議定書，各種の行動綱領（code of conduct））。非拘束的合意，プログラム法，形成途上の法，紳士協定等，多様な呼称がある。これらのうち，形式的な法源に該当しないが，内容の妥当性や国際性，定立手続の正統性により，国家の行動に対して強い影響を与えたり，条約で参照されたりすることもあって（参照条項），その法規範的意義や機能的分類が重要な課題とされている。国連国際法委員会（⇨*5-9*）は，このうちの「非拘束的国際合意」について検討中である。

第6章 条約法

条約の締結および発効，解釈，効力，終了などに関する国際法規則を総称して条約法という。条約法は，もともと慣習国際法として存在してきた。少数の国際法学者の個人的な営みとして作成されたものを除き，その法典化は20世紀になってから行われるようになった。1935年のハーバード・ロー・スクールによる条約法草案は，その代表的な例であり，今日でも頻繁に参照される。

国際法委員会（ILC）は，当初より条約法の法典化を優先的な課題の1つとして設定した。特別報告者には，ブライアリー，ラウターパクト，フィッツモーリス，ウォルドックといった4名の錚々たる国際法学者が次々と就任して，法典化が進められた。そして，1966年にILCは最終的な条文草案を完成した。これを受けて，1968年および1969年に国連主催の下にウィーンで開催された条約法会議において採択されたのが，条約法条約（「条約法に関するウィーン条約」）である。条約法条約は，条約法に関するもっとも重要な一般国際法である。そこで，本章ではこの条約を手がかりとして，条約法のポイントを論じることにする。

SUMMARY

1 は じ め に

6–1

条約法条約における条約の定義

国際関係における国家の合意は，極めて多様な形をとる。このうち，条約法条約は，条約を「国の間において文書の形式により締結され，国際法によって規律される国際的な合意」と定義して，適用の対象とした（2条1項(a)）（以下，本章において条約法条約の規定を引用する場合は条約名を省略する）。したがって，国際関係における合意であったとしても，経済開発協定のような国家と私人（企業）間の合意は条約ではない。また，国家間の合意でも，いずれかの国家の国内法により規律されるものも条約には該当しない。さらに，国家と国際組織ないし国際組織相互間で締結される条約（国際組織条約法条約（1986年））や，書面の形式をとらない国際的合意も条約法条約の適用の対象とはされない（⇨*5–3*）。

6–2

条約法条約の射程と意義

条約法条約は，「国家承継，国の国際責任又は国の間の敵対行為の発生により条約に関連して生ずるいかなる問題」も法典化の対象から除外した（73条。なお，その後 ILC は，これらの問題に関して，条約についての国家承継条約（1978年）を法典化し（⇨*2–8*），国家責任条文（2001年）（⇨*Column⑦*），武力紛争が条約に及ぼす影響に関する条文（2011年）を各々採択した）。さらに，条約法条約は原則として遡及せず（4条），規定された規則の多くは，任意規則としての性格を持つ。

このように述べると，条約法条約の持つ意義は，限定的であるよ

うな印象を受けるかもしれない。しかし，実際にはそうではない。条約法条約の規定には，既存の慣習国際法の宣言的な性格を持つものや，**国際法の漸進的発達**（⇨*5-9*）の性格を持つものがある。前者は，条約法条約とは独立して適用されることが承認されている（4条但書）。また，後者も個別国家の実行に対して大きな影響を与えている。国際組織条約法条約（1986年）の採択のように，パラレリズムに基づき，条約法条約が通常の草案を凌駕するような役割を果たした例もある。したがって，実際には，条約法条約が極めて大きな意義を持つことが理解されるだろう。

Column④「口頭の合意」

　一般に，国際関係において国家の意思表示の形式は自由であり，国家は口頭で合意を形成することもできる。常設国際司法裁判所（PCIJ）は，**東部グリーンランド事件**（1933年）〈百選初版33〉において，ノルウェー外相イーレンのデンマークに対する「この問題の処理に障害をもたらさない」旨の発言は同国を拘束するものであると判示した。また，最近では，デンマークとフィンランドの間の大ベルト海峡における橋梁建設をめぐる紛争が，1992年に両国首相間の電話会談により解決された例がある。条約法条約が，2条1項において「文書の形式により」と述べて条約の定義から**口頭の合意**を除いたのは，国際法において口頭の合意が持つ効力を否定しようという趣旨ではない。ILCが条約法の法典化の対象から口頭の合意を除いたのは，条約という文言は，通常は書面によるものであると解されており，条文草案を作成するにあたっての明晰性と簡便性を確保するためであった。

2 条約締結手続

6-3

**条約締結能力と条約の
締結権者**

条約が有効に締結されるためには，まず
国家が条約締結能力を持たなければなら
ない。条約法条約は，6条で国家の条約
を締結する能力を規定する。

　条約の締結の最初の段階において，条約締結交渉を行う国家の代
表者の権限を確立することが必要である。通常，これは，当該交渉
者が条約締結交渉を行うための国家の代表者であることを示す**全権
委任状**の提示により行われる。

　もっとも，今日では，全権委任状の提示を必要としないことが異
論なく認められる場合もある。こうした状況を背景として，条約法
条約は全権委任状に関して柔軟に規定した。すなわち，7条1項(a)
で原則を規定し，(b)で全権委任状の提示を必要としない現代的な
傾向を考慮した。また，同条2項(a)は，職務の性質により，国家
元首，政府の長，および外務大臣は全権委任状の提示を必要としな
いとした。外交使節団の長および国際会議または国際組織もしくは
その内部機関に派遣された国家の代表者も，自国を代表する権限を
もつ（ただし，その権限は「条約文の採択」に限られる（7条2項(b)(c)））。

6-4

条約文の採択・確定

交渉の結果まとまった条約文は，伝統的
には，その作成に参加したすべての国の
同意により採択された。条約法条約は，この点を確認した（9条1
項）。もっとも，現代のように多数の国家が参加するような状況に
おいても，この原則を貫こうとするのは現実的でない。そのため，

国際会議においては，条約文は「出席しかつ投票する」国家の3分の2の多数により採択されるとした（同条2項）。

条約文が採択された後に，それを「真正かつ最終的なもの」とする条約文の確定が行われる。特段の合意がない場合，確定は国の代表者による**署名**，**追認を要する署名**，または**仮署名**により行われる（10条(b)）。

6-5

条約に拘束されることに対する同意の表明

国家が条約に拘束されることについての同意は，さまざまな形で表明される。条約法条約はその方式を具体的に列挙し（11条），12条以下で詳細に規定した。すなわち，伝統的には，国家は**批准**（ratification）により条約に拘束されることについての同意を表明し，**批准書**の交換や寄託の後に当該条約が効力を生ずるのが通例であった。もっとも，最近の国家慣行は，より多様である。たとえば，もっぱら署名により，国家が条約に拘束されることについての同意が表明されることがある（12条）（「**署名発効条約**」）。また，条約構成文書の交換により，同様の意図が表明されることもある（13条）（「**交換公文**」「交換書簡」）。これらは，**簡略形式の条約**と総称される。さらに，第2次大戦後に発達した方式として，条約の受諾（acceptance）または承認（approval）という方法もある（14条2項）。その他，条約交渉に不参加であったり，署名を行わなかった国が後に同意を表明する方法としての加入（accession）についても規定された（15条）。

なお，国家は，「批准，受諾若しくは承認を条件として条約に署名し又は条約を構成する文書を交換した場合には」，そのときから条約の当事国にならない意図を明らかにする時までの間，あるいは条約に拘束されることについて同意を表明した場合には，当該条約

が効力を発生するまでの間，条約の趣旨および目的を失わせること
となるような行為を行わないようにしなければならない（18条）。

6-6
外交の民主的統制

条約の締結権は，かつて行政府に専属し
ていた。しかし，米国憲法が，条約の締
結には上院の出席議員の3分の2の同意を必要とするという規定
（2条2節2）を設けて以降，多くの民主主義的な体制をとる国家に
おいて，条約の締結に関して議会の関与を認める方式が一般化して
いった（**条約締結権の二元化**）。日本の場合，内閣が「事前に，時宜
によつては事後に，国会の承認を経ること」を要件として，条約を
締結する（憲法73条3号）。外交の民主的統制の中でも，最も重要
な制度的保障である。

　もっとも，条約の審査には一定の時間を必要とするため，国家が
締結するすべての条約を議会で承認するとなると，変転する国際状
況に迅速に対応しえないおそれがある。また，議会の能力的な限界
により，すべての条約を審議・承認するのは実際にも困難である。
そこで，多くの国では，議会の承認なしに行政府が自らの権限に基
づき締結することができる合意（通常「**行政協定**」あるいは「**行政取
極**」と称される）が多用される結果となっている。日本の場合も，
憲法73条2号に規定された内閣の外交関係を処理する権限に基づ
き，多数の行政協定が締結されている。

6-7
**日本の「国会承認条約」
の範囲**

行政府の権限に基づき締結できる行政協
定が多用されるようになった結果，議会
の承認を必要とする条約とそうではない
ものを区別する基準の明確化という問題が浮上した。日本では，こ
の問題は1974年に当時の大平外務大臣の答弁により定式化された
（「**大平三原則**」）。すなわち，次の3種類の条約は国会の承認を経る

ことが必要とされる。第1に，**法律事項を含む国際約束**である（沖縄返還協定，日米地位協定など）。こうした条約は，国会の立法権（憲法41条）に関わるためである。第2に，**財政事項を含む国際約束**である（第2次大戦後の日本と東南アジア諸国との賠償協定や経済協力を取り決めるものなどで，予算または法律で認められているもの以上に財政支出を行うことを国に対して要求するものをいう）。こうした条約も，国費の支出が国会の議決に基づくことを要件とする憲法規定（85条）に関わるからである。最後に，国家間一般の基本的な関係を法的に規定するという意味で**政治的に重要な国際約束**であって，そのため**発効のために批准が要件とされているもの**である（日韓基本関係条約，日ソ共同宣言など）。

6-8
条約の効力発生

条約は，条約自体に特段の規定がない限り，条約に拘束されることに対する同意が確定的なものとなった時に効力を生ずる（24条1項・2項）。かかる同意は，11条に具体的に列挙された方法で表明される。

6-9
条約の登録

条約は，効力発生の後，登録または記録および公表のため国連事務局に送付される（80条）。事務局に登録された条約は，国連の条約集により公表される（国連憲章102条）。この制度は，連盟規約18条を引き継いだものである（ただし，登録されない条約は拘束力を生じないと規定していた連盟規約は，連盟加盟国と非加盟国の間に締結された条約の拘束力をめぐって不合理な点もあったので，国連憲章の上記規定は未登録の条約は国連機関において「援用することができない」と規定するにとどめた）。

3 条約の留保

<hr>

6-10
条約法条約での留保の定義

国家が多数国間条約を締結しようとする際に，条約全体の趣旨や目的には賛同するが，一部の規定には同意しがたいときがある。そこで，こうした規定の自国に対する適用を回避するために考案された法技術が**留保**である。留保という制度は，多数国間条約が数多く締結されるようになった 20 世紀になってから発達してきた。実際には，二国間条約に対して留保がなされた例もある。しかし，二国間条約に対する留保は条約の修正か拒否の提案を意味するだけで，格別の問題を生じない。そのため，留保は多数国間条約に特有の制度と考えてさしつかえない。条約法条約は，留保を，「条約の特定の規定の自国への適用上，その法的効果を排除し又は変更することを意図して，条約の署名，条約の批准，受諾もしくは承認又は条約への加入の際に単独に行う声明（用いられる文言及び名称のいかんを問わない。）」と定義した（2 条 1 項(d)）。

6-11
留保の許容性判断基準の変遷

留保により，多数の国家が条約の当事国になることが可能となる。他方で，留保が多用されれば，当事国ごとに条約上の義務が異なることとなるが，こうした状況はもちろん望ましくない。そこで，いかなる留保であれば許容され，いかなるものは許容されないかを明確化することが求められる。留保に関しては，従来よりこの許容性の基準をめぐって議論が展開してきた。

戦前の代表的方式

(1) 連盟慣行 第2次大戦前の代表的な方式は，**連盟慣行**である（「**全員一致の原則**」）。この方式は，留保が許容されるためには，当該条約の全締約国により当該留保が受諾されることが必要であるというものである。この方式は，当時の外交会議が全会一致で意思決定を行っていたことの当然の帰結であったといえよう。

(2) 汎米機構方式 もっとも，当時でも，地域的には連盟慣行とは異なるやり方も存在した。その例が，**汎米機構方式**である。この方式は，多数国間条約に対してある締約国が留保を行った場合，当該留保を受諾した締約国との間には留保付の条約関係が設定され，当該留保に異議を申し立てた締約国との間には条約関係が成立しないというものだった（留保を行わない締約国同士の間には，留保なしの条約関係が成立する）。

ジェノサイド条約の留保事件による「両立性の原則」の定式化

条約法条約の留保制度を導く上で，極めて大きな役割を果たしたのが**ジェノサイド条約の留保事件**（1951年）〈百選57〉である。すなわち，ジェノサイド条約に対して，旧ソ連を中心とする東欧諸国が，国際司法裁判所（ICJ）の管轄権について規定した条文などに対して多数の留保を付した。これに関して，一部の国々が，こうした諸国を同条約の効力発生の要件である20の批准書または加入書を寄託した諸国の勘定に入れてもよいかどうかに関して疑義を申し立てた。そこで，国連総会がICJに勧告的意見を求めた。

勧告的意見は，一部の国家から異議申立てがなされても，留保が条約の趣旨および目的と両立する（compatible）場合には，留保国はジェノサイド条約の当事国とみなされると述べた。この立場は「**両**

立性の原則」といわれ，当時は先例や学説にすら基づいたものではなかった。しかし，以下に述べるように，この立場は条約法条約に取り入れられて今日の留保制度の基礎をなすに至った。

6-14

条約法条約における留保制度

条約法条約は，以下の場合は留保は認められないと規定する。すなわち，(a)「条約が当該留保を付することを禁止している場合」（国連海洋法条約309条，国際刑事裁判所規程120条など），および(b)「当該留保を含まない特定の留保のみを付することができる旨を定めている場合」（大陸棚条約12条，欧州人権条約57条など），留保が(c)「条約の趣旨及び目的と両立しないものであるとき」である。以上を除き，いずれの国も条約への署名，条約の批准，受諾もしくは承認または条約への加入の際に条約に留保を付すことができると述べて（19条），両立性の原則を承認した。

留保の受諾および留保に対する異議に関して，条約で明示的に認められている留保は，条約に別段の定めがない限り，他の締約国の受諾を必要としない（20条1項）。また，条約を全体として適用することが条約に拘束されることについての各当事国の同意の不可欠の条件であることが，交渉国数が限定されていて条約の趣旨および目的から明らかである場合には，留保は全当事国による受諾を必要とする（同条2項）。

これ以外の場合には，条約に別段の定めがない限り，留保は他の締約国の少なくとも1つが受諾したときに有効となる（20条4項(c)）。留保に対して他の締約国が異議を申し立てた場合も，当該締約国が別段の意図を明確に表明する場合を除き，これら二国の間における条約の効力発生が妨げられることはない（同項(b)）。また，条約に別段の定めがない限り，留保は他の締約国が留保の通告を受

けた後12か月の期間が満了する日または条約に拘束されることについての同意を表明する日のいずれか遅い日までに異議申立てを行わなかった場合には，受諾されたものとみなされる（20条5項）。

　留保の成立により，留保国と留保受諾国との関係において，留保が付された条約規定は留保の限度において変更される（21条1項）。しかし，留保国以外の条約締約国の相互関係においては，条約規定は変更されない（同条2項）。留保に異議を申し立てた国が留保国との間において条約の効力発生に反対しなかった場合には，これら二つの国の間において，留保が付された条約規定は留保の限度において適用されない（同条3項）。なお，留保の撤回と留保に対する異議の撤回は，条約に別段の定めがない限り，いつでも行うことができる（22条）。また，留保，留保の明示的な受諾および留保に対する異議は，書面により表明しなければならない（23条1項）。

　以上のように，条約法条約において留保に関する規定が設けられたことは，大いに評価に値する。他方で，こうした規定が留保に関するすべての問題を解決したわけではなかった。たとえば，留保は，条約の趣旨および目的と両立するものに限って，他の締約国により受諾されるべきものなのか，それとも条約の趣旨および目的との両立性が疑わしいような留保であったとしても，他の締約国により受諾されさえすれば許容されると考えてよいのかどうかという問題は，条約法条約の規定からは解答が得られない難問である。この問題は，学説上，許容性学派と対抗力学派の対立として捉えられている。

　また，人権条約のように当事国間の相互性（reciprocity）を基本的に欠く条約に関しては，留保の許容性を判断するのは締約国ではなく，条約の履行監視機関により判断されることが適切であると主張されたことがある（規約人権委員会一般的意見24（52）（1994年）（⇨

12-16))。条約法条約の仕組みは，こうした条約に対しては上手く機能しないことが予想されるからである。もっとも，この立場に対しては，米英仏から異例の反論がよせられた。さらに，留保が許容されない場合，当該留保を行った締約国は留保が認められないだけで条約に拘束されることにはかわりないのか（可分説），それとも留保が認められなければ条約の批准自体も無効になり，条約の当事国としての地位自体を喪失すると考えるべきかという問題もある。この点は，ブリロ（ベリロス）事件（1988年）で検討された〈百選58〉。

　こうした諸問題を踏まえて，ILCは，1994年よりペレ（仏）を特別報告者として「留保制度の再検討」を開始した（後に，「条約の留保」に課題名を変更）。同作業では，条約法条約の関連規定の改正を行うことは回避し，代わりに留保とその受諾および異議に関してガイドラインを作成するというアプローチがとられた。その結果，2011年に「**条約の留保に関する実行の指針（実行指針）**」が採択された（実行指針は条約ではなく，非拘束的な性格の文書であるが，規範的な意義をもつものとして諸国家により尊重されるべきことが期待されている）。

| *6-15* |
| 留保と解釈宣言 |

　条約の規定や文言が複数の解釈を許容している場合，それらの中から自国にとってもっとも好都合なものを特定し宣言するのが**解釈宣言**である（「単純解釈宣言」）。条約法条約には，解釈宣言の定義はない（実行指針は「条約又は条約の一部の規定の意味や適用範囲を特定し又は明らかにすることを意図して，単独に行う声明」（1.2「解釈宣言の定義」）と定義している）。しかし，解釈宣言は条約規定の法的効果の排除や変更を伴わないため，理論的には留保と区別される。

　もっとも，特定の解釈をとることを条約への加入の条件として行われるような解釈宣言も少なくなく（「条件付解釈宣言」），その場合

にはこうした宣言が留保に該当する場合もある。国連海洋法条約のように予め留保を禁止している条約の場合，解釈宣言が多用されることになるが，それらの中には実質的には留保に当たるものもあり，問題を提起している。

4 条約の効力

6-16
条約の遵守

条約法条約は，効力を有するすべての条約は当事国を拘束し，当事国は当該条約を誠実に履行しなければならないと規定している（26条）。これは，**「合意は拘束する」**（*pacta sunt servanda*）という法原則を定式化したものである。「効力を有する条約」には，暫定的に適用されている条約（25条）も含まれる。

同様に，国家は国内法を援用して条約の不履行を正当化しえない（27条）。この原則は，**上部サヴォアとジェクスの自由地帯事件**（1932年）〈百選56〉などの国際判例により，従来から確立してきた。

6-17
条約の適用

条約は，通常遡及しない。条約法条約は，条約の効力が生ずる日前に行われた行為，同日前に生じた事実または消滅した事態に関して，条約は当該当事国を拘束しないと述べてこの原則を規定した（28条）。もっとも，当事国の間に別段の合意がある場合は異なる。また，通常，条約は当事国の領域全体に適用される（29条）。

6-18
条約の効力の一般原則

条約は，第三国の義務または権利を第三国の同意なしに創設することはない（34条）。これは，**「合意は第三者を害しも益しもしない」**（*pacta tertiis nec* *nocent nec prosunt*）という法原則を定式化したものである。この原則も，前述の上部サヴォアとジェクスの自由地帯事件（1932年）などで認められてきた。国際法の場合，国家の主権および独立という点からも，かかる原則は理論的に正当化される。

6-19
第三国に義務を課す場合

合意は第三者を害しも益しもしないというのが原則であるが，実際には第三国に影響を及ぼす条約もある。義務に関して，条約法条約は，条約は第三国の同意なしに当該第三国に対して義務を課すことができないと規定した（34条）。この原則は，PCIJの東部カレリア事件（1923年）などの国際判例で一貫して承認されてきた。第三国に義務が課されるためには，条約の当事国が第三国に対し義務を課すことを意図していること，および第三国が書面により当該義務を明示に受け入れることが必要とされる（35条）。

6-20
第三国に権利を付与する場合

第三国に権利を付与する条約の場合は，条約法条約は，条約が第三国もしくは第三国の属する国の集団またはいずれの国に対しても権利を付与することを意図しており，第三国が同意する場合には当該権利を取得すると規定した（36条）。この場合，条約に別段の定めがある場合を除き，第三国の同意は反対の意思表示がなければ存在すると推定される。

このほか，条約規定が慣習国際法化することにより第三国を拘束することが認められた（38条）。この場合，理論的には第三国を拘束するのは慣習国際法規則であって，条約ではない。もっとも，実際には両者の区別は容易ではない。**北海大陸棚事件**（1969年）〈百選2〉などの国際判例で承認されてきたかかる現象は，条約と慣習国際法の間に動態的な相互作用が存在することを示している（⇨5-9）。

条約の無効原因の類型

条約は当事国を拘束し，当事国はそれを誠実に履行しなければならない。もっとも，当事国の意思の合致が真正ではなく，瑕疵^{かし}ある場合はその限りでない。条約法条約は，条約の8つの無効原因を列挙した。かかる無効原因は，当事国が無効原因として援用しうるもの（「相対的無効原因」）と，条約を当初から（*ab initio*）無効とするもの（「絶対的無効原因」）に分類される。なお，条約法条約では，条約の有効性および条約に拘束されることに関する国の同意の有効性は，この条約の適用によってのみ否認されるとされている（42条）。条約の無効を主張するためには，当事国は65条以下に規定された手続に従わなければならないという趣旨である。

6-22

相 対 的 無 効

(1) 国内法違反 条約を締結するときの同意の表明が国内法に違反して行われた場合の条約の効力に関しては，従来より議論があった。すなわち，国内法に違反して行われた意思の表明は条約を無効にしうるという立場と，国内法の要件を遵守しないとしても条約の国際法上の有効性は影響されないという立場の対立である。

　条約法条約は，原則として，国際的平面における条約の効力を重視する立場をとりつつ，「違反が明白でありかつ基本的な重要性を有する国内法の規則に係るものである場合」は別であると規定した（46条1項）。違反の明白性に関しては，「通常の慣行に従いかつ誠実に行動するいずれの国にとっても客観的に明らかであるような場合」と定義した（同条2項）。

　(2) 同意の表明に関する権限踰越^ゆ 国家の同意を表明する代表者の権限に特別の制限が付されている場合に当該代表者がその制限に従わなかったときは，かかる制限があらかじめ相手国に通告さ

れていない限り，無効原因として援用されないと規定された（47条）。

(3) 錯誤 条約の無効原因として，錯誤が主張された例は少ない。**プレア・ビヘア寺院事件**（1962年）〈百選3〉のように，多くは地図に関するものである。もっとも，条約法条約は無効原因を網羅的に列挙する立場から，錯誤について規定した（48条）。錯誤は，条約締結のときに存在すると考えていた事実または事態に関するものであって，当該事実または事態が条約に拘束されることについての同意の不可欠の基礎を成す場合に援用することができる。ただし，自らが当該錯誤の発生に寄与した場合や，錯誤の発生の可能性を予見しうる状況に置かれていた場合はその限りでない（同条2項）。

(4) 詐欺および買収 条約の無効原因として，詐欺（49条）が主張された例は存在しない。また，買収（50条）が援用された例も皆無である。もっとも，条約の無効原因を網羅的に規定する立場から，これらについても条文が設けられた。

6-23 絶対的無効

(1) 国家の代表者に対する強制 条約に拘束されることについての国家の同意の表明が，国家の代表者に対する強制の結果行われた場合は，当該条約は無効である（51条）。この原則は，従来一般的に承認されてきた。実際には，国家自体に対する強制と国家の代表者個人に対する強制の区別が困難な場合もあるが，法的観点からは両者は区別すべきものとされる。

(2) 国家に対する強制 伝統的には，たとえ国家自体に対して強制が行使された結果条約が締結されたとしても，当該条約は有効であるとされてきた。こうした立場は，戦争が合法であった当時は合理性を有していたといえるし，講和条約の効力に関して問題を提起しないためでもあった。もっとも，戦争の違法化に伴い，こう

した伝統的な考え方も維持されなくなった。条約法条約は，国連憲章に規定する国際法の諸原則に違反する武力による威嚇または武力の行使の結果締結された条約は，無効であると規定した（52条）。**ICJ** は，**漁業管轄権事件**（管轄権）（1973 年）〈百選 61〉において，この原則が確立していることを承認した（ただし，英国との交換公文が同国海軍の圧力の下に締結されたというアイスランドの主張は退けた）。

　もっとも，52 条に関しては，①この原則がいつ成立したかという問題と，②"force"（公定訳では「武力」）の趣旨，即ち "force" は軍事力だけでなく，政治力や経済力も含むか否かという問題がある。①に関して，ILC 草案 49 条は「国連憲章の諸原則に違反する」と述べていたが，条約法会議においてチェコスロバキア（当時）を中心とする 14 か国修正案により，この部分は「国連憲章に規定する国際法の諸原則（the principles of *international law embodied in* the Charter of the United Nations）に違反する」に修正され，条約法条約 52 条となった。その趣旨は，この原則の成立が憲章以前にさかのぼることを解釈上可能とするためだった。日韓基本関係条約の締結過程で，日韓併合等諸条約の効力が争われたのは，代表者に対する強制の存否以外に，この点に関係する。すなわち，韓国側の「当初からすべて無効」という立場は，この原則が国連憲章よりも前から成立していたことを前提とする主張である（日本側の立場は，時際法的観点から，「当時としては有効に成立」したというものだった。日韓基本関係条約（1965）では，この点に関して合意に至らなかったため，「もはや無効」（already null and void）（2 条）との文言で妥協が図られた）。

　②に関しては，条約法会議でアジア・アフリカ諸国およびラテンアメリカ諸国を中心とする 19 か国修正案により，"force" に援助の停止などあらゆる種類の圧力を含めることが提案された。これに対

して，西側諸国は，国連憲章の起草過程から"force"は武力を意味し（⇨*17-7*），修正案のような拡張的解釈は条約の安定性を害すると反論した。ウイーン会議の挫折も危ぶまれたため，結局この修正案は表決にはかけられず，代わりに「条約締結時における軍事的，政治的又は経済的強制の禁止に関する宣言」が採択され，一定の配慮を示すことで妥協が成立した。

（3）　強行規範違反　　条約法条約は**強行規範**（ユス・コーゲンス，*jus cogens*）の存在を認め，締結のときに一般国際法の強行規範と抵触する条約は無効であると規定した（53条）。分権的な性格を持つ国際社会では，従来，任意規範（*jus dispositium*）のみが存在するとされてきた。しかし，条約法条約は，それまでは学説上の主張にとどまっていた強行規範の存在を認めた。強行規範の定立や実際の適用については不明確な点も残るが，その存在が認められたことは，国際社会の法構造をどのように認識するかという問題に深く関わる。条約法条約においてこうした規定が設けられ，多くの国家がそれを認めたことは，これまでの考え方からの大きな転換を示している。

Column⑤ 強行規範の具体例 --------------------------------

　条約法条約53条は一般国際法上の強行規範について規定したが，条文の中で具体的な例示を行うことは回避された。何が強行規範に該当するのかは，今後の国家実行と国際裁判所の判例の展開に委ねられたのである。ICJは，コンゴ・ルワンダ軍事活動事件（2002年新提訴）（管轄権および受理可能性）（2006年）やジェノサイド条約適用事件（本案）（2007年）〈百選63〉において，ジェノサイドの禁止が強行規範であることは疑いないとの認識を示した。また，「訴追または引渡しの義務に関する問題事件」（2012年）では，拷問の禁止は強行規範として成立したと述べた。なお，ILCは2022年に「一般国際法の強行規範の同定および法的効果に関する結論草案」を採択した。同草案の結論23の注釈において，

強行規範の具体例として，上記のほかに，侵略の禁止，人道に対する犯罪の禁止，国際人道法の基本規則，人種差別およびアパルトヘイトの禁止，奴隷制の禁止，自決権を列挙した。ただし，このリストは網羅的なものではないとの留保が付されている。

---

5 条約の解釈

6-24
条約の解釈の一般原則

条約の解釈に関しては，いくつかのアプローチが存在する。たとえば，条約文は当事国の意思の有権的な表示であることを重視し，かかる意思を確定することが解釈の任務だとするものがある（「**文言主義解釈**」あるいは「**客観的解釈**」）。これに対して，条約文とは区別される当事国の真の意思の発見こそが解釈の作業であるとするものもある（「**意思主義的解釈**」あるいは「**主観的解釈**」）。さらに，条約の趣旨および目的を重視して，妥当な解釈を導こうとするものもある（「**目的論的解釈**」）。これらの立場は必ずしも相互に排他的ではなく，明確に区別することは容易ではない。条約法条約は，基本的に文言主義的な立場をとりつつ，他の立場も巧みに取り入れてこの問題を処理した。

6-25
条約法条約の解釈原則

条約法条約は，条約が「文脈によりかつその趣旨及び目的に照らして与えられる用語の通常の意味に従い，誠実に解釈」されるべきであると規定した（31条1項）。また，解釈は「用語の通常の意味」に従わなければならないと述べて，本条が基本的に文言主義解釈の立場に立つことを明らかにした。ここでいう「用語の通常の意味」とは，文法的な分析から得られる抽象的なものではなく，条約の文脈における当

該用語の検討と条約の趣旨および目的に照らして得られる具体的な意味である。

また，「文脈」には，前文と附属書を含む条約文全体のほかに，(a)条約の締結に関連してすべての当事国間でされた条約の関係合意，および(b)条約の締結に関連して当事国の1または2以上が作成した文書であってこれらの当事国以外の当事国が条約の関係文書として認めたものが含まれる（31条2項）。いずれかの当事国による単なる一方的な文書は，文脈を構成しないという趣旨である。

文脈とともに考慮されるべきものとして，条約法条約は，(a)条約の解釈または適用につき当事国間で後になされた合意，(b)条約の適用につき**後に生じた慣行**（subsequent practice）であって，条約の解釈についての当事国の合意を確立するもの，(c)当事国の間の関係において適用される国際法の関連規則を規定した（31条3項）。このうち，(a)に関しては，ラムサール条約が同条約の修正の発効要件として締約国の3分の2の多数による受諾を規定していたものの，いつの時点での締約国数を基準とするのかが不明だった。そのため，後の締約国会議で，修正が採択されたときの締約国の3分の2の多数であると解釈されるべき旨の決議が採択された例がある。(b)に関して最もよく知られている例は，国連安保理における重要問題の採決に関して，常任理事国の欠席および棄権，投票不参加は，拒否権の行使とはみなされないというものである。ILC は，「条約の解釈につき後にされた合意および後に生じた慣行に関する結論草案」（2018年）を採択し，一定の解明が図られた。(c)の「国際法の関連規則」は，ILC が採択した「国際法の断片化」に関する報告書が，国際法の解釈に関する体系的統合（systemic integration）の原則を基礎づけるものとしてこの条項を取り上げたことから，一躍注目

されるようになった。ICJ は，オイル・プラットフォーム事件（本案）（2003 年）〈百選 108〉において，この原則に基づき判決をのべたとされる。もっとも，ここにいう「当事国」が紛争当事国を意味するのか，それとも関係条約の当事国を意味するのかに関しては議論がある。

6-26 解釈の補足手段

用語の通常の意味が明確で文脈において意味をなす場合には，他の解釈手段に訴える必要はない。もっとも，31 条で規定された解釈の基本原則の適用によってもなんら明確かつ合理的意味が明らかにされないときにしか条約解釈の外在的手段に訴えてはならないというのは，非現実的である。そこで，条約法条約は解釈の補足的手段について，次のように規定した。すなわち，31 条の規定の適用により得られた意味の確認のため，または(a)31 条の規定による解釈によっては意味が曖昧または不明確である場合，もしくは(b)31 条の規定による解釈により明らかに常識に反したまたは不合理な結果がもたらされる場合に，条約の**準備作業**および条約の締結の際の事情に依拠することができるとした（32 条）。

Column⑥ 条約の「発展的解釈」 --

　条約は「生ける文書」（living instruments）であることを踏まえ，締結時ではなく，その後に生じた社会の発展やそれに伴う法状況の変化を考慮して解釈すべきであるという主張が，近年有力になされるようになっている。こうした解釈のアプローチは，もともと欧州人権条約の解釈適用をめぐり，欧州人権裁判所が展開してきたものである。その先駆的な判例は，校内暴力に関して課された体罰を「品位を傷つける取扱い」と判示したタイラー事件（1978 年）であった。しかし，近年では，規約人権委員会による自由権規約の解釈や，ICJ による判決などもこうした解釈のアプローチをとった場合があることが指摘されている。また，発展

的解釈は多数国間条約の解釈適用に関して多く見られるが，二国間条約でもこうした解釈のアプローチが用いられた例がある。その結果，伝統的に確立してきた条約解釈の原則と比肩しうるものとまではいえないが，発展的解釈は，もはや単なる例外や一時的な傾向とはいえないものとなっているといえよう。

このような手法は，条約を改正することなしに，時代の要請に即応することを可能とするという点で有用である。その反面，このような手法による解釈は条約の起草者の意思から逸脱してしまうおそれがあり，条約の解釈と改正の区別を一層混迷させかねない危険性をもつともいえる。

6-27
複数の言語と条約解釈

条約が複数の言語により作成されるのは，国際社会では極めてありふれた現象である。二国間条約の場合，2つ以上の言語により条約が作成され，通常いずれもが正文とされることが多い。また，国連体制下で作成される多数国間条約の場合，すべての国連公用語（国連憲章111条）により条約が作成され，いずれも正文とされる。

条約が複数の言語で作成されたときに，それぞれの条約文がもつ地位に関してあらかじめ規定している場合もあるが，そうした規定を欠くときは，それぞれの言語による条約が等しく権威を有する。条約法条約は「2以上の言語により条約が確定された場合には，それぞれの言語による条約が等しく権威を有する」と規定した（33条1項本文）。ただし，各言語による条約文の間に相違があるときは特定の言語の条約文に依拠することがあらかじめ定められている場合，または当事国がこのことについて合意する場合はこの限りではない。

また，条約の用語は，各正文において同一の意味をもつと推定される（33条3項）。条約法条約の解釈の基本原則および解釈の補足手段の適用によっても各正文の比較により解消されない意味の相違

の存在が明らかとなった場合には，条約の趣旨および目的を考慮した上，すべての正文につき最大の調和がはかられる意味を採用するとされた（同条4項）。この点は，ICJ の**ラグラン事件**（2001年）〈百選44〉でも確認された。

6 条約の終了および運用停止

条約は，自らの規定に基づき終了する場合が多い。あらかじめ期限が定められている場合や特定の事態の発生に伴い終了するとされている場合，および最初の一定の期間の経過後は当事国の一方的な廃棄の通告を認めるものなどである。これらに関しては，問題は割合少ない。これに対して，合意によらない終了に関しては，その要件や手続などに関して従来より議論があった。条約法条約は，条約の終了原因を網羅的に規定するという立場から，以下を列挙した。

6-28
条約に基づく終了および運用停止

条約の終了または条約からの脱退は，当該条約に基づき行われる（54条(a)）。条約の運用停止も，当該条約に基づき行われる（57条(a)）。条約の終了とは，条約の存在の消滅である。条約の運用停止は，当事国は条約の履行義務を免除されるが条約の存在自体が消滅するのではない（72条1項）。また，当事国は条約の運用の再開を妨げるおそれのある行為を行わないようにしなければならない（同条2項）。

6-29
後からの同意による終了および運用停止

条約に規定がない場合でも，条約の終了または条約からの脱退は，いかなる時点においてもすべての当事国の同意により

行うことができる（54条(b)）。条約の運用停止も，いかなる時点においてもすべての当事国の同意により行うことができる（57条(b)）。これらの規定では，当事国の同意の形式を問わない。

6-30

条約の重大な違反

ある国家による条約の違反に対して他の当事国が一定の措置をとりうることは，従来より承認されてきた。もっとも，いかなる違反に対して，どのような手続に基づいて，かかる措置をとりうるかについては議論があった。条約法条約は条約の「重大な違反」に限り，二国間条約と多数国間条約の場合を分けて，次のように規定した。

二国間条約の場合，一方当事国による重大な違反があったときは，他方の当事国は当該違反を条約の終了または運用停止の根拠として援用することができる（60条1項）。「援用することができる」とは，他方当事国が条約を恣意的に終了しうるのでないという趣旨である。

多数国間条約の場合，一当事国による重大な違反があったときは，他の当事国は一致して合意することにより，(i)他の当事国と違反を行った国との間の関係，または(ii)すべての当事国の間の関係において，条約の一部もしくは全部の運用を停止するか，条約を終了することができる（60条2項(a)）。また，「特に影響を受けた当事国」は違反国との関係で当該違反を条約の一部または全部の運用停止の根拠として援用することができる（同項(b)）。さらに，軍縮条約のように，一当事国による重大な違反がすべての当事国の立場を根本的に変更するものであるときは（「一体的性格の条約」），違反国以外の当事国は当該違反を自国に関して条約の一部もしくは全部の運用停止の根拠として援用することができる（同項(c)）。

重大な違反（material breach）とは，(a)条約の否定であってこの条約により認められないもの，または(b)条約の趣旨および目的の実

現に不可欠な規定についての違反である（60条3項）。

なお，以上の規定は，人道的性格をもつ条約に定められた身体の保護に関する規定，特にかかる条約により保護される者に対する復仇（reprisals：公定訳では「報復」）の禁止規定には適用しない（60条5項）。ICJ は，**ナミビア事件**（1971年）〈百選60〉において，60条の規定は多くの点で慣習国際法を法典化したものであると述べた。

6-31	
後発的履行不能	

条約の実施に不可欠である対象物が永久に消滅したり破壊された結果条約が履行不能になったときは，当事国は当該履行不能を条約の終了または条約からの脱退の根拠として援用することができる。履行不能が一時的なときは，条約の運用停止の根拠としてのみ援用することができる（61条1項）。本条で想定されているのは，島の水没や河川の枯渇，ダム・水力発電施設の破壊などである。なお，当事国は，条約に基づく義務に関して自らが違反した結果または他の当事国に対する自国の義務違反の結果条約が履行不能となったときは，それを条約の終了または条約からの脱退，条約の運用停止の根拠として援用することができない（同条2項）。ICJ は，ガブチコヴォ・ナジマロシュ計画事件（1997年）〈百選65〉において，60条に加えて本条および次に取りあげる62条に関して，これらの条文が慣習国際法を法典化したものであることを認めた。

6-32	
事情の根本的な変化	

諸国家の国内法では，契約は事情の根本的な変化により終了することが承認されている。同様に，国際法でも条約が終了しうることが認められてきた。一般に，この原則は**事情変更の原則**（*clausula rebus sic stantibus*）と称される。この原則は，統一的な立法機関をもたない国際関係において，実情に合わなくなった既存の法の変更を可能とする点では

有用である。他方で，この原則が濫用されれば，国際関係における法的安定性は著しく傷つけられるおそれがある。そのため，従来より議論が多かった。

条約法条約は，この原則をかなり限定的に規定した。すなわち，条約の締結のときに存在していた事情について生じた根本的な変化が当事国の予見しなかったものである場合，(a)当該事情の存在が条約に拘束されることについての当事国の同意の不可欠の基礎を成していたこと，および(b)当該変化が，条約に基づき引き続き履行しなければならない義務の範囲を根本的に変更する効果を有するものであることでない限り，当該変化を条約の終了または条約からの脱退の根拠として援用することができない（62条1項）。また，事情の根本的な変化は，(a)条約が境界を確定している場合，および(b)この原則を援用する当事国が条約に基づく義務についての違反または他の当事国に対して負っている他の国際的な義務についての違反の結果生じたものである場合は，当該事情の根本的変化を条約の終了または条約からの脱退の根拠として援用することができないとした（同条2項）。

6-33 一般国際法の新たな強行規範の成立

一般国際法の新たな**強行規範**が成立したときも，当該強行規範に抵触する条約は効力を失い，終了する（64条）。本条は，条約の無効原因の1つとしての一般国際法の強行規範を規定した53条の論理的な帰結である。具体的な例としては，あらゆる形態の奴隷制が国際法上違法とされるのに伴い，かつて奴隷貿易を取り決めた条約が終了したとされるのを挙げることができる。

●本章のサマリー

　国際法と国内法の関係については，これら2つの法秩序相互の関係を
どのように捉えるべきかという理論上の問題と，具体的な国際法規範と
国内法規範との間で現実に抵触等が発生した場合にどのように実際の問
題処理が行われるかという実務上の問題の2つが存在する（⇨**1**）。国際
法秩序と国内法秩序の一般的関係については，一元論（国内法優位の一
元論，国際法優位の一元論）と二元論が主張され，対立を続けてきたが，
最近では二元論を基本とした調整理論（等位理論）なども有力に主張さ
れるようになった（⇨**2**）。国際法が国内法の平面において適用されるた
めには，各国による「変型」または「（一般的）受容」が必要とされる
が，どのような方式を採るかは各国の国内法制に委ねられる。また，あ
る国において国内法上の効力を認められた国際法規範に対して具体的に
どのレベルの国内法上の効力を認められるかを決定するのも，各国の国
内法制（憲法規範）である。

　ある国際法規範に国内的効力が認められたとしてもそれが実際にその
国の国内法上適用可能とされるためには，その国際法規範が "self-
executing" な（自動執行性を有する）ものでなければならない（⇨**3**）。
これに対して，国内法には原則として国際法上の効力が認められないが，
国際法が国内法に一定の事項に関する授権を行っている場合などはこの
限りではなく，また国内法がたとえば慣習国際法形成の過程での重要な
一要素として重要な役割を果たすこともある（⇨**4**）。このように，国際
法と国内法は，たがいに独立した法秩序としての地位を保持しながら，
相互に密接に関係して影響を及ぼし合っているのである（⇨**5**）。

SUMMARY

1 問題の所在

7-1
具体的問題状況——国際法と国内法の抵触と効力関係

国際法は，具体的には条約，慣習国際法，法の一般原則といった形態で存在する（⇨第5章）。他方で，各国の国内法秩序の中にも，憲法，法律，政令，省令，条

例，慣習法など，さまざまな形式の法規範が存在する。このような国際法と国内法という2つの法秩序相互の関係は，どのように捉えられるであろうか。この点に関しては，以下で検討するように，学説上は**一元論**と**二元論**という2つの対立する見解が従来から主張されてきた。他方で，国際法と国内法の関係が実際に具体的な法律上の問題となるのは，条約や慣習国際法といった具体的な国際法規範の内容と，ある国の憲法や法律といった具体的な国内法規範の内容とが，矛盾ないし抵触する場合である。このような場合に，これら2つの具体的な法規範相互の効力関係は，どのように捉えられ，両者の間の法律上の問題は，実際にどのように処理されるであろうか。たとえば，ある国の憲法または法律の特定の条項と，その国が当事国となった条約の特定の条項とが明らかに抵触する場合，内容が抵触するこれら2つの条項の効力は，どのように理解されることになるであろうか。

7-2
国際法と国内法の関係をめぐる2つの問題

以上のように国際法と国内法の関係を考えた場合，そこには2つの異なる次元の問題が存在することに注意する必要がある。第1は，国際法秩序と国内法秩序という2つの法秩序相互の関

係を一般にどのように捉えるべきかという問題であり，これはいわば学説上の抽象的次元での理論的課題である。これに対して第2に，現実の国際社会で具体的な国際法規範と国内法規範の間に抵触が実際に発生した場合に，各国がどのような形で現実の処理を行っているかという問題がある。これは，この点に関する各国の国家実行をいかに整理して理解すべきかという実務的課題である。本章では，国際法と国内法の関係について，以下この2つに問題を分けて検討する。最初に次の**2**では，このうちの前者の理論的課題に関する検討を行うこととしたい。

2　国際法秩序と国内法秩序の関係に関する学説

7-3

一元論──国内法優位
の一元論と国際法優位
の一元論

国際法と国内法の関係については，大別して一元論と二元論という2つの異なる考え方が従来主張されてきた。**一元論**とは，国際法と国内法とは統一された単一の法秩序を構成するものと理解する見解であり，この場合，国際法と国内法のいずれかが他方の上位の法秩序を構成することとなるため，国内法が国際法の上位にあるとする国内法優位の一元論と，国際法が国内法の上位にあるとする国際法優位の一元論という2つの考え方にさらに分かれる。前者の**国内法優位の一元論**は，19世紀から第1次大戦までの間はかなり有力に主張されたが，国内法秩序が国際法に優位するとした場合，ある一国の国内法の内容が変化すれば国際法の内容も変化することを認めざるをえなくなり，国際法が国家に対して法的拘束力を有することを論拠づけることが困難とな

る。その結果，国際法はいわば「対外的国内法」としての法的意味しか持たないものとなるため，この見解は今日では一般に支持されていない。

　これに対して，**国際法優位の一元論**は，各国の国内法の妥当範囲が国際法により画定されるという「委任の優位」等を理論的根拠として，国際法と国内法は前者が後者に優位する統一的法秩序を構成すると理解する見解である。この見解は，ケルゼンらいわゆるウィーン学派の学者により第1次大戦以降に主張されるようになった。しかし，この見解を前提とした場合，理論的には国際法と抵触する国内法規範は当然に無効とされることになるが，現実の国際社会においては，国際法に抵触する国内法規範も当然に国内法上無効とされるわけではない。その意味で，国際法優位の一元論は，国際社会における現実の国家実行に厳密に適合するものではない。また，国内法秩序が国際法秩序による「委任」に基づいて成立したという説明は，歴史的にも経験則上も必ずしも現実に即したものではないともいえよう。

7-4
二 元 論

　　　　　　　　　　以上のような一元論に対して，国際法秩序と国内法秩序とは全く別個の相互に独立した法秩序を構成すると捉える見解が**二元論**である。この見解は，古くは19世紀末から主張されてきた（トリーペル，アンチロッチら）が，今日においても有力な見解の1つである。国内法は，国家の単独の意思をその妥当根拠とし，国家と個人の関係または個人相互の関係を規律対象とするのに対して，国際法は国家の共通の意思（国家間の意思の合致）をその妥当根拠とし，国際社会における国家間の関係を規律対象とする。二元論は，このように国際法と国内法はその妥当根拠も規律対象も異にすることを根拠にして，両者は全く別

個の独立した法秩序であると捉えるのである。

このような二元論を前提とした場合，国際法と国内法は全く別個の独立した法秩序を構成するものとされるため，国際法規範は国内法平面において効力を持ちえず，逆に国内法規範は国際法平面において効力を持ちえない。したがって，そもそも国際法規範と国内法規範の抵触という問題自体が生じえないものと理解されることになる。しかし，グローバル化が急速に進展し国際法規範が国内社会のさまざまな分野にまで細かな規律を及ぼすようになり，各国の国内法秩序と国際法規範がこれまでになく密接な関係に立つようになった21世紀の今日において，国際法秩序が国内法秩序と全く別個の相互に独立した法秩序をなすと理解する二元論が，純粋な意味では現実を説明しえなくなりつつあることもまた事実であろう。

7-5
調整理論，等位理論

以上のように，国際法と国内法の関係に関する有力な2つの学説である二元論と国際法優位の一元論のいずれも，現代の国際社会における国際法と国内法の関係に関する現実を十分に理論的に説明するにはいくつかの難点を抱えている。そこで，今日では，この二元論と国際法優位の一元論の間で，「穏健な（国際法優位の）一元論」や「穏健な二元論」といった見解を主張するものが有力になりつつある。その中で，特に注目に値するのが**調整理論**またはわが国で**等位理論**と呼ばれる見解である。この見解は，国際法秩序と国内法秩序自体の間には抵触は生じないが，国際法規範と国内法規範の間には「義務の抵触」は発生する，と理解した上で，このような国際法規範と国内法規範の義務の抵触を回避するための調整が国際法上の国家責任の追及を通して行われる範囲内で，両者は関係を持つ，とするものである。他方で，このような調整理論または等位理論に対しては，基本的に

従来の二元論の域を出るものではないといった批判もある。

学説の評価とまとめ

以上，国際法と国内法の関係に関する学説をここでは紹介したが，とりあえずこれを総括すると次のようにまとめることができよう。①国際法規範と国内法規範の間に抵触が生じた場合であっても，国際法平面においては当該国際法規範が有効であると同時に，国内法平面では当該国内法規範は有効であり，国際法規範がそれと抵触する内容の国内法規範を当然に国内法上無効とするものではない。その意味では，国際法優位の一元論よりも**二元論**に近い実行が現実には行われている。②他方で，国際法秩序と国内法秩序は二元論が主張するように全く何の関係も持たずに相互に独立しているわけではなく，上記のような2つの法規範の間で抵触が生じた場合には，国際法上の国家責任の追及を通じて国際法規範に抵触する内容の国内法規範の改廃等の「調整」を図ることが当該国家に求められる。このことを考慮すれば，**調整理論**による説明には一定の合理性があるということができる。③したがって，国際法上の国家責任の追及のための制度が国内社会のようには完備されていない国際社会の現状を前提とする限り，国際法と国内法の関係は二元論に基づいて理解される部分が多いが，将来国際社会における法的責任追及の手続や枠組みが次第に制度化または精緻化されていけば，実質的に**国際法優位の一元論**に近い関係が国際法と国内法との間でより多く成立するようになるものと思われる。

3 国際法の国内法平面における効力

先に *2* で述べた通り，国際法規範は原
則としてそれ自身で国内法上の効力を有
するものではない。国際法規範の国内法
上の効力を一般的に定めた国際法上の規

7-7

国内法平面における国
際法の受けとめ方の方
式——「変型」と「受容」

則は存在せず，各国において国際法規範に対していかなる国内法上
の効力を与えるかを決定するのは，各国の国内法である。言い換え
れば，国際法規範をどのような方式によってある国の国内法秩序の
中に組み入れるかは，原則として個別の国家の国内法制に委ねられ
ているのである。

国際法を各国の国内法秩序の中に受け入れるための方式としては，
「変型」と「受容」の2つが一般に存在している。このうち，前者
の**「変型」**方式は，国際法規範が国内法上効力を持つようにするた
めには国内法の形に「変型」されることを要するとするものであり，
英国などで採用されている。これに対して，後者の**「受容」**（または
「一般的受容」）方式は，その国に対して有効な拘束力を有する国際
法は，国内法への変型等の特別の措置をとることなくそのままの形
で当然に国内法上の効力が認められるとするものであり，現在では
わが国をはじめ国際社会の多くの国がこのような「（一般的）受容」
方式を採用している。

他方で，このような「（一般的）受容」方式が採用されている国においても，その国に対して有効なすべての国際法規範が自動的に当該国の国内法上適用されるわけでは必ずしもない。条約や慣習国際法の中には，一般的な努力義務や国内法上の立法義務を定めたものなどもあるが，これらの義務は国内法上直接的に履行が可能とはならないものである。条約や慣習国際法といった具体的な国際法規範が，ある国の国内で直接適用されるためには，当該国際法規範が "self-executing" なものであることが一般に必要とされる。この "self-executing" という用語は，「直接適用可能性」と訳される場合もあるが，一般には「**自動執行性**（のある）」と訳される場合が多い。ある条約上の規定に自動執行性が認められるための基準については，さまざま議論が存在するが，当該規定の明確性や完全性などが挙げられる場合が多い（ヘーグ陸戦条約3条損害賠償請求事件（2002年）〈百選2版9〉参照）。また，このような国際法規範の自動執行性に関しては，条約のみでなく慣習国際法についても問題となる。

以上のようにして，ある国際法規範に国内法上の効力が認められた場合，このような条約や慣習国際法といった国際法規範に対して各国の国内法上どのようなレベルの法的効力が認められるかが次に問題となる。国内法上の効力を認められた国際法規範に対していかなる段階の国内法的効力を認めるかを決定するのは，各国の国内法，具体的には当該国の憲法典および憲法慣行を含む広い意味での憲法秩序である。実際上も，条約や慣習国際法に対してどのレベルの国内法上の効力を認めるかは国により多様であり，法律

と同等の効力を認めるもの（米国，スイス，韓国など），法律よりは上位であるが憲法よりは下位の効力を認めるもの（日本，フランスなど），憲法と同等またはそれ以上の効力を認めるもの（オランダ，オーストリア）等，さまざまな例が存在する。

　このような国際法の国内法上の効力の位置づけについては，憲法の具体的な条文で規定を置く国もあれば，憲法上明文の規定は存在しないが憲法慣行上そのように扱う国もあり，さらに条約と慣習国際法について同一に扱う国もあれば，この両者を分けて国内法上の効力を定めている国もある。なお，わが国では，「条約及び確立された国際法規」の誠実遵守義務を定めた**日本国憲法98条2項**により，条約および慣習国際法には法律よりは上位の国内法上の効力が認められるものの，憲法との関係ではその下位に位置するものと一般に理解されている（⇨*Column⑦*）。また，連邦制を採用する国においては，同じ国内法の中でも連邦法には条約と同等の効力を認めるが，州の憲法や法律には条約よりも下位の効力しか認めないという国もある（米国など）。

　なお，条約に法律と同等の国内法上の効力しか認めていない国では，条約と法律の関係が「**後法は前法を破る**」との原則により規律されることになるため，ある条約に批准または加入しながら後にそれと抵触する内容の法律が制定された場合には，後から制定された法律の方が前から存在する条約よりも少なくともその国の国内法上は優先することになる。ただし，その場合にも，「国内法を援用して国際法上の義務を免れることはできない」（条約に関しては，次の**4**で述べる条約法条約27条参照）との原則が適用されるため，もし後から法律を制定したために以前からの条約が規定する義務を国内的に履行できなくなった場合には，当該国は条約義務不履行の国際法

上の責任を負うことになる。また，条約に憲法と同等またはそれ以上の国内的効力を認める国においては，憲法の規定に抵触する内容の条約が批准された場合には，それが憲法を実質的に改正する効果を持つこととなるため，憲法に抵触する内容の条約を批准するための国内法上の手続的要件は，憲法改正のための手続的要件と同等（以上）の厳格なものとされることに注意が必要である。

Column⑦ 日本国憲法と条約の関係 --

　日本国憲法は，条約や慣習国際法といった国際法規範に対して，どのような国内法上の効力を認めているのであろうか。日本国憲法には，この点につき直接的に定める具体的な条項は存在しておらず，条文上は98条2項において，「日本国が締結した条約及び確立された国際法規は，これを誠実に遵守することを必要とする。」との規定が存在するのみである。

　条約に対してとりわけ憲法との関係でいかなる国内法上の効力が認められるかについては，条約には憲法に優位する効力が認められるとする**条約優位説**と，条約と憲法との関係では国内法上憲法が条約に優位するという**憲法優位説**という2つの見解が主張された。条約優位説は，①日本国憲法前文に規定された国際協調主義，②憲法81条に規定された違憲審査権の対象が「法律，命令，規則又は処分」とされており条約がその対象に含まれていないこと，等をその根拠とする。これに対して憲法優位説は，①条約にどの程度の国内法上の効力が認められるかを決定するのは各国の国内法秩序の頂点にある憲法であるにもかかわらず，憲法がそれ自身に優位する国内法上の効力を条約に対して認めることは法論理的に正当化しえないこと，②特に日本国憲法においては，憲法改正のための要件（96条）が条約批准のための要件（61条・60条2項）よりも厳格に定められているにもかかわらず，条約に対して憲法に優位する国内法上の効力が認められるとすれば，憲法に違反する内容の条約を批准することを通じて実質的に憲法改正と等しい効果が認められることにな

り法的に不合理であること，等をその根拠として挙げる。

　現在では，このうちの憲法優位説が認められることについてはほぼ異論がなく，わが国においては条約（および確立した慣習国際法）は一般に憲法よりは下位，法律よりは上位の効力を認められるものと理解されている。ただし，たとえ憲法であっても，「条約上の不履行を正当化する根拠として自国の国内法を援用することはできない」という原則が国際法上は存在する（条約法条約 27 条参照）ことに留意する必要がある。憲法の規定を援用して，条約上の義務を免れることができるのは，条約法条約 46 条 1 項但書に該当するため当該条約が無効とされる場合（条約締結権能に関する国内法の明白な違反がある場合）に限られるのである。

4　国内法の国際法平面における効力

7-10
国際法平面における国際法の国内法に対する優越

以上 *3* では，国際法規範が国内法平面においてどのような法的効力を認められるかについて検討したが，次にこの *4* では国際法平面において国内法規範にどのような法的効力または法的効果を認められるかについて考察することとしたい。

　国際法平面においては，国際法が国内法に優越するという原則が基本的に認められ，たとえば**条約法条約 27 条**は，「条約の不履行を正当化する根拠として自国の国内法を援用することができない」という原則を確認している。国際判例においても，1872 年のアラバマ号事件仲裁判決〈百選 6〉，1923 年のウィンブルドン号事件 PCIJ 判決〈百選 18〉など，数多くの事例において，国内法を援用して国

際法上の義務を免れることは許されないという原則が確認されている。しかし、このことは、先に**2**で述べた通り、国際法規範に抵触する国内法規範を当然に国内法上無効とすることを意味するものではないことにも留意する必要がある。

7-11

国内法規範に国際法上の一定の法的効果等が認められる場合

国際法が国内法に対して一定の事項に関する規律を授権している場合などには、国内法規範に他国に対する一定の国際法上の法的効果が認められる場合がある。

たとえば、領海の幅員を基線から 12 海里以内の範囲内で定めたある国の国内法の規定は、国際法上も有効なものとして他国に対する対抗力が認められる（国連海洋法条約 3 条）。また、世界の各国が制定する各分野におけるさまざまな国内法の規定は、慣習国際法の形成および認定の際に考慮されるべき「**国家実行**」（State practice）の一類型として国際法上も重要な法的意義を有する。たとえば、領海という制度自体は国際法上確立したと一般に認められていたものの、領海の幅員に関しては明確な規則が国際法上確立していなかった時代に、各国がそれぞれ領海法といった形で制定した領海の幅員に関する国内法の規定（たとえば、基線から 3 海里、6 海里、あるいは 12 海里といった形で領海の幅員を定めた規定）は、その後に領海の幅員に関する慣習国際法の規則が形成され確立される過程で極めて大きな法的影響を与えたものと評価できる。このように国内法は、慣習国際法の形成過程において極めて重要な役割を果たすものである（⇨**5-6**参照）。また、各国による同種の内容の国内法規則の制定の集積を受けて、それと同一の内容の規則が条約という形で国際法上も制定されるに至る場合も考えられる。

5 国際法と国内法の相互作用

7-12

国際法の機能 ── 国内
法の変更・発展の促進

本章における以上のような検討から明らかなように，国際法と国内法は原則として相互に独立した法秩序としての性格を保持しながら，実際には相互に密接に影響を及ぼしあう作用を営んでいる。そこで本章の最後に，国際法秩序と国内法秩序の間の相互作用についてまとめてみることとしたい。

　国際法の有する重要な機能の1つとして，各国の国内法規範の変更および発展を国内法秩序の外側から促すという役割が指摘できる。たとえば，日本は，「国連女性（婦人）の10年」の中間年である1980年に**女子差別撤廃条約**の署名を行い，「国連女性（婦人）の10年」の最終年である1985年までに同条約の批准を行うことが「先進国」としての日本の事実上の国際公約となった。このため，日本の政府と国会は，男女雇用機会均等法の制定，国籍法の父系優先血統主義の父母両系血統主義への改正など，関係国内法令の整備等を行った上で1985年に同条約を批准した。また，1994年にはガットの**ウルグアイ・ラウンド**の結果として日本でも農産物輸入制限が原則として撤廃され，コメの部分的な市場開放が行われた。これらの事例では，少なくとも形式上は日本としては関係する条約等を批准するか否かの最終的な自由を有していたものの，実質的には条約交渉の過程や条約への署名等が一種の「外圧」となって，これまで日本国内だけでは実現が困難であった重要政策の転換や関係国内法制の整備が実現したものと考えられる。

このように，国際法平面における条約の批准は，当該分野における国内法上の関係法令の制定または改廃を促すという非常に重要な影響を国内法秩序に対して及ぼす。たとえば，各種の**ILO条約**の批准は，わが国の労働関係の国内法令の改廃・整備等を促す重要な要因となってきた。したがって，逆に言えば，関係国内法令の改廃・制定等が国内的事情から困難であるような条約の批准については，わが国を含めて各国は慎重にならざるを得ず，各国はそのような内容を含む条約の批准は行わないか，あるいは国内的実施が困難な条約中の一定の条項に留保を付した上で批准を行うかの選択を迫られることになる。

　特に日本の内閣法制局や各関係省庁等は，諸外国と比較して国際法の国内的実施に関して厳格かつ誠実にこれを捉えており，条約等の国際法規範と国内法令との矛盾抵触に対して極めて敏感である。その結果として，国際法規範と国内法規範の抵触を厳密に避けようとするため，わが国の当局は条約批准に対して慎重な態度をとることとなる場合が少なくない。その典型例が，1965年に採択され69年に発効した**人種差別撤廃条約**に対する日本の加入問題である。大多数の先進国が既に同条約に批准・加入していたにもかかわらず，日本政府は同条約4条の「人種的優越性に基づく差別・扇動の禁止」の規定が日本国憲法の保障する「集会，結社及び表現の自由」と抵触する可能性があること等を理由に同条約に長期間加入せず，1996年に至って同条約4条に関して日本国憲法との関係で留保を付す形でようやく同条約に加入した。他方で，日本政府は1979年に国際人権規約（自由権規約および社会権規約）を批准する際に4つの留保を付したが，このうちの社会権規約13条2(b)および(c)が規

定する中等教育および高等教育における「無償教育の漸進的導入」
に関する留保は，2012 年に撤回された。

7-14

**国際法との関係での国
内法の意義**

以上，国際法が国内法に及ぼす影響とい
う観点から問題を検討したが，逆に国内
法も国際法規範の形成および発展に対し
て大きな影響を与えている。先にも述べたように（⇨*7-11*），国内
法は，慣習国際法の成立が認められるための 2 つの要件（⇨*5-6*）
のうちの 1 つである「一般慣行」形成のための「国家実行」（State
practice）の重要な要素として位置づけることができる。したがって，
慣習国際法の認定が国際裁判において争点とされる場合には，国際
裁判所は各国の国内法や国内での実行等を参照して慣習国際法規範
の具体的内容や成立の可否を検討することが多い。

　しかし，国際裁判所の判決においては，国内法は事実にすぎない
と捉えられる場合もある（1926 年のポーランド領上部シレジアにおける
ドイツ人の利益に関する事件 PCIJ 判決）。他方で，国際裁判所が付託
された紛争を解決するに際して，国内法を適用して判決を下す場合
なども存在する（1929 年のセルビア公債事件 PCIJ 判決など）。

　以上のように，国際法と国内法は，2 つの法秩序相互の間の効力
関係といった理論的次元の問題を別としても，現実には相互にさま
ざまな影響を及ぼし合っているのである。

第8章　国際法上の責任

●本章のサマリー

　国際法に違反する行為（国際違法行為）を行った国家（違法行為国）が，国際法上の責任（国家責任）を負い，いずれかの国家が国家責任を追及するプロセスに伴う諸問題を規律する国際法の規則を本章で扱う。国際組織と個人の国際法に違反する行為についても国際法上の責任が問われる場合もあるが，本章では，国家責任を論ずることとし，国際組織と個人の責任は該当する章で扱う（⇨4-3，第13章）。

　国家責任の追及には，被害国の損害の補填と違反が生じた規則の合法性の確認という2つの機能がある（⇨1）。国家責任の追及プロセスでは，作為，不作為を問わない行為の国家への帰属と当該行為の国際法違反という2つの要件が満たされなければならない（⇨2）。国際違法行為に関して違法性阻却事由が認められる場合はその違法性が阻却される（⇨3）。国家責任の追及において「被害国」の概念が重要な役割を果たす（⇨4）。国家は在外自国民の保護のために外交的保護の権利を行使できる（⇨5）。違法行為国はその法的効果となる措置を採らなければならない（⇨6）。

　伝統的な国家責任の追及は違法行為国対被害国という二国間の双務関係を規律してきた。しかし，条約によって構築された集団全体や国際共同体全体の共通利益の保護のための国際法規則の発展に対応し，その違反への対応が重要な意味を持つようになっている（⇨7）。

　国家責任に関する規則は国際裁判だけでなく，外交交渉などにおいても重要な役割を果たす（⇨8）。国際違法行為以外で他国に損害をもたらす行為に対応する国際法規則も必要である（⇨9）。

SUMMARY

1 国家責任の意義と機能

8-1
国家責任の追及の機能
国家が他国の国家責任を追及するというプロセスは，伝統的には在外自国民の保護を主たる目的としてきた。外国の領域に滞在する国民が何らかの損害を被ったにも関わらず，領域国の保護を十分に受けられない場合に，その者に代替して国家が領域国の責任を追及したのである（⇨*5*）。しかし，特に第2次大戦後，国家間の紛争解決の手段として武力による威嚇と武力の行使が禁止されたことにより，国家責任の追及のプロセスは，さまざまな国際法規則の違反に関する紛争の解決のための一般的な機能が求められるようになった。1970年代以降の国連国際法委員会の国家責任に関する条文草案の起草作業はそうした要請を反映する内容となった（⇨*Column⑧*）。国家責任に関する国際法規則は，違法行為国の当該違法行為に対する国家責任を，いずれの国家がどのような法的効果を求めて追及できるかを規律すると考えられるようになっている。このような役割を果たす国家責任の追及には，被害国の損害の補塡と違反が生じた規則の合法性の確認という2つの機能があるとされる。

8-2
損 害 の 補 塡
国家責任の追及の第一の目的は，違法行為国の国際違法行為によって被害国が被った損害の補塡である。ここでいう損害は，物質的なものだけでなく，精神的なものをも含む。

違反が生じた規則の合法性の確認

国家責任の追及のもう一つの目的は，違反が生じた規則の合法性の確認である。

集権的な立法機関が存在しない国際社会では，慣習国際法規則に対する違反は，慣習国際法の内容の変更や新たな慣習国際法の成立につながりうるものとなってきた。従来の慣習法の規則に違反する行為に対して，他国が黙認，または追随的な行為を行い，それらの行為が法的確信を伴う場合，慣習国際法の規則の変更や新しい慣習国際法の規則が認められることになる。対照的に，いずれかの国家が他国の行為の違法性を論じて国家責任を追及することが認められれば，違反がなされた国際法規則の合法性が確認されうることになる。

従来は，二国間関係で被害国が国家責任を追及することの主要な目的は，自国が被った損害の補塡である場合が多かったが，国際法の違反の認定や違法行為の中止，または違法行為が行われる前の状態への回復を主たる目的とする事例が増加している。さらに，違反の対象となった国際法の規則が特定の集団や国際共同体の全体の共通利益を保護するような性格を持つ場合は，当該規則の合法性の確認がより重要な目的となる事例もみられる。

Column⑧ **国連国際法委員会の国家責任に関する法典化作業** ⋯⋯⋯⋯

特に 1970 年代以降の文献で，国際法上の責任に関連するものを読む際には，**国連国際法委員会（ILC）**の法典化作業がさまざまな形で影響を与えていることを前提としてそれらを理解しなければならない。

国家責任は ILC の設立当初に設定された 14 の主題の 1 つである。1956 年から 1961 年までの外交的保護に焦点を絞った国家責任に関する法典化作業は成果を残せなかった。1969 年に特別報告者となったアゴーは基本的なアプローチを大きく変更し，国家の権利・義務の内容に関

する**第一次規則**には立ち入らず，国際違法行為の成立とその結果としての国家責任の追及にかかわる**第二次規則**のみを検討対象とした。このアプローチにより，国家責任に関する議論が一般化，かつ抽象化され，個別義務の評価にかかわる論争を避けることが可能になった。

1980年に，第一部の国際違法行為に関する条文草案の第一読が終了し，1996年に，条文草案全体の第一読が終了した。その後，第二読が2001年に終了し，同年の総会決議は，ILCの法典化作業の結果を評価し，第二読で採択された文書がこれに添付された。この添付された文書は「国家の国際責任に関する条文」（以下，国家責任条文）と呼ばれている。この文書を条約化するか否かの再検討作業は，その後の総会決議で延期されてきており，条約化の可能性は必ずしも高くないと考えられる。

1969年から2001年までILCが作成し続けた文書は，学説や国際裁判に影響を与えた。また，ILCはそれらの学説や国際裁判所の先例の判断を草案に反映させる努力をした。このため，国家責任条文は，ILCの法典化作業と国際法の学説や先例が相互に影響しあった内容となっており，国家責任の分野での国際法の内容を明確化，発展させたものと評価される。したがって，国家責任条文には法的拘束力がないものの，この分野の国際法規則の内容についての有力な資料の1つとして，学説や国際裁判により引用または参照されることが多い。

なお，国際責任に関連する分野の法典化作業として，①「国際組織の責任」，②「外交的保護」，③「国際法上禁止されていない行為から生ずる有害な結果に対するライアビリティー（liability）」がある。①に関する作業は2011年に第二読が終了した。②については，2006年に第二読の作業が終了した。③については，1997年に，これを，「危険を内包する活動から生ずる越境損害」の防止（第1部）と負担の分配（第2部）の2つに分けることが決定された。その後，第1部に関する条文案の第二読が2001年に終了し，第2部に関する原則案の第二読が，2006年に終了した。いずれの条文草案も，国家責任条文と同様に，第二読の作業終了後，国連総会決議に添付された文書となったものの，その検討を将

来に延期する決定のみが行われ，条約化には至っていない。

　国家責任条文だけでなく，外交的保護に関する条文と危険を内包する活動から生ずる越境損害の防止に関する条文，負担の分配に関する原則についても，検討を将来に延期する決定のみが行われている。

2　国家責任条文の構成と国際違法行為の構成要件

　今日，国家責任条文は，国家責任に関する国際法規則を考える際の重要な文書となっている（⇨*Column⑧*）。この文書は，国際違法行為（第1部），**国際違法行為の法的効果**（第2部），国際違法行為の追及（第3部），諸規定（第4部）という構成になっている。国際違法行為は国家責任を生じさせるとされ，（国家責任条文1条（以下本章においては条数のみで示す）），その立証は国家責任の追及プロセスの第一段階となる。

8-4
国際違法行為の構成要件

　国際違法行為の構成要件は，問題の行為の国家への帰属と国際法上の義務の違反の2点であるとされている（2条）。

8-5
行為の帰属

　人によって行われた行為が国家の行為とみなされうるかが判断されるのが，「**行為の帰属**」という要件である。

　立法，行政，司法などの国家機関の行為は，その任務と地位を問わず，国家に帰属する。国家機関の地位は各国の国内法により決定される（4条）。また，国家機関の地位にない者が国内法上国家の統治機能の一部を行使する権能を与えられている場合，その資格で行

った行為は国家に帰属する（5条）。国の機関または統治権能の一部を行使する権限を付与された者もしくは団体の行為は，その権限を踰越するもの，または指示に違反するものも国家に帰属する（7条）。

　国家機関の地位にない者や国の統治権能の一部を行使する権限を与えられていない者，すなわち私人の行為については，国家による指揮または命令を受けている者の行為や，天災等の特別の事情から正規の国家機関が存在しない，または機能していない場合に，実質的に国家の統治権能を果たしている者の行為は国家に帰属する（8条・9条）。特に8条に関して，非正規軍やゲリラの行為の国家への帰属の可否の判断の際の国家の指揮や命令の程度に関する基準について，ICJ が，**ニカラグア事件**（1986年）〈百選107〉で，行為者たる私人と国家の間に「実効的な支配関係」が必要であるとしたのに対し，ICTY（**タジッチ事件**（1999年）〈百選54〉）では「全体的な支配で足る」という異なる基準を示した。この判断基準の相違について，ICJ は，**ジェノサイド条約適用事件**判決（2007年）〈百選63, 100〉で，少なくとも国家間の責任追及の文脈で私人の行為の国家への帰属が問題になる場合は，ニカラグア事件判決が示した「実効的な支配関係」という判断基準が妥当であるとの判決を示した。

　国家の指揮や命令を受けない私人の行為は国家に帰属しないものの，私人の行為によって外国人が損害を被った際に，国家機関がその原因行為の防止や犯人の逮捕・処罰などを怠る場合，その懈怠が国家に帰属するとされる（**ザフィロ号事件**・仲裁判断（1925年））。ICJ は，**在テヘラン米国大使館員人質事件**（1980年）〈百選62〉で，大使館などの占拠および大使館員などを人質にする学生の行為に関するイラン政府の関与を2段階に分け，大使館への侵入を防止しなかった時点までは，イランが国家機関の懈怠についての国家責任を負う

としたのに対し，政府高官が学生の行為を積極的に支持することを表明した後は，学生の行為が国家に帰属するとし，イランはこれらの国際違法行為に対して国家責任を負うとの判断が示された。

<table>
<tr><td>8-6
国際法上の義務の違反</td></tr>
</table>

国家に帰属する行為については，国際法上の義務に違反する行為であることが証明されなければ，国際違法行為の第2の要件は満たされない。ただし，違反の対象となる具体的な国際法上の義務は国際法のすべての分野に及ぶ第一次規則によって規律されるため，第二次規則である国家責任に関する規則の規律の対象とはならない。

<table>
<tr><td>8-7
国際違法行為の構成要件としての故意・過失，損害の発生</td></tr>
</table>

国家責任条文では国際違法行為の構成要件が2つに限定されている（2条）。伝統的な学説では，これらの他に，故意・過失や損害の発生を構成要件と考えるものも存在してきた。

　故意・過失という要件については，ローマ法以来の伝統的な不法行為理論の影響を受けて，国際違法行為の構成要件としても，行為主体となる国家の主観的な要件が必要であるとの学説が存在してきた。ILCの法典化作業の際，特別報告者アゴーは，故意・過失は，第一次規則の問題であるため，国際違法行為の要件とはならないと説明しており，故意・過失を国家責任に関する議論全体から排除する立場の客観責任主義を認める立場を支持したわけではなかった。しかし，故意・過失が国際違法行為の構成要件とされなかったことによって，国家責任論の客観化が促進されたことは否定できない。

　損害の発生については，「損害の発生」を伴わない国際違法行為は存在しないという説明がなされうる。国家責任条文は，これを国際違法行為の構成要件とせず，被害国の定義との関係で損害に関す

る規定を置いている。学説でも，損害の発生を国家責任の追及要件とするものがみられ，この位置づけに十分な根拠があると考えられる。

3 違法性阻却事由

8-8
違法性阻却事由

違法性阻却事由とは，行為の国家への帰属と国際法上の義務違反という2つの要件を満たし，国際違法行為とされる行為について，当該行為の違法性を阻却する要因を意味する。これが理論化され，実際の国家実行でも援用されるようになったのは，ILC の国家責任に関する法典化作業の影響を受けての現象である。

8-9
違法性阻却事由となる要因

国家責任条文であげられている違法性阻却事由は，被害国の側の何らかの意思によるもの（同意（20条），**自衛**（21条）），**対抗措置**（22条），関係国の意思と関わりのない国際違法行為を取り巻く状況（**不可抗力**（23条），**遭難**（24条），**緊急避難**（25条）），強行規範に関わるもの（26条）の3つの類型に分類されうる（自衛権について⇨*2-13*，*17-2*，対抗措置⇨*17-7*）。

8-10
国際裁判における違法性阻却事由の機能

国際裁判で違法性阻却事由に関する議論が行われるのは，違法行為国とされる国家が，自国の行為が国際違法行為である可能性を否定することが難しい場合である。その場合，自国の行為が国際違法行為ではないとの主張を行った上で，代替的に，たとえ国際違法行為であっても，違法性阻却事由によってその違法性が阻

却されるとの理論構成での主張がなされることが一般的である。また，当事国が違法性阻却事由を援用しない場合でも，国際裁判所の判断で，違法性を認定した行為について，違法性阻却事由が認められるかが検討される場合がある。

国家責任条文の採択よりも前の先例である**ニカラグア事件**〈百選107〉で，ICJ は，米国による武力の行使について，米国が主張した集団的自衛の権利の行使と，ICJ 自身の判断で取り上げた対抗措置のいずれによっても，これは正当化されないと判断した。ICJ は，これらの事由によって，米国の武力の行使の違法性が排除される，または正当化されうるかとの表現を使っており，明確に「違法性阻却事由」として扱ったわけではなかった。

国家責任条文草案の第一読終了後の先例である，**ガブチコヴォ・ナジュマロシュ計画事件**（1997 年）〈百選 65〉以降は，ICJ は「違法性阻却事由」を明確に意識するようになったといえよう。本件では，ハンガリーの工事の放棄の事情について緊急避難，チェコスロヴァキアが暫定的な解決策として実施した工事についてハンガリーの国際違法行為に対する対抗措置が検討され，いずれの事由も認められなかった。さらに，2004 年 7 月の**パレスチナの壁事件**では，壁などの建設についてイスラエルが主張する**自衛権**，ICJ の判断による**緊急避難**が検討されたが，これらの事由は認められなかった。ICJ の先例以外でも，**レインボー・ウォーリアー号事件**の仲裁判断（1990年）〈百選 64〉で，フランス政府による 2 名のフランス国籍の軍人の本国への送還について，遭難にあたる状況が存在したか否かが論じられた。仲裁裁判所は，胃腸病を患っていた軍人については，生命にかかわる健康状態を**遭難**と認め，フランスの行為の違法性が阻却されると判断した。

Column ⑨ パレスチナ被占領地における壁の建設の法的効果事件
（ICJ 勧告的意見（2004 年）） --

　2002 年にイスラエルがパレスチナ地域からのテロリストの侵入の防止を理由に，壁とその周辺の構築物の建設計画を実施に移した。この行為に関して，国連総会が 2003 年 12 月の決議 ES-10/14 により，この壁の建築の法的効果についての勧告的意見を求めた。

　この**勧告的意見**の要請については，裁判所がこれに答えることが適切か否かについて議論もあったが，ICJ は，勧告的意見を出す権限を有すると判断し，意見を示した。ICJ は，イスラエルによる壁の建設は，国際法の諸規則に違反するとした。また，この国際違法行為について，自衛と緊急状態という違法性阻却事由の要件も満たされていないとした。

　ICJ はこの国際違法行為の結果として，イスラエルによって行われるべき**広義の賠償**（reparation）と，他の国家等がとるべき措置の 2 つを示した。まず，イスラエルについては，壁の建設を中止し，既に建設した壁を取り壊し，これに関連する法的な措置も無効にすべきであるとする。さらに，壁の建設によって生じたすべての損害について**金銭賠償**（compensation）を支払うべきであるとしている。ICJ は，イスラエルの国際違法行為に人民自決の権利の尊重および国際人道法の下での特定の義務という**対世的な義務**（obligation *erga omnes*）に違反するものが含まれているとして，他の国家についての結果に関する意見を示した。国際社会の他の国はこの壁の建設によって生じた違法な状況を承認すべきでないことと，これに援助を与えるべきでなく，違法な状態が終了することに留意すべきであるとした。また，1949 年の**ジュネーヴ第 4 条約**のすべての当事国が，同条約に規定されている**国際人道法**の規則のイスラエルによる履行確保の義務を負うとの意見を示した。さらに，ICJ は，国連の総会と安保理に対してもこの違法な状態を終了させるための一層の行動を検討すべきであるとした。この意見の後，国連総会は，イスラエルに対するこの勧告的意見の履行の要請等を内容とする決議 ES-

10/15 を採択した。

---

4 国家責任の追及要件

被害国とは国際違法行為によって損害を被った国家である。国家が被る損害には，公館の施設の損傷，領土の汚染や関税の相互免除を約束した経済関係の条約の違反など，物質的な損害が発生する場合も多い。しかし，具体的な対応措置がとられない一時的なまたは突発的な領空侵犯や領海侵犯，あるいは国旗や国章の侮辱などのように，国家の威信の喪失をもたらすような行為など，非有形的あるいは精神的な損害も多様である。また，国際違法行為の法的効果の1つである広義の賠償の対象として，国際違法行為の直接的な結果として生ずる直接損害だけでなく，戦争の長期化の結果として保険料や賃借料が高騰した場合のような間接損害（ルシタニア号事件・委員会決定（1923年））が認められる場合もある。さらに，国家それ自体が直接に被る損害と，外交的保護の権利の行使の場合のように，在外自国民の損害が国家の間接的損害と見なされる場合もある（⇨*5*）。

　国家責任条文は，損害の発生を国際違法行為の構成要件と位置付けていないが，抽象的に国際違法行為が発生しているだけでは，その責任を問う権利を有する国家が特定できない。このため，第3部で損害の発生を国家責任の追及要件としている。国家が被害国となるためには，国際法上保護されている自国の権利や利益が侵害されており，その損害が十分に特定されていることが要件となる。

国家責任条文42条では，他国の国家責任を追及する権利を有する被害国としての地位について，(a)当該国に対して個別的に負う義務の侵害がある場合とし，自国の特定的な権利が侵害されている国が被害国であるとしている。ただし，同条(b)は，条約法条約60条2項(c)で，多数国間条約の違反について，「条約の性質上，一の当事国による重大な違反が条約に基づく義務の履行の継続についてのすべての当事国の立場を根本的に変更するものであるときは」，当該違反を行った国以外の当事国が，当該違反を自国についての条約の全部または一部の運用の停止の根拠として援用できるとしていることの趣旨に沿った規定を置いている。すなわち(b)当該国を含む国の集団もしくは国際共同体に対する義務であり，かつその義務の違反が，(i)当該国に特別に影響をおよぼすものである場合，もしくは(ii)その義務の履行の継続について他のすべての国の立場を根本的に変更する性格のものである場合とし，何らかの集団もしくは共同体の利益の侵害の場合の被害国の地位についての規定が置かれている。また，48条は「被害国以外の国による責任の追及」についても規定している（⇨**7**）。

　伝統的な立場を反映した先例として，**バルセロナ・トラクション会社事件**（1970年）〈百選71〉と**南西アフリカ事件**の第二段階判決（1966年）〈百選99〉をあげることができる。前者では，法人の株主の国籍国であるベルギーが外交的保護の権利を行使し，スペインの国家責任を追及しようとしたが，ICJは，法人の国籍国であるカナダにのみ，国際法上保護されている法益があるとして，ベルギーに当事者適格を認めなかった。後者の先例で，ICJは，南アフリカの行為によってエチオピアとリベリアは自国の国際法上の権利や法益が侵害されていないとして，当事者適格を認めなかった。なお，今

日では，法人の株主の国籍国による保護は，投資協定や自由貿易協定（FTA）や経済連携協定（EPA）によるものとされる（⇨第14章）。また，南西アフリカ事件で問題となった**アパルトヘイト**のような問題については，国家責任条文48条や第2部第3章に関わると考えられるようになっている（⇨**7**）。

5 外交的保護

外交的保護とは，外国国家の領域で自然人・法人を問わず自国民が被った損害につき，国家が自国の権利の侵害として，国家間の請求を行う制度である（**マヴロマティス・パレスタイン特許事件**（1924年）〈百選67〉）。この権利の行使には，**国籍継続の原則および国内的救済完了原則**の2つの要件がみたされねばならない。

8-12
国籍継続の原則
国籍継続の原則という要件は，外交的保護の権利を行使する対象を，自国民が被った損害に限定するためのものである。自然人の場合には，**ノッテボーム事件**（1955年）〈百選69〉でICJが示したように，人と国家の間の「真正な関係（連関）（genuine link）」が求められる。このような関係が法人や船舶に求められるか否かについては議論がある（**バルセロナ・トラクション会社事件**〈百選71〉）。国籍の継続の期間については論争があるが，損害を被った時点から外交的保護の権利の行使が開始されるまでと考える立場が一般的である。

なお，社会の国際化とともに人の国際的な移動が活発になっており，国籍を通じた国家と人の関係も変化しており，外交的保護の権利の行使の際の「国籍継続の原則」の要件にも新たな問題が生じて

いる。重国籍を認める制度の国が増えている中，重国籍者について
いずれの国籍国が外交的保護の権利を行使しうるかという問題がよ
り重要になっているのである。重国籍者については，実効的国籍の
原則に基づき実効的国籍国に外交的保護の権利の行使を認めるとい
う見解が一般的である。さらに，ウィーン領事条約36条の違反が
問題になった紛争では，国籍を持つ者と国籍国の間に必ずしも密接
な関係がみられない事例（ラグラン事件・ICJ 判決（2001 年）〈百選44〉）
や，原告と被告の国籍を有している重国籍者について，その国籍の
立証義務をどちらが負うのかが問題になった事例（アヴェナほかメキ
シコ国民事件・ICJ 判決（2004 年））がみられる。（⇨*Column* ⑩）

8-13
国内的救済完了原則

国内的救済完了原則とは，外交的保護の
権利の行使の前に，被害者が損害を被っ
た国家の国内法制度において利用可能なすべての手続を尽くさなけ
ればならないという要件である。これは，国家主権の尊重の観点か
ら，領域国の国内法制度を尊重し，それによって被害者が救済を得
られれば，国籍国による外交的保護の権利の行使を認めないという
ものである。19 世紀から 20 世紀初頭の混合仲裁委員会のように，
先進国が発展途上国に対して外交的保護の権利を行使する事例が多
かった時代には，この原則は先進国による外交的保護の権利の濫用
を防止するという意味も持っていた。

　領域国の国内法制度上は利用可能な手続が残っていても，その手
続に実効性がないことが立証される場合にはそのような手続を尽く
す必要がないとされる（**フィンランド船に関する事件**・仲裁判断（1934
年））。また，ウィーン領事条約第 36 条の違反に関する先例では，
領事通報を受けて自国民に対する領事保護を実施するという国家の
権利と，領事保護の権利を通告され，その保護を受けるという個人

の権利の両方の侵害が論じられた。ICJ は，国家自身の権利侵害が紛争主題の一つとなっている事案では，国内救済完了原則は適用されないと判断した（アヴェナほかメキシコ国民事件・ICJ判決（2004年））。

8-14
国際標準主義と国内標準主義

国家が外交的保護の権利を行使する場合，領域国が外国人にどの程度の保護を与える義務を負うかが重要な論点となる。通常，国家は自国領域内の外国人の保護について，**相当な注意**（due diligence）義務を負うとされる。その「相当」の程度について，国際標準主義と国内標準主義の対立がある。特に先進国が外交的保護の権利を行使する場合，一定の国際的な基準を満たす保護が外国人に与えられるべきであることが望ましい。しかし，領域国の側からみれば，特に発展途上国の場合は，国際的な基準に従った外国人の保護に関する負担の重さに加えて，自国民に対する保護と比べて外国人により高い程度の保護が与えられるという，保護の格差が生ずる可能性が否定できないという批判がある。外交的保護に関する国際裁判所の先例では，相当な注意義務について国際的な最低基準を満たすべきであるとの判断が多い（**ニーア事件**・仲裁判断（1926年））（⇨**12-6**）。

　この2つの立場の対立は，外交的保護についてだけでなく，領域使用の管理責任，環境の保護及び保全，人権の保障や経済関係の条約の解釈においてもみられる（**AAPL事件**・ICSID仲裁判断（1990年））。

8-15
外交的保護の権利と個人の権利

外交的保護の権利を行使するか否かを決定するのは，あくまで国家である。この権利が行使される場合，個人の被った損害が国家間の紛争となり，政治化する可能性がある。国家は，外交

的保護の権利を行使するか否かの判断において，相手国との政治的な関係を考慮することになる。また，個人は国籍国に対しこの権利の行使を請求することはできないとされている。このような事情から，この制度では個人の救済に十分な機能が期待できないとの批判がある。

　国際投資の分野では，**投資紛争解決国際センター**（ICSID, International Centre for the Settlement of Investment Disputes）の制度のように，投資紛争の政治化を回避するために，外国人投資家と投資受入国の間の投資紛争において外国人投資家自身が当事者となる国際的な手続を設けるとともに，外国人投資家の国籍国は外交的保護の権利の行使できないとする制度が設けられている（⇨*14-10*）。

　外交的保護に人権の保護という観点を導入すべきとの議論もあり，ILC の外交的保護に関する条文はこの要素を一定限度認める立場をとっている。ICJ は，**アーマドゥ・サディオ・ディアロ事件**の先決的抗弁判決（2007 年）で，外交的保護を受ける権利それ自体が人権かには触れていないものの，強制退去処分を受けた者が被った経済的損失に加え，国際的に保護されている人権の侵害に関する事項も外交的保護の権利の行使と対象となることを認め，本案判決（2010年）で，ギニアの申立てのうち，ディアロの逮捕，拘禁，追放について，自由権規約とバンジュール憲章の下での外国人の追放，身体の自由と逮捕・拘禁の要件に関する規定の違反，さらに**ラグラン事件**の判決（2001 年）〈百選 44〉で個人の権利であるとの判断を示した領事条約 36 条 1 項(b)の違反も認めた。

<u>*8-16*</u>
カルボ条項

カルボ条項とは，19 世紀後半から 20 世紀初めにかけて多くみられた，外国人が国家からコンセッション（一国の領域内で外国人に一定期間特定の資源

の開発や公益事業を行うために与えられる特別の許可またはそのために結ばれる契約）を付与される際に，将来，当該コンセッションに関連して生ずる紛争の解決に，現地の国内的な救済手続のみを利用し，本国の外交的保護を求めないことについての合意を示す条項である。**テキサス北米浚渫会社事件**（1926 年）〈百選 68〉のようにカルボ条項の効力を一定限度認める判決が出された先例も存在する。しかし，本来国家の権利である外交的保護の権利を私人が放棄することはできないとし，カルボ条項の国際法上の効力を否定する立場が一般的である。また，投資仲裁の発展により，カルボ条項が主たる対象とする投資紛争は通常，外国人投資家対投資受入国の間の国際的な仲裁によって解決されるようになった（⇨*14-10*）。

6 国際違法行為の法的効果

　国家責任条文第 2 部では**国際違法行為の法的効果**に関する規定が置かれている。国家が国際違法行為に対する国家責任を負うことによって，当該国が違反した義務を履行すべき義務の継続に影響がないとする 29 条に続き，国際違法行為の法的効果として，国際違法行為それ自体と関わる措置および広義の賠償（reparation）に関する規定が置かれている。

8-17

国際違法行為の中止と再発防止の確約

国家責任条文 30 条は国際違法行為それ自体に関する法的効果として，国際違法行為の中止（同条(a)）と再発防止の確約（同条(b)）を規定している。国際義務に違反する行為が継続的な性格を有する場合には，第一義的に当該行為を中止することが違法行

為国に求められる。

　再発防止の確約とは，同様の国際違法行為が将来的に繰り返されないことを違法行為国が約束することであり，国際裁判所がとるべき具体的な措置を明示する場合もある。

　伝統的な学説では，再発防止の確約は精神的満足の一態様と説明していたが，国家責任条文では，国際違法行為それ自体に関わる法的効果として，31条，34条～39条に規定される広義の賠償と区別して扱われている。ラグラン事件で，米国は領事通報義務の履行確保のために国内的な対応措置をとっていると主張したが，ICJはこれを不十分と認め，将来，ドイツ国民が領事条約36条1項(b)の権利を認められることなく死刑の判決を受けることがあれば，その違反を考慮した再審または判決の再検討を米国が選択する方法で行うことが命じられた（ICJ判決（2001年）〈百選44〉）。このような措置の場合，再発防止の確約と原状回復の明確な区別が難しくもなりうる。

8-18
広義の賠償の態様

国家責任の効果としての**広義の賠償**について，**ホルジョウ工場事件**（1928年）〈百選66〉でPCIJは，国際違法行為により生じた結果を可能な限り払拭する措置とした。これが広義の賠償に関する基本原則であるとされ，違法行為国は原状回復（restitution），金銭賠償（compensation），精神的満足（satisfaction）の方式を単独でまたは組み合わせた広義の賠償を実施する義務を負う（国家責任条文34条～37条）。

　(1)　原状回復（restitution）　　原状回復とは，国際違法行為が行われる前に存在した状態を物理的に回復することをいう（国家責任条文35条）。先例で認められた措置として，拘禁された個人の釈放，拿捕された船舶の釈放，文書や美術品，株券のような動産の返還な

どをあげることができる。また，司法的な措置の例として，国際法に違反する法制度の修正や違法な判決の再審や破棄などもみられる。また，違法な併合のような強行規範に違反する国際違法行為の場合は，軍隊や行政権の撤退や併合令の破棄は，国際違法行為の中止ともいえるが，このような占領に付随的に生じている侵略に伴って連れ去られた人の帰還や個人の財産の返却は，違法行為の中止と原状回復の両方の側面を持っていると言える。

(2) 金銭賠償（compensation） **金銭賠償**は，国際違法行為によって生じた結果を払拭するに値する金額の金銭の支払を意味する。その算定については，実際に発生している損害の評価が基礎となるが，実際の例では，生じた損害の厳格な評価に基づいて算定されたものとは異なる金額が支払われる場合も多い。なお，利子率に関する慣習国際法はないものの，利子の支払が命じられることが一般的である（国家責任条文 38 条）。

(3) 精神的満足（satisfaction） 精神的満足は主として，非有形的，または精神的な損害に対する広義の賠償の方式である。最も代表的な方式は陳謝であり，これは単なる遺憾の意の表明と区別される。他にも，責任者の逮捕または処罰，儀仗兵による国旗への敬礼や軍葬の例などの象徴的行為，1 フランや 1 ドルといった象徴的な金額の金銭の支払，国際裁判所や国際組織などによる行為の違法性の認定なども，精神的満足にあたるとされる。

精神的満足は，単独でまたは他の措置と組み合わせる形で広義の賠償とされる。たとえば，**コルフ海峡事件**〈百選 30〉で ICJ は，アルバニアの同意のないコルフ海峡の機雷の掃海行為により，英国はアルバニアの主権を侵害したと判断し，その結果精神的損害のみが生じているため，裁判所による英国の行為の違法性の認定だけで十

分な広義の賠償であると判断した。**レインボー・ウォーリアー号事件の国連事務総長の裁定**〈百選88〉では，フランスにニュージーランドへの陳謝に加え，金銭賠償の支払と2名に軍人の太平洋の島の基地での3年間の隔離が命じられた。

7 二国間関係に限定されない国家責任の態様

8-19
共同体的な利益の保護と国家責任

国家責任の追及に関する規則は，国際裁判においてだけではなく，外交交渉などにおいても重要な意味を持つ。しかし，国家責任論における被害国の地位は国際裁判における当事者適格と密接に関連することも事実である。伝統的な学説やICJの争訟事件手続では，自国の権利や法益の特定的な侵害が証明されなければ，違法行為国の国家責任を追及する資格が認められないとされてきた。その背景には，伝統的な学説や国際裁判の制度が原則として二国間の双務的な権利義務関係を前提としてきたという事情がある。しかし，今日では，国際法が共存の国際法としての機能だけでなく，協力の国際法としての機能を持つようになっており，特に協力の国際法が急速な発展を遂げている（⇨5-1）。多数国間条約の中には条約当事国全体が共通利益を有する共同体を構築し，国際共同体全体の共通利益の保護のための規則の発展につながることが意図されているような条約も締結されるようになっている。このような共同体的な権利義務関係に関する国際法規則の違反に対応するには，伝統的な二国間関係を前提とする国家責任論と国際裁判制度が十分ではない場合がありうることが認識されるようになっている。

国家責任条文はこうした議論に一定の配慮を見せている。第1に，**一般国際法の強行規範に基づく義務の重大な違反**に関する章（第2部第3章）が設けられている。第2に，被害国に関する規定（42条(b)(ii)）で，多数国間条約によって構築された国家の集団や国際共同体全体の共通利益を害する義務違反について特別な規定が置かれている。第3に，48条1項で，(a)違反の対象となった義務が，被害国を含む国の集団に対するものであり，かつ，当該集団の集団的利益の保護のために設けられたものである場合，または(b)違反の対象となった義務が，国際共同体全体に対するものである場合に，「被害国以外の国による国家責任の追及」が認められている。ただし，「被害国以外の国」が請求できる措置は限定的である（48条2項）。

8-20

多数国間条約の違反と国際裁判所における当事者適格

　今日では，**集団殺害犯罪**や**拷問**の禁止のような，全条約当事国が共通の利益を有する共同体を構築するような多数国間条約がみられるようになっている。ICJ は，このような条約は，条約当事国の共同体に対する「**当事国間対世的義務**」（obligation *erga omnes partes*）を規定しており，いずれの条約当事国も，紛争解決条項を援用して，条約の下での義務の履行を求めて，国家責任を追及するこができることを認めるようになっている。

　このような議論につながる最も初期の先例は，PCIJ の**ウィンブルドン号事件**（1923 年）〈百選 16〉である。本件では，**ヴェルサイユ条約**の下でのキール運河の自由航行の保証義務があるにも関わらず，ドイツがウィンブルドン号の通航を許可しなかったことについて，ウィンブルドン号の傭船者の本国たるフランスだけでなく，英国（ウィンブルドン号の船籍国），イタリア，および日本がヴェルサイユ条約の当事国として原告となった。PCIJ 規程 37 条とヴェルサイユ

条約386条で、「利益を有するいかなる国家」にもPCIJへの紛争付託が認められていたことが管轄権の根拠となった。PCIJは1923年判決で、フランス以外の原告は自国籍船を有しており、キール運河に関する条項の履行に明白な利益を有するとして、これらの3か国の当事者適格を認めた。ただし、広義の賠償に関する判断では、フランスのみに対して金銭賠償の支払を命じた。

ICJが、多数国間条約により当事国間対世的義務が規定されていることを理由に原告の当事者適格を明確に認めた最初の事例は、**訴追または引渡しの義務に関する問題事件**の2012年判決である。本件では、ベルギーが、拷問等禁止条約の紛争解決条項（30条）を援用し、同条約の下での義務のセネガルによる不履行に関する紛争をICJに付託した。ICJは、2012年判決で、ベルギーの当事者適格について、条約の趣旨および目的にかんがみ、拷問等禁止条約は、当事国間対世的義務を規定しているため、いずれの当事国も条約上の義務の履行確保について共通の利益を有するとして、ベルギーの当事者適格を認めた。

ICJは、**ジェノサイド条約適用事件（ガンビア対ミャンマー）**の2022年判決で、ジェノサイド条約についても当事国間対世的義務を規定する条約であることを認め、紛争解決条項（9条）を援用し、条約上の義務の履行確保を求めているガンビアの当事者適格を認めた。ジェノサイド条約に関する紛争については、**ジェノサイド条約の違反に関する事件（ウクライナ対ロシア）**では、ICJ規程63条の多数国間条約の当事国の訴訟参加の権利に基づき、32件の**訴訟参加**宣言（うち1件はカナダとオランダの共同宣言）が出された。ロシアはこの訴訟参加を認めるべきではないとの意見を提出したが、ICJは、2023年命令で、ジェノサイド条約9条を留保している米国につい

てのみ，先決的抗弁段階での手続への訴訟参加が受理不可能である
とした以外，すべての国の訴訟参加を認めた。また，ジェノサイド
条約適用事件（ガンビア対ミャンマー）においても，2023 年 11 月に
2 件の訴訟参加宣言（うち 1 件は，カナダ，デンマーク，フランス，ド
イツ，オランダ，英国の協同宣言）が出された。

<table>
<tr><td>8-21
紛争解決条項に基づく
ICJ の管轄権</td><td>訴追または引渡しの義務に関する問題事件
とジェノサイド条約適用事件（ガンビア対
ミャンマー）の判決は，当事国間対世的</td></tr>
</table>

義務という共同体的利益を構築する条約の履行確保が紛争主題とな
る場合，いずれの条約当事国も国際裁判所の争訟事件手続において
当事者適格を容認されるようになったことを示している。ただし，
条約の紛争解決条項に基づいて管轄権を行使する場合，ICJ は，管
轄権の範囲について，当該条約の解釈または適用（または履行）に
関する紛争に限定されるとし，関連する慣習国際法上の義務に関す
る申立てについて管轄権がないとの厳格な立場をとってきている
（ジェノサイド条約適用事件（ボスニア・ヘルツェゴヴィナ対セルビア・モ
ンテネグロ）2007 年判決〈百選 63〉，コンゴ領における軍事活動事件 2006
年判決，人種差別撤廃条約事件判決 2011 年判決，訴追または引渡しの義務
に関する問題事件 2012 年判決）。

　また，当事国間対世的義務の違反に関する争訟事件手続では，い
ずれの当事国にも認められる国際裁所での当事者適格は，国家責任
条文 48 条 2 項に照らせば，被害国以外の国家による責任の追及で
あり，請求可能な国際違法行為の法的効果としての措置も限定的な
ものとなる。訴追または引渡しの義務に関する問題事件判決で，ICJ
がセネガルの義務違反が継続的な性格を持つとし，条約上の義務の
履行を命ずる判決を出したことは，この 48 条 2 項の趣旨に沿うも

のであるといえよう。

8-22

国際共同体全体の共通利益を保護する規則の違反と国家責任

(1) 国家の国際犯罪 ILC の国家責任条文草案の起草作業で「**国際犯罪**」という概念の導入が提案されたことをきっかけに，国際共同体全体の共通利益を保護する規則の違反についての特別な規則のあり方が考慮されるようになった。第一読の終了後の条文草案 19 条は，国際違法行為を国際犯罪と国際不法行為に区別した。これを受けて，第 2 部と第 3 部の起草過程でもこの区別に対応した国家責任の法的効果に関する規定が置かれることとなり，国際犯罪の場合，すべての国が被害国となり（第一読終了後の条文草案 40 条 3 項），国際不法行為の法的効果とは異なる重大な法的効果をもたらす（同 51 条〜53 条）とされた。

(2) 強行規範に対する重大な違反 国家の国際犯罪という新しい概念は，国際法の理論の展開に大きく貢献したが，慣習国際法の法典化と漸進的発達を任務とする ILC の作業の枠を超える，あるいは国際法に刑事法的な要素を導入するものであるなどの批判があった。このため，第二読で大きな変更が加えられ，国家責任条文では，強行規範に対する重大な違反という表現が用いられるとともに，被害国と被害国以外の国の区別（42 条（b）・48 条 1 項）と，被害国以外の国家が追及できる国際違法行為の法的効果が限定的になり（48 条 2 項），刑事法的な要素が払拭された。

8-23

国際共同体全体の共通利益を保護する規則の違反と国際裁判

南西アフリカ事件第 2 段階判決（1966 年）で，エチオピアとリベリアが南西アフリカ（後のナミビア）地域に居座り，アパルトヘイトなどを押し付ける政策をとった南アフリカの行為の違法性を問おうしたが，ICJ は両国の当事者

適格を認めず，国際社会における**民衆争訟**（*actio populāris*）の存在も否定した。これを受けて，ナミビアでの南アフリカの居座りについては，勧告的意見手続で安保理決議の違反の法的効果が問われることになった（ナミビア事件勧告的意見，1971年〈百選60〉）。その後，対世的義務である人民自決の権利の尊重義務の違反の法的効果が問題になった**パレスチナの壁事件**と**チャゴス諸島の分離事件**の勧告的意見では，国際違法行為の法的効果として，国際社会のすべての国および国連がとるべき措置が示された。ICJの勧告的意見には法的拘束力がないものの，**チャゴス諸島の分離事件**の勧告意見（2019年）は英国の政策転換のきっかけになったように，一定の影響力があることは否定できない。（⇨ *Column⑨*）

しかし，国際共同体全体の共通利益を紛争主題とする紛争を争訟事件手続に付託することは必ずしも簡単ではない。ICJは，当事国間対世的義務を規定する多数国間条約の紛争解決条項を管轄権の根拠として，条約上の義務の履行確保を求める訴訟で，いずれの条約当事国にも当事者適格を認める判断を示すようになったが，そのような条約上の義務の違反に関連する慣習国際法の違反については管轄権を行使できないとする厳格な立場をとっている（⇨ *8-20, 8-21*）。国際共同体全体の共通利益を紛争主題とする紛争をICJの争訟事件手続に付託する方法としては，**強制管轄受諾宣言**が管轄権の根拠となる可能性が高い。

東ティモール事件（1995年）〈百選96〉で，ポルトガルは**強制管轄受諾宣言**を管轄権の根拠として，オーストラリアに対する紛争を提起し，対世的義務の違反が問題になる場合，管轄権や受理可能性に関する要件が緩和されるべきと主張した。これに対し，ICJは本案の法的論点である人民自決の権利が対世的な性質を持つことを認め

たものの，管轄権および受理可能性の判断は，本案で適用される法の性質と区別されるべきであるとし，不可欠の第三国にあたるインドネシアの同意なしに，オーストラリアとインドネシアの間で締結された協定に関する紛争を扱うことはできないと結論づけた。

　核軍拡停止および核軍縮に関する交渉義務事件で，2014 年にマーシャル諸島が，核軍縮交渉の進展の遅れを争点として，関係する 7 か国を相手とする紛争を提起したが，強制管轄受諾宣言を行っている国家（インド，パキスタン，英国）のみが総件名簿に登載される結果となった。ICJ は**先決的抗弁**判決（2016 年）〈百選 90〉で，本件紛争はその経緯から見て，インド，パキスタン，英国のそれぞれが具体的な紛争の当事国となるようなものではなかったとし，両当事者間に紛争が存在しないとの判断を示した。

　オーストラリアが強制管轄受諾宣言を管轄権の根拠として日本に対する**国際捕鯨取締条約**の違反に関する紛争を ICJ に提起した**南極海捕鯨事件**（2014 年）〈百選 37〉では，日本がオーストラリアの当事者適格についての抗弁を提起しなかったため，この点についての ICJ の判断は示されていない。しかし，本件におけるオーストラリアの申立ては，国際捕鯨条約の履行確保に関するものであったと解することが可能である。少なくとも強制管轄受諾宣言に基づき，一定の共同体的な利益に関する紛争について ICJ が判断を示した先例となっていると考えられる。

8 国家責任の追及と紛争解決および国際義務の履行確保

8-24
外交交渉と国家責任の
追及

国家責任に関する規則に従って，違法行為国が被害国に対して自主的に広義の賠償にあたる行為を行う場合，第三者機関による紛争解決手続への紛争の付託は必要とされない。実際の国際関係では，ほとんどの事例で，被害国の外交上の抗議に対して，違法行為国が自主的に国際違法行為の法的効果にあたる措置をとり，被害国がその措置で十分であると判断することにより両国間の紛争が解決される。違法行為国と被害国の間で，国際違法行為の存否やその法的効果について意見が異なる場合に，国際裁判などの第三者機関による紛争解決手段が必要となる。

8-25
国際裁判と国家責任の
追及，国際義務の履行
確保

国際裁判は，第三者機関による紛争解決手段の中でも，拘束力ある結論が示されるために国家間の紛争解決手段として多くの場合に利用されてきている。本章の個々の説明において多くの国際裁判の先例を引用してきたように，さまざまな事例でその事実関係や侵害された権利の内容に対応した措置が命令されてきている。こうした国際裁判の先例の判断は国際法の発展に貢献し，外交交渉においても指針を与えるものである。さらに，当事国間対世的義務を規定する多数国間条約の履行確保については，特に，国家責任論と国際裁判手続が重要な役割を果たすようになっているといえよう。

8-26	
対抗措置の意義	

対抗措置は，武力行使の禁止を受けて，武力によらない**復仇行為**に類する概念として生まれ，**米仏航空協定仲裁裁定**（仲裁判決（1978年）〈百選84〉）以降，一般化した（⇨*17-7*）。国家責任条文では，対抗措置を制限すべきであるという立場から，違法行為国が，国際違法行為の結果生じた義務を履行しない場合に，その履行強制を目的とするものに限定する規定が置かれている（49条）。また，対抗措置の発動要件として，義務の履行の要求の前置や，対抗措置をとる旨の通告とそのための交渉という手続的な要件（52条1項）とともに，問題となる国際違法行為と権利の重大性の考慮と，被った被害との**均衡性**という実質的要件（51条）が規定されている。対抗措置の問題が国家責任の枠内のみにとどまるのかどうかという根本問題が残されているが，これらの規定は，対抗措置を，国際違法行為の効果である広義の賠償の履行を確保するプロセスの一環と位置づけている。

9 国際違法行為に対する責任とライアビリティー

　国際法上の国家の責任を問うための伝統的な国際法規則は，比較的厳格な要件を課している。こうした厳格な要件は，国家の主権平等を守るために，不可欠な側面があるものの，国際社会の新しい状況に対応するためには必ずしも適切ではない側面もある。実際に，国家の多様な活動には，国際法の規則に違反しないが，結果的に他国に有害な影響を与える可能性があるものがある。たとえば，原子力船の運航や原子力発電所の稼働，宇宙活動などがこれにあたる。こうした分野では，損害の規模，重大性や，行為の違法性の立証責

任の負担の面で，被害国や被害者の救済により重点を置くべきと考えられる。特に 1960 年代以降，個別の分野での条約によって，こうした新しい問題に個別の対応が行われてきた。しかし，個別の条約による対応は，あらかじめ予測できる分野で，かつ条約当事国の間でしか機能しない。被害国，あるいは被害者の適切な保護の実現をめざした国際法の機能強化のためには，一般法の明確化が必要になっていることが否定できない。ILC の「**国際法上禁止されていない行為から生ずる有害な結果に対するライアビリティー（liability）**」についての法典化作業は，このような国際社会の必要性を反映したものであるといえる。

Column⑩ 国際裁判所の判決と国内裁判所（国際違法行為の法的効果への国内裁判所の対応）

ICJ に付託される最近の事件の特色の一つとして，国際違法行為の法的効果として，国内機関，とりわけ司法機関の対応が命じられる場合が増加していることを指摘することができる。国際法の側面から見れば，国際法上の義務が国家を拘束するということは，国内の機関のすべてがその義務に拘束されるということになる。しかし，ICJ の判決後，司法機関が ICJ の判決に従わない場合が見られるようになっている。

そうした事例の一つは，アヴェナほかメキシコ国民事件の 2004 年の判決の米国の裁判所による履行に関する問題である。この判決で，ICJ は，米国の領事条約 36 条の違反を認め，これに対する法的効果として，米国が選択する方法による司法的手続による再審または再検討を命じた。

判決後，最初の再審請求となったトーレス事件（2005 年）では，死刑が終身刑に減刑された。また，カマルゴについては，再審請求の権利の放棄の代わりに死刑を終身刑に減刑する措置がとられた。これに対し，メデリン事件（2008 年）で，米国の連邦最高裁判所は，再審請求を棄却し，テキサス州での彼の死刑が確定した。この事件の連邦最高裁の決定

の大きな特色は，ICJ の判決が米国の裁判所を直接に拘束しないと判断した点である。連邦最高裁は，ICJ の判決には自動執行性が認められず，米国の国内法上の根拠がない限り，米国の司法機関は ICJ の判決に従う義務がないとした。また，本件では，ブッシュ大統領が司法長官宛ての覚書を発出し，米国の司法機関は ICJ の判決に従うべきであるとの意見を示したが，連邦最高裁は，米国の国内法上，この覚書も司法機関に対する拘束力を持たないと判断した。

その後，米国の裁判所は，他のメキシコ国民の再審請求も認めていない。メキシコは 2008 年 6 月 5 日に，アヴェナほかメキシコ国民事件（2004 年）判決の解釈請求を行い，同時に，2004 年の ICJ の判決以降に死刑判決が確定した者の死刑の執行の停止を指示する仮保全措置命令を要請した。ICJ は仮保全措置命令の指示の要請には応えたが，2009 年の判決でメキシコの請求を退けた。

ICJ は，ジャダフ事件（2019 年判決）でも，領事条約 36 条の下での義務の違反の法的効果として，パキスタンが選択する方法による，この義務違反の効果を完全に考慮した上での死刑判決の再審または再検討，および再審または再検討の終了までの死刑執行の停止を命じた。

国家の裁判権免除事件（2012 年）〈百選 1〉でも，ICJ の判決後，国内の機関の対応が異なることになった。本件は，第 2 次大戦中に逮捕されドイツに連行されて強制労働を強いられた者の損害賠償が請求されたフェッリーニ事件等で，ドイツに裁判権免除が認められず，またギリシアのディストモ村でのドイツ軍による虐殺についての損害賠償が請求されたディストモ事件の判決のイタリアでの承認および執行について，ドイツに強制措置の免除が認められなかったことについて，イタリアの国際法違反が認定された。ICJ は国際違法行為の法的効果として，イタリア政府が選択する方法で，国内法上の立法措置または他の方法で，ドイツの免除が侵害されないような措置をとることを命じた。判決後，イタリアは，国際法違反が生じないよう国家免除に関する法律を制定した。これに対し，イタリアの憲法裁判所は，この法律が憲法違反であると判断した。

国内裁判所による対応が実質的に難しい場合，国際協力によって対応がなされた事例もある。訴追または引渡しの義務に関する問題事件の判決（2012年）で，ICJは，セネガルによる拷問等禁止条約の違反を認め，この違反が継続的であるため，その義務の履行のための措置を遅滞なくとる義務を負っていると判断し，セネガルが元チャド大統領のアブレを引き渡さない場合は，アブレの事案を遅滞なく訴追の権限ある当局に付託するよう命じた。ただし，2010年11月18日，西アフリカ共同体裁判所がセネガルの国内法の改正によってアブレの裁判を行うとすれば，既判事項の原則と刑事法の不遡及原則に従わなければならないとの判決を出しており，セネガルの国内裁判所での手続には困難が予想された。アブレの訴追手続についての難しい問題を解決するため，セネガルは国際的な性格の特別な裁判所での裁判の可能性について，AUと交渉を始めていた。その成果として，ICJの判決後，セネガルの裁判制度の中に特別アフリカ裁判部が設立され，彼の刑事裁判が実現した（⇨*Column⑰*）。

　国連憲章94条とICJ規程59条はICJの裁判に拘束力を認めている。特にICJの判決の履行について国内の裁判所による対応が求められる場合，米国の連邦最高裁の立場のように，条約の下での義務と国際裁判所の裁判の下での義務が区別されるのだろうか。国内法制度の限りでは，司法の独立という観点からの議論も可能かもしれない。国際裁判で原告側が，国家責任の追及の際に被告側の国内法制度上の対応を求める事案が増加する中，国際法上の義務と国内法制度の関係については，改めて議論が必要になるだろう。

Column⑰ 旧ユーゴスラビア諸国に関連する紛争とジェノサイド条約 ┄┄┄┄┄┄┄┄┄┄┄┄┄┄┄┄┄┄┄┄┄┄┄┄┄┄┄┄┄┄┄┄┄┄┄┄┄

　ユーゴスラビア社会主義連邦共和国（旧ユーゴ，以下SFRY）の解体過程は1991年6月のクロアチアとスロベニアの独立宣言に始まった。その後，同年9月にマケドニア（現・北マケドニア），1992年にボスニア・ヘルツェゴビナ（以下BH）が独立宣言をした。ユーゴスラビア連邦共和国（新ユーゴ，以下FRY）は，こうした独立の動きを，武力によ

って阻止しようとし，SFRY の各地で戦闘が続いた。また，FRY は民族浄化措置をとった。これらの FRY の行為は国際社会から強く非難されることとなった。

1992 年，FRY は国連における SFRY の地位を承継するとの声明を出した。しかし，国連は，安保理決議 777（1992 年）と総会決議 47/1 により，SFRY の地位の FRY による自動的承継は認められず，その承継のためには，憲章 4 条 2 項の加盟手続をとる必要があり，この手続をとるまで，FRY は国連総会に出席できないとした。FRY は，2000 年のミロシェビッチ大統領の政権の終焉後，新加盟の手続をとるまで，この手続を行わなかった。なお，1992 年に，クロアチア，スロベニア，BH，1993 年にマケドニアが国連加盟を果たした。なお，2003 年に FRY はセルビア・モンテネグロと改称した。その後，2006 年に，モンテネグロ，2008 年にコソボが独立宣言を行った。

こうした状況の中で，SFRY 地域におけるジェノサイド行為について，ジェノサイド条約適用事件（BH 対 FRY）〈百選 63〉（以下，事例①），NATO のコソボ空爆について，武力行使の合法性事件（FRY 対 NATO 加盟 10 か国）（以下，事例②），SFRY 地域におけるジェノサイド行為について，ジェノサイド条約適用事件（クロアチア対 FRY）（以下，事例③），事例①の先決的抗弁判決の再審を求めた，ジェノサイド条約適用事件の 1996 年判決の再審請求事件（FRY 対 BH）（以下，④）の 4 つの事件が ICJ に付託された。

本章との関連ではまず，事例①，②，③の関係が注目される。事例②において，ICJ は，2004 年の先決的抗弁判決で，1992 年〜2000 年の期間，FRY は国連の加盟国ではなく，したがって ICJ 規程の当事国でもなかったという理由で，管轄権なしとした。しかし，事例①の 1996 年の先決的抗弁判決で，ICJ が管轄権と受理可能性を認めていたため，両者の一貫性が問題となった。ICJ は，事例①の 2007 年判決でまずこの点を論じ，判決の既判力は同一の事件の中で意味を持つとし，本案について判断した。さらに，事例③の先決的抗弁判決（2008 年）で ICJ は，

事例②の 2004 年判決と事例①の 2007 年判決の判断の相違をふまえ，1992 年〜2000 年の間の FRY の国連の非加盟国という地位にともなう問題は，国際裁判手続の特殊性ゆえに治癒されうる（マヴロマティス原則）との立場を示した。なお，FRY の国連での地位については，事例④で，FRY が事例①について出された 1996 年判決の再審請求が認められなかったという経緯もある。また，ICJ は，2007 年判決の時点で独立国となっていたモンテネグロは，裁判の当事国ではないとも判断した。

2007 年判決の本案に関する部分では，ジェノサイド条約の違反に関するさまざまな論点が論じられている。その中で国家責任に関する主要な論点は以下の通りである。第 1 に，ICJ は，ジェノサイド条約に関係する国際法上の責任には個人の刑事責任と国家の責任があり，後者には刑事的な性質がないと述べた。よって，本件で，ジェノサイド条約の違反は通常の条約違反として扱われた。第 2 に，ジェノサイド条約の下での国家の義務の内容について，ICJ は，1 条の明文は，ジェノサイド犯罪の防止と処罰についての義務のみを規定しているが，国家によるジェノサイド行為も禁止しているとの解釈を示した。したがって，3 条に規定される行為が国家に帰属する場合，当該国家がその行為に対する責任を負うことになる。第 3 に，ICJ は，2 条に定義されるジェノサイド行為について，特定的な意図という要件を満たすのは，スルブレニカでの虐殺のみであるとした。このジェノサイド行為それ自体（条約 3 条(a)）を行った BH 領域内の団体に対するセルビアの支配の程度についての検討がなされた結果，これらの団体はセルビアの国家機関ではないし，またセルビアの実効的な指揮または命令による行為を行っていたとはいえないとして，問題の行為はセルビアに帰属しないと判断した。また，セルビアはスルブレニカでの行為に共犯行為（同条(e)）を犯したと言えないとした。結果的に，ジェノサイド行為の防止と処罰に関する義務の違反のみが認定された。第 4 に，ICJ は，防止の義務の違反に対する責任の結果について，実際の損害とセルビアの防止義務違反の間の因果関係が証明されていないため，金銭賠償は適切な広義の賠償ではないとし，

義務違反の宣言が適切な広義の賠償であるとした。また，処罰の義務の違反についても，セルビアの行為の違法性の宣言が適切な広義の賠償であるとした。

この判決でICJが，国家責任には刑事的な性質がないとの判断を示したことは，ILCの国家責任条文草案の第二読作業の過程から見て，正当な結論と言える。しかし，旧ユーゴスラビアの解体過程で生じた悲惨な事態について，慣習国際法上の国家責任制度が十分実効的に対応できるものであったか否かについては議論の余地があろう。こうした問題は，アフリカの一部の地域で生じている武力紛争にも同様に見られるものである。スルブレニカでの虐殺については，2010年3月にセルビア議会が，その違法性を認める決議を出したことも付言しておかなければならない。

事例③の2015年判決で，セルビアの行為がジェノサイドに該当するというクロアチアの主張について，ICJは，それらの行為の一部はジェノサイド条約2条(a)と(b)の要件を満たす行為があったことは認められるものの，保護される集団を構成しているクロアチア人等を殲滅する意図をもって行われたことが証明されていないと判断した。

●本章のサマリー

　本章では，地球上の空間のうち，陸地を規制する国際法について説明する。それらの陸地は，基本的には，領域主権を行使しうる対象である（⇨**1**）。そのため，本章では主として，その領域主権の内容（⇨**2**）と，特定国がそのような領域主権を行使するための国際法上の条件（権原）（⇨**3**），特殊な性質を有する国境問題（⇨**4**）を説明する。その後，日本の領土問題について説明する（⇨**5**）。最後に，これらに厳密には該当せず，独自の国際法制度を発展させている南極大陸について説明する（⇨**6**）。

SUMMARY

1 国家領域の範囲と本章の対象

　国家領域（以下，基本的に，領域）とは，国家が領域主権を行使しうる，立体的に構成された，地球上の空間である。すなわち，**領土**（広義には国家領域全般を意味するが，ここでは限定して，内部の河川や湖も含むが，基本的に陸地部分を指す狭義の意味），**領水**（内水・群島水域・領海⇨第10章），およびその両者の上空である**領空**（国連海洋法条約2条1項・2項，シカゴ条約1条⇨*11-1*）から構成される。ここでは，最初に領域主権の法的性質について説明した上で，上記の領土について取り扱うこととする。

2 領域主権の法的性質

9-1
総　説

領域主権とは，領域に関する国家権限の総体である。

　この領域主権の法的性質には，伝統的に，大別して2つの学説がある。1つは，「客体説」ないしは「国際法的所有権説」と呼ばれるものである。これは，領域に対する領有権を，国内私法上の所有権と同様に，「**対物的権利**」（*dominium*）と捉え，領域はその客体と理解する。その実質的根拠は，領域主権の**排他性**（国内法における所有権の絶対性のアナロジー）の説明にあり，領域の使用・収益，取得・処分の排他的決定権や他国の物理的強制力（武力行使，執行管轄権）の排除権（領土保全）が説明しやすいことにある。ウイルス感染拡大防止を理由とした国境封鎖，ロシアのウクライナ侵略を契機とする輸入禁止や上空飛行禁止等の制裁は，この排他性の側面が前面に現われたものである。もう1つは，「空間説」もしくは「権能（権限）説」と呼ばれるものである。これは，領域主権を領域それ自体に対する権限と捉えるのではなく，領域内部に存在する人・財産・事実に対して行使する「**権限・管轄権**」（*imperium*）の，いわば「束」としての総体とし，領域はそのような権限が行使される空間と理解する。この説では，領域内における権限・管轄権の**包括性**を積極的に説明しやすい。

　今日の学説上，領域主権は両説の各側面を複合した性質を有するとの理解が有力である。たとえば，領域主権が複数国に機能的に分離した例として，租借や返還前の沖縄等（米国の施政権を規定したが，

日本に残存主権（residual sovereignty）が認められた，対日平和条約3条）
があり，このような複合的な性質を的確に説明できるとされる。た
だし，注意すべき点は，上記の学説の対立はあくまでも，領域主権
が有する実定法上の権能・権限をいかに合理的に説明するかを目的
とした議論であって，領域主権の法的性質論から演繹的に法的機
能・効果を論ずべきではない，ということである。すなわち，重要
な点は，領域主権の効果として，一方で領域の排他的な使用・収益，
処分権（後述の割譲（⇨9-4）等）や他国の物理的強制力を排除する
権利（コルフ海峡事件（1949年）〈百選30〉，ニカラグア事件（1986年）
〈百選107〉等），他方で包括的な権限・管轄権（属地的管轄権ないし属
地主義として，今日別個に議論されることも多い⇨2-14）の行使が，原
則として認められることである。

| 9-2 領域主権に内在する義務 | 領域主権は，一般国際法上，その権限としての部分のみならず，その使用ないし私人への使用許可に際して，義務をも負 |

う。このことは，単に，「権利は義務を伴う」という法格言による
のみならず，領域主権の排他性の根拠として，重要である。すなわ
ち，各国は，国際社会における共存を維持するために，領域主権の
排他性を互いに認めあうものとしたが，それは各領域内において他
国の国際法上の権利を保護する義務を前提としていたのである（パ
ルマス島事件（1928年）〈百選23〉参照）。

　同様に，領域内における外国人の保護以外にも，「何人もその隣
人を害するような方法で自己の財産を用いてはならない」（*sic ultere
tuo ut alienum non laedas*）という国内法上の相隣関係を，国際法にも
類推した義務が認められている（トレイル熔鉱所事件（1941年）〈百選
24〉）。今日，**領域使用の管理責任**と呼ばれて，議論されるものであ

る。さらに，1972年ストックホルム国連人間環境宣言第21原則は，領域との関係では，自国の管轄の下における活動が他国の環境を害さないことを確保する責任を規定した（1992年環境と開発に関するリオ宣言第2原則，オゾン層保護条約前文，気候変動枠組条約前文，国連海洋法条約194条2項等にも同様の規定が置かれている）。他方，それらの規定は，国家管轄権外の区域の環境を害さないことを確保する責任も規定している。これは，国際社会に対する義務（客観的義務ないしは対世的義務⇨*5-1*）としての性質を有し，その具体的内容は，個別の条約ないし今後の発展に委ねられている（⇨第15章）。以上の意味で，領域内における義務は，その内部において異なる内容と機能を有している点に注意する必要がある。

3 領 域 権 原

領域権原（territorial title）とは，現存する国家間において，領域取得を有効に主張しうる根拠となる要件事実をいう。領域権原に関して特に重要なのは，(1)時際法，(2)取得態様である（ケースによっては，証拠許容の基準時点である，決定的期日も重要となる場合がある）。

9-3
時 際 法

時際法は，一般的には，法の変遷による時間的抵触を解決する規則をいう。この時際法によれば，原則として，現在，問題とされている過去の事実の法的評価は，その当時有効であった実定法規に照らして行われ，現在有効な実定法規の遡及効を認めないこととされる。すなわちここでの領域権原の取得に関しては，権原取得時の国際法に照らして判断されることが原則とされる（ただし，パルマス島事件では，これに

修正が加えられており，その当否に関して議論がある）。

このように，伝統的国際法は，遡及効を正面から認めることには，一般に極めて慎重である（たとえば，条約法条約28条参照）。これは，遡及効によりもたらされる既存の権利の変動に伴う混乱を回避するためで，領土紛争に極めてよく当てはまる。

9-4
取 得 態 様

以下での領域権原の**取得態様**は，国際判例・学説によって形成された，今日の実定法上の規則（rule），すなわち，いずれの国に対しても対抗しうる権原を説明する。しかし，今日でも争われるのは，これらに該当する権原をいずれの当事者も論証できない微妙な事案が多い（規則の欠缺）。そのため，国際判例においては，具体的事案に対して，法の一般原則に代表される補充的法源（「原則」（principle））や黙認・承認等（ペドラ・ブランカ事件（2008年）〈百選28〉参照）がさまざまに適用されたり，両当事者の主張を衡量したりして，相対的に有利な主張が認められること（「権原の相対化」）が，判決の相対効（たとえば，ICJ規程59条参照）と相まって，非常に多い。

発見は，現在，それのみでは一般国際法上有効な領域権原とは認められていない（パルマス島事件）。中世において，発見のみで有効な領域権原と認められていたかどうかには争いがあるが，たとえそれが認められていたにせよ，その後，領域権原としての効果を否定する（実質的に遡及効を有する）国際法の成立が認められたと解し得る。

先占とは，無主地に対する領域取得の方法である。国際判例は次の3つを先占の要件としている。第1は，先占の対象が無主地（*res (terra) nullius*），すなわちいずれの国の領域でもないことである。もっとも，自決権思想の影響により，その範囲は限定的に解される傾向にある（西サハラ事件（1975年）〈百選2版13〉）。また，この要件

は，国際判例上，必ずしも十分に検討されていないことも多く，その意味で，取得時効との区別は，実際上は困難であるとの学説も有力である。しかし，後述するように，取得時効を主張することは，自ら重い挙証責任を負うことともなりかねないため，紛争相手国が時期的に先行する領域権原の挙証に成功した場合を除いては，通常は先占を主張しているものと推定されよう。第2は，平穏かつ実効的な占有を国家が保持していることである（客観的要件。パルマス島事件，東部グリーンランド事件（1933年）〈百選初版33〉，クリッパートン島事件（1931年）〈百選25〉）。占有の実効性は，「主権者の行為」によって，統治権が行使されていることを表示する必要がある。単に象徴的な行為では足りないが，競合する主張の存否，領域の占有が容易であるかどうかによってその程度は異なる（パルマス島事件，東部グリーンランド事件，クリッパートン島事件）。本要件の趣旨は，国内法における登記制度のような抽象化された手段による所有権の確認・設定が困難であるという，国際社会の特質にある。さらに，この要件で重要なことは，利害関係国からの抗議がないことである。第3は，領有の意思を有することである（主観的要件。東部グリーンランド事件，クリッパートン島事件）。

　なお，隣接性は，それのみでは，有効な領域権原を構成しない（パルマス島事件）。

　さらに，**取得時効**，すなわち，他国の領域を領有意思をもって実効的に支配した場合，権原として認められるかどうかが問題となる。しかし，この取得時効については，国際判例も慎重な態度をとっており（否定例として，エル・チャミザル事件（1911年）〈百選26〉，カシキリ・セドゥドゥ島事件（1999年）（ボツワナ対ナミビア）），学説上も争いがある。その原因としては，まず，領域拡大の権原として，取得時

効を認めた先例が少ないことにある。また，実質上も，取得時効を援用することは，相手国の先行する領域権原を認めることとなるため，（先行権原を覆す）権原について挙証責任を負うという，不利を覚悟せねばならず，そもそも取得時効が主張されること自体稀である。さらに理論的に見ても，取得時効は先行する領域国が特定されるため，一般国際法独自の領域権原態様として認めなくても，黙認等の法理によって個別具体的事例に対応すれば十分である，という理由にもよる。

添付は，新たな土地の形成による陸地の拡大である。自然現象による場合は比較的問題がない。しかし，大幅な人工的拡大は，理論的には，関係国の利益を侵害する場合があり，対岸国の同意が必要とされる河岸のみならず，海岸においても問題となる余地があろう。

征服とは，相手国の領土を武力により一方的に占拠し，自国領域に編入することである。これにも客観的要件と主観的要件がある。客観的要件は，実効的支配の確立である。征服に必要な，占領の実効的支配は，相手国の抵抗を実力で排除できる程度のものが確定的に必要と考えられる。そのため，戦闘中においては，軍事占領にとどまり，戦闘行動の終結に際し征服の意思が表明される。なお，一部領域の併合も征服と認める説と，これを黙示の割譲や黙認と捉え，征服とは捉えない説が対立する。主観的要件は，当該占領地を自国領域に編入する戦勝国の意思表明にみられる，領有意思である。たとえば，第2次大戦後のドイツについては，連合国が領有意思を明確に否定したため，この要件を欠き，征服とは理解されなかった。

しかし，武力行使禁止の一般原則の確立により（⇒*17-1*），その確立以降は，征服は有効な領域権原としては認められず，不（非）承認主義の対象となる（友好関係原則宣言第1原則10項，侵略の定義に

関する決議3条(a)，イラクによるクウェートの強制編入に対する国連安保理決議662等参照）。そのため，征服権原が今日実際上問題となるのは，時際法が適用され，武力行使禁止原則確立以前の場合である（友好関係原則宣言第1原則10項参照）。

　割譲とは，合意による一国から他国への領域の移転である（日本に関しては，樺太千島交換条約，日清・日露戦争，両大戦後の領域処分参照）。領域全体に及ぶ場合，併合（annexation）とも呼ばれる。合意によるため，特にその要件は問わない（贈与，売買，交換，国境線の是正等）。実質的には征服と同様の一方的な措置が，戦後の平和条約等によって形式的に合意の形が取られることも多いが（対象が一国全体の場合は，併合とも呼ばれる），この場合も，征服と同様に，武力行使禁止原則の確立により，それに違反した結果としての割譲も，有効な領域権原と認められない（領域に関して，上記友好関係原則宣言。ウクライナ領域一部のロシアによる一方的な併合を違法とする国連総会決議も参照。条約の無効については，条約法条約52条⇨**6-23**）。ただし，これに関しても，時際法が適用され，武力行使禁止原則確立以前には遡及しない（上記友好関係原則宣言）。

4 国 境 画 定

　狭義の**国境**（national boundaries, frontier）とは，領域の限界を他国との間で画する線である（これに対して，広義の国境として，領水や領空を含む国家領域と国際公域を画する線を指すこともあるが，法的性質は異なる⇨第10章**2**）。

　国境に関しては，「領土紛争」（「権原をめぐる紛争」）と「国境紛

争」を区別すべきかどうかについて，それぞれの概念内容も含めて議論があり，難問である。たとえば，ブルキナ・ファソ＝マリ国境紛争事件（1986年）〈百選5〉，リビア・チャド領土紛争事件（1994年）〈百選2版58〉等が，「領土紛争」と「国境紛争」の区別を否定している。確かに，島全体の領有権を争うような場合を除いて，領土紛争は国境の画定を同時に必要とするのが通常である。しかし，これらの判旨は，紛争の焦点を国境合意の存在に，（場合によっては無理をしても）着目したことに基づくものと解すべきであろう。この場合問題となるのは，当該紛争をどのように処理するかの法的基準で，以下で述べるように，そこで用いられた適用法規に注目する必要がある。

　まず，既存の国境画定合意がある場合は，当該合意が規則を構成する。よって，このような場合における国境紛争は，合意によって確定されたそれぞれの領域権原がどの区域まで及ぶかという，権原の存否に関する解釈・適用をめぐる紛争でもある。

　これに対して，このような合意がなく，紛争当事国が接する領土部分に関して国境画定を行う場合，適用可能な一般国際法上の規則が存在するかは疑わしい。そのため，当該当事国は，実定法ではなく，さまざまな他の要素に準拠して国境を定める場合が多く，このような場合は，実質的に新たな国際法の定立にあたる。

　他方，実定法に準拠して領土紛争を解決する場合には，領域の帰属に関する権原をめぐる紛争と国境を画定する紛争は，補充的法源を利用したり，紛争当事国の主張を相対的に衡量したりする必要があるという意味で類似する。しかし，この補充的法源の内容には，国境の特性を反映した，国境画定独自の特徴が生じる。たとえば自然上の境界を用いる場合には，山岳地域においては山脈の最高頂部

または分水嶺を結ぶ線，河川の場合には，航行不能水路については中間線，可航水路については航路の中間線＝タールヴェーク（Thalweg, Talweg）（ベナン・ニジェール国境紛争事件（2005年）〈百選29〉参照）等が，このような場合の国境画定に関する国際法の一般原則として援用される。また，地域によって有力な国際法上の原則としては，**ウティ・ポシデティス原則**（*uti possidetis*，現状承認の原則）がある。これは，一定時点における事実上の状態を法的に承認するための原則であるが，領域に関しては，主としてラテン・アメリカやアフリカ諸国が独立した際に，植民地時代の行政区画上の境界線（支配国間で設定した国境を含む考えもあるが，これは国家承継の問題である）をそのまま国境として尊重する原則を指す。この主たる趣旨は，新独立国間での国境紛争の発生を防止することにあり，そのため，これを一般原則と述べるICJの判断（ブルキナ・ファソ＝マリ国境紛争事件）に加えて，以後の判例にもこれを用いるものがある（たとえば，ベナン・ニジェール国境紛争事件）。

5 日本の領土問題

現在，日本が領有権を主張している領土のうち，他国も領有権を主張しているのが，以下の3領域である。

<table>
<tr><td>9-5
竹　島</td></tr>
</table>

竹島（韓国名独島）は，隠岐諸島と朝鮮半島の東，鬱陵島の間にある無人島である。日本は，歴史文書に基づき，遅くとも17世紀半ばには，実効的支配に基づき竹島の領有権を確立したとの立場であるが，顕著な事実としては，1905年，島根県に編入・告示し（近代国家として竹

島を領有する意思を再確認したとの立場である），以後，実効的に支配していた。この点，韓国は，無主地でない竹島は先占の対象とならないとしているが，その場合には，それ以前における実効的支配を証明する必要がある。

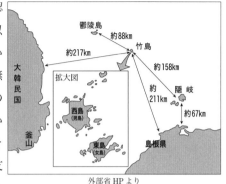

外務省 HP より

　連合国の占領下においては，日本からの政治・行政上の分離が図られたが（1946 年連合国総司令部覚書（SCAPIN），ただし領土帰属の最終的決定は明文で留保されていた），その後の対日平和条約においては，放棄の範囲に竹島は含まれていない（2 条参照）。1952 年，韓国は，李承晩ラインを設定し，日本漁船の立入禁止水域内に竹島を含め，その後実力で同島を「占拠」したことにより，紛争が表面化した。日本は ICJ による解決を何度か提案したが（1954，1962，2012 年），韓国は拒否し，1954 年以降，灯台，無線施設の建設，官憲の常駐，戸籍の発行などの措置をとり，「占拠」を継続している。

　日韓基本関係条約締結後も，「日本国と大韓民国との間の紛争の解決に関する交換公文」に規定する，外交交渉および両国の合意する調停手続について，韓国は，対象となる紛争でないとして拒否し，未解決のままである（1998 年に改訂された日韓漁業協定でも，竹島の領有権に関する影響は，慎重に回避されている。暫定水域の設定（9 条）および 15 条参照）。

9-6
北 方 領 土

北方領土問題とは，第 2 次大戦末期に旧ソ連が占領した，択捉島，国後島，色丹

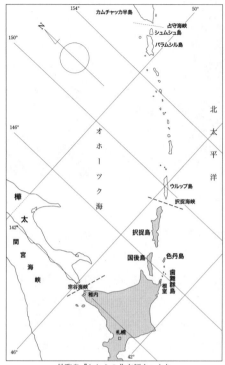

外務省『われらの北方領土』より

島，および歯舞群島（以下，島，群島の表記は省略する。広義には，ウルップ島以北の千島列島，さらには南樺太を含んで北方領土問題と呼ぶ場合もある）の帰属をめぐる日本とロシア（旧ソ連）間の領土問題である。これら4島に関しては，日露通好条約（1855年）以来1945年に至るまで，日本の領域権原に法的な疑義はまったくなかった。

1945年，米・英・ソはヤルタ協定を結び，旧ソ連が参戦する代償として，日本の敗北後に南樺太が「返還」され，千島列島が「引渡」されることを密約した。1945年8月から9月にかけ，旧ソ連はそれら地域を占領し，1946年2月に自国領に編入し，以後，旧ソ連が「占拠」している。旧ソ連は，ヤルタ協定，ポツダム宣言，降伏文書を基礎として領有権を主張していたが，法的にはさまざまな困難があった。まず，ヤルタ協定が法的な合意（条約）かどうかが問題となる上に，日本はヤルタ協定に関しては第三国であることに加え，秘密協定のため，戦後までその存在さえ認知していなかった。他方，日本が受諾した

1945年ポツダム宣言は，領土不拡大原則を含む1943年カイロ宣言の履行を約束しており，これに反する疑いも強い。その後，日本は1951年対日平和条約において，「千島列島」(the Kurile Islands)・南樺太を放棄した（2条）。これには北海道の一部である色丹，歯舞は含まれないことでほぼ意見の一致があるが，それ以上に「千島列島」の範囲は定義されていない上に，帰属先も明記されておらず，加えて，旧ソ連は非締約国でもある。ちなみに，日本のこの放棄によって無主地となり，旧ソ連が先占により取得するという見解もあるが，条約の文言上自然な解釈ではなく，旧ソ連もこの解釈を採らなかった（サン・フランシスコ講和会議でのソ連代表演説参照）。さらに，日本は，そこでの「千島列島」の範囲には「固有の領土」（日本以外の国の領土となった歴史がない領域）である択捉，国後，色丹および歯舞は含まれず，「樺太千島交換条約」に見られるように，ウルップ以北の諸島を指すものであると主張している。

　1956年の日ソ共同宣言では，旧ソ連が平和条約締結後に歯舞・色丹を日本に引き渡すことが合意されたが（9項），特に択捉・国後の帰属問題をめぐる両国の主張が対立したことにより，領土問題を最終的に処理する含意を有する「平和条約」締結には至らなかった。ロシアは旧ソ連の権利義務を承継し，1993年東京宣言においては，択捉，国後，色丹および歯舞の帰属問題を，歴史的・法的事実に立脚し，合意諸文書および法と正義の原則を基礎として解決することにより，平和条約を早期に締結するよう交渉を継続することが合意されたが，依然未解決のまま今日に至っている。

| *9-7* |
| 尖 閣 諸 島 |

尖閣諸島は，東シナ海上にある無人の小島群である。日本は，1895年1月14日の閣議決定に基づき同諸島を無主地と判断してその領土編入措置を

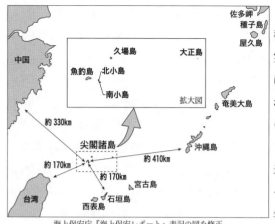

とり，以降，平穏かつ継続的な実効的支配を及ぼしており，これを領域権原（先占）と主張している。戦後，米国統治下にあったが，1972年，沖縄の一部として日本に施政権が返還され，以来再び実効的支配を継続している。しかし，その直前，1969年5月に国際連合アジア極東経済委員会（ECAFE）が尖閣諸島周辺の大陸棚に石油および天然ガス資源が多量に存在する可能性を報告したことを契機に，以来，中国が主として歴史的見地から領有権を主張しており，1992年領海法でも，領有権の主張が示された。ただし，実定国際法上は，積極的な根拠が十分には示されておらず，さらに，上記の領有権主張までの間に，時宜にかなった抗議が完全に欠如しており，少なくとも，中国の黙認が成立していることは否定し難いであろう。

海上保安庁『海上保安レポート』表記の図を修正

6 南　極

　南極は，主として大陸により形成されているが，領域主権の行使の対象とし得るかどうかについて関係国間の対立があり，特別の条

約制度が設定された。その後，南極の運営・管理は，この南極条約をはじめとする南極関連条約・勧告によって形成された南極条約体制によって維持され，発展している。

<table>
<tr><td>9-8
　　南　極　条　約</td><td>南極条約（1959年）は，国際地球観測年計画（IGY：1957〜1958年）を契機として</td></tr>
</table>

締結された（日本は原締約国）。その内容は，以下に見るように，国際科学協力を可能とする基盤を形成し，国際協力，平和利用，領土権凍結等の諸原則と協議国会議の設置等が定められている。

(1)　実体法　条約は，南緯60度以南の地域（すべての氷棚を含む）に適用される（そのため，南極大陸以外の部分も含むが，ここでは大陸部分を中心に説明する）。

まず，南極条約の目的は，**科学的調査の自由**とその国際協力である（前文）。南極地域における科学調査は自由に行うことができ，そのために国際協力を促進することが確認されている（2条・3条）

次に，南極地域は**平和的目的**のみに利用される。そこでは，特に軍事基地・防備施設の設置，軍事演習・兵器実験などが禁止された上（1条），核爆発や放射性廃棄物の処分も禁止されたため（5条1項），一切の軍事利用が禁止される，**非軍事的**（non-military）**目的**の利用を示している。このように，徹底した平和利用の規定を置くことによって，国際公域における軍備管理条約の先例ともなった。

さらに，**領土主権・請求権の凍結**として，領土主権・請求権等を主張する立場もそれを否認する立場も害しないとし（4条1項），また条約の有効期間中に行った活動が過去や将来の領土主権・請求権の主張やその設定になんら影響を与えないとした上で，さらに，条約の有効期間中，新たな請求権や既存の請求権の拡大の主張を禁止している（同条2項）。本条は，領域主権に基づく国家管轄権の適用

と行使を禁止するという権利自体の凍結ではなく，現状の維持・凍結という国際紛争の凍結と理解されている。なぜなら，(i)まず，その文言上，領域主権を主張することの当否が慎重に回避され，(ii)そこには，領域主権を主張する国（いわゆる**クレイマント**。発見，先占，極点から扇形に領域主権を主張する**セクター理論**等を根拠として領有権を主張している英，仏，ノルウェー，豪，チリ，アルゼンチン，ニュージーランド）と，自らは主張しないと同時に他国の主張も否定する国（いわゆる**ノン・クレイマント**。原署名国では，米，ロシア（当時ソ連），日本，ベルギー，南ア）の妥協の産物として，このような文言が慎重に選択されたという経緯が存在するからである。よって，以上の意味で，南極は独自の領域制度を確立したということができる。

　ちなみに，日本は，対日平和条約において，「南極地域のいずれの部分に対する権利若しくは権原又はいずれの部分に関する利益についても，すべての請求権を放棄する」としている（2条(e)）。しかし，政府見解は，本条項における放棄対象は平和条約発効時のもので，その後の活動によって生じたものを含まないとしている。

　(2)　手続法　　南極条約は，条約制度の履行確保と促進のため，**南極条約協議国会議**（Antarctic Treaty Consultative Meeting：ATCM）を設置した（9条）。構成国は，南極条約締約国の中で，南極地域で実質的な科学的研究活動を行っていると認定される国に限定される。会議は定期的に開催され，条約の原則や目的を助長する措置を立案・審議し，条約の採択や各国政府への勧告等を行っている（なお，「勧告」は，現在，法的拘束力を意図する「措置」，内部組織事項に関わり，即時に運用される「決定」，勧告である「決議」と分化した）。ちなみに，条約および下記の南極条約体制が，その枠組みを超えて，第三国にも対抗しうる客観的制度ないしは一般慣習国際法として認められる

かどうかには，議論がある。

　他に重要な点として，履行確保および目的の促進機能を持つ，手続的な措置（国際コントロール）として，**査察**が認められている点が挙げられる。すなわち，この条約の目的促進と規定の遵守を確保するための**監視員**は，南極地域のすべての地域（基地，施設，備品，貨物，船舶，航空機等）に対する査察をいつでも自由に実施することができる（7条），としており，実績もある。

9-9
南極条約体制

南極地域を規律する国際法として，上記の協議国会議により作成された条約や勧告等が蓄積されて，南極条約を中心とした包括的な法制度が生成・発展してきた（南極条約体制）。重要なものとして，以下のような諸分野での活動と関連国際文書が存在する。

　生物資源の保護・保存のため，1964年には南極動植物相保存のための措置が，協議国会議における勧告として採択された。さらに，1972年の「南極のあざらしの保存に関する条約」や1980年の「南極の海洋生物資源の保存に関する条約」を通じて，南極地域における生物資源を保護・保存するための法制度も整備されてきた。**鉱物資源活動**については，1970年代に，鉱物資源の探査・開発の機運が芽生え，そうした活動を規制する必要から，1988年に「南極の鉱物資源活動の規制に関する条約」が採択された。しかし，この条約は環境保護への配慮が不十分であるとの批判が生じ，その発効が極めて困難となった。**環境保護**に関しては，上記のような展開を受けて，1991年に「環境保護に関する南極条約議定書」（南極条約環境議定書）が採択され（1998年発効），南極地域の生態系を含む環境保護のために科学的調査以外の鉱物資源活動が50年間禁止された（日本では，「南極地域の環境の保護に関する法律」で対応している）。

第10章 *海の国際法*

●本章のサマリー

　海の国際法（以下，海洋法）は，古来より，旗国（船舶の国籍国）法益と沿岸国法益との対立を中心として，場合によってはそれら同種の相互間の対立として，展開し，さらに近時は，国際社会全体の法益も徐々に展開しつつある。ここでは，まず，歴史的展開と全体像について説明する（⇨*1*）。次に，各海域区分ごとに，その定義と範囲，法的地位と管轄権の配分，境界画定に関する制度を見ることにより，それらの法益の対立が航行，資源配分（生物・非生物）等のそれぞれの分野においてどう調整されたかを説明する（⇨*2*）。最後に，それらの対立を手続的に調整する紛争解決制度について説明する（⇨*3*）。

SUMMARY

1 海洋法の歴史的展開と全体像

　海洋法の歴史は古く，たとえば17世紀の有名な海洋自由論争（グロティウスの「海洋自由論」とセルデンの「閉鎖海論」）は，海洋の法的地位をめぐる論争であった。その後，18世紀から19世紀にかけて，排他性をもつ狭い「領海」と自由な広い公海の二元体制に基づく，公海自由原則が一応の成立をみた。それは，沿岸国の平和・安全・秩序の確保という沿岸国法益と，航行の自由，軍事行動の確保等の旗国（船舶の国籍国⇨*2*）法益の対立が調整された結果であった。その後の歴史は，このような均衡が，そこで調整し得なかった，ま

たは，新たに浮上した法益の要請により，包括的な調整に至る過程ということができる。

この点で，重要な役割を果たしたのが，第 2 次大戦後開催された，3 度の**国連海洋法会議**（United Nations Conferences on the Law of the Sea：第 1 次 1958 年，第 2 次 1960 年，第 3 次 1973-82 年）と，そこで採択された極めて重要な，（広義の）法典化諸条約である。

まず，国連国際法委員会作成草案に基づく第 1 次国連海洋法会議の成果が，ジュネーヴ海洋法 4 条約（1958 年）と呼ばれる，「**領海及び接続水域に関する条約**」（領海条約），「**公海に関する条約**」（公海条約），「**漁業及び公海の生物資源の保存に関する条約**」，「**大陸棚に関する条約**」（大陸棚条約）の採択である。これらは，慣習国際法を法典化するとともに，それまでは十分考慮されてこなかった，海洋資源の利用・配分にも一定の考慮を払ったものであった。しかし，領海の幅員は，そこでも合意が得られず，それのみを議題として取り扱った第 2 次国連海洋法会議でも，解決しえなかった。

その後，1960 年代後半から，海洋利用に関する紛争の解決が国際社会の課題となった。海洋科学技術の発展を背景として，海洋資源の利用・配分に関する対立が一層激化したのみならず，海洋環境，科学的調査という新たな紛争類型も登場したからである。このような背景の下，1973 年より第 3 次国連海洋法会議が開催され，「**海洋法に関する国際連合条約**」（以下，**国連海洋法条約**。言及がなければ，同条約条文）が採択された（1982 年）。本条約は，領海の幅員決定，国際海峡の通過通航制度，群島水域，排他的経済水域（EEZ），大陸棚の再定義，深海底資源開発に加えて，海洋環境（海洋汚染問題については，⇨*15-11*），科学的調査に関する管轄権，紛争解決制度等，新規の国際法規定を数多く含む，包括的な法典化条約であった（前

文参照)。しかし，先進国は，採択前から，特に深海底資源開発に関する条約第11部に対する激しい批判を展開した。その結果，先進国と途上国間に厳しい対立が続き，条約の発効が遅延した。1990年代に入ってようやく両者の妥協が成立し，条約第11部の実質的修正である国連海洋法条約**第11部実施協定**が採択され（1994年），多くの先進国もこれを受け入れて，普遍的な海洋法体制が誕生した。

2 海域の具体的制度

まず，各国は，船舶に対する自国籍の許与，登録，旗を掲げる権利等に関する諸条件を定める権利を有する（91条1項）。これを船舶の側から見ると，船舶はその旗を掲げる権利を有する国（旗国と呼ばれる）の国籍を有し，航行に際しては，より一層厳格に，一の国のみの旗を掲げて航行しなければならない（92条1項）。

船舶に対するこのような旗国管轄権と，沿岸国や第三国が行使する管轄権とが競合・抵触した場合に，それをどのように調整するかが，ここでの国際法の課題である。

以下では，特に断らない限り，国連海洋法条約に沿って，海洋の区分に伴う具体的制度を説明する。

基線は，領海と内水を画する線でもあり，領海・接続水域・排他的経済水域や大陸棚の範囲を決定する基点ともなるため，最初に取り扱う。このうち，重要なものとして，**通常基線，直線基線**がある。通常基線とは，海岸の低潮線（干潮時の線）による（5条）。これに対して，直線基線は，一定の要件で直線に引くことが認められる基線である（7条。日本も，1996年，領海接続水域法によって，直線基線を

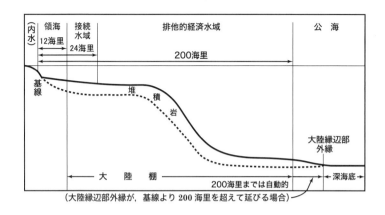

海上保安庁海洋情報部 HP（https://www1.kaiho.mlit.go.jp/）より

採用）。本基線は漁業事件（1951年）〈百選4〉により認められ，その後，領海条約に採用され，国連海洋法条約に引き継がれた。カリブ海における主権的権利および海域侵害事件（ニカラグア対コロンビア）（2022年）において，ニカラグアの設定した直線基線が慣習国際法に合致しないと判断されたことにより，他の「濫用」的な直線基線に影響する可能性もあり，今後の動向が極めて注目される。

　これら両基線やそこから測られる外側限界の設定の法的性質は，権原の範囲問題で，関係実定国際法規に適合して行うことが必要となる（上記漁業事件）。これに対して，境界画定問題は，権原の重複を前提として（向かい合っている場合と隣接する場合がある），当該利害関係国の権限範囲を画定するものである。なお，二国間条約において，権原が重複しない海域で「画定」がなされる場合もあるが，理論的には，沿岸海域の割譲ないし交換の事例と理解されよう。

10-1

内　水

(1)　定義と範囲　　内水とは，基線の陸地側の水域である（8条1項）。なお，一定の要件を満たす河口や湾に関しては特別の基線が認められている（9条・10条）。

　以上とは別に，他国の黙認等を根拠に，歴史的水域として領有権が主張される場合がある（歴史的湾に関して，10条6項）。瀬戸内海は，出入口が複数存在し，湾の概念に該当しない（そのため，内海として別個に議論されることもある）。日本は，瀬戸内海が沿岸領土と一体性をなすことおよび長期にわたる国際社会により容認されてきたことを根拠に，これを「歴史的水域」とし，内水とみなしている（テキサダ号事件（1976年）〈百選初版39〉参照）。瀬戸内海を日本の内水と明記する当初の領海法（1977年）施行以後も，国際的な異議は唱えられておらず，今日では内水としての地位は確定したものとい

える。

(2) 法的地位と管轄権の配分　内水は，国家領域である。その結果，沿岸国には**領域主権**が認められる（2条1項）。

ここでは領海とは異なり，外国船舶の無害通航権（⇨*10-2*）は存在しないことが重要である（ただし，例外として，8条2項）。また，入港した船舶に関して，自国海域以外における汚染原因を規制対象とする（この点で，他の沿岸国規制と異なる）**寄港国**規制が一定の要件で認められ（218条），類似の手法が公海漁業規制（⇨*10-8*）等，他の分野にも発展している点が重要である。

| *10-2* |
| 領　　海 |

(1) 定義と範囲　**領海**は，内水の海側に隣接する帯状の国家領域たる水域である。その範囲は，基線より12海里（1海里＝1852メートル）以内で沿岸国が設定しうる（3条）。

幅員の客観的決定をめぐっては，18世紀にバインケルスフークが着弾距離説を唱えて以来，問題となり続けてきた。伝統的には，軍事上，通商上の考慮から，大海軍国，海上通商国である英国・米国等の積極的支持により，19世紀後半には3海里原則が有力となった。しかしその後の科学技術の発展も相まって，3海里原則では十分に反映されていなかった，(i)安全保障，(ii)資源配分，さらに第2次大戦後には新たに，(iii)汚染防止等の沿岸国利益に関わる重要問題が浮上した。そのため，3海里を超える4，6，9，12海里等の幅員の主張が強まったのである。このような状況の下で，国際連盟下の国際法典編纂会議（1930年）に加えて，第2次大戦後の第1次，第2次国連海洋法会議においても，幅員決定は失敗した。第3次国連海洋法会議において，排他的経済水域の制度化，国際海峡における通過通航権の保障などにより，沿岸国の利益と旗国の利益を

調整することによって領海の法益を厳密に特定した結果，ようやく12海里の幅員への合意が得られた。

　日本は，従来より，幅員3海里と主張していたが，領海法（1977年）により，5海峡（宗谷海峡，津軽海峡，対馬海峡東水道，対馬海峡西水道，大隅海峡（附則2））に係る領海を除いては（⇨ *10-3*），12海里に拡張した（現在の領海及び接続水域に関する法律（領海接続水域法）1条）。

　(2)　法的地位と管轄権の配分　　領海には，沿岸国の**領域主権**が及ぶ（2条）。

　この領海には，外国船舶の**無害通航権**が存在することが最大の特徴で（17条），領域主権の行使に対する重大な制限を構成している。旗国の航行利益を反映したものであるが，安全保障・漁業等の沿岸国法益との対立が，要件の解釈の対立に反映してきた。

　無害通航権にとって重要なのは，まず何よりもその効果であるが，そこでは沿岸国・旗国間の権利・義務は特定される。沿岸国から見た場合，義務としては，まず，無害通航権を妨害してはならず，領海内における航行上の危険で自国が知っているものを公表しなければならないことが挙げられる（24条）。さらに，外国船舶に関する刑事裁判権，民事裁判権も，（"should not" とされ，厳密には法的な禁止規範ではないが，）一定の場合以外には認められない（27条・28条）。これに対して，沿岸国はその権利・管轄権として，無害通航に係る一定の事項に関して法令制定権を有し（21条），航路帯および分離通航帯の使用を要求する権利（22条），無害でない通航を防止するための必要な措置をとる権利（25条），一定範囲の刑事裁判権，民事裁判権を有する（27条・28条）。

　これに対して無害通航の要件は，「通航」が「無害」なことであ

る。「通航」とは，(a)内水に入ることなく，または内水の外にある
停泊地もしくは港湾施設にも立ち寄ることなく領海を通過すること
や，(b)内水に向かってもしくは内水から航行することまたは内水
の外にある停泊地もしくは港湾施設に立ち寄ることである（18条1
項）。その際の通航は，継続的かつ迅速に行わなければならない
（同条2項）。これに関する日本法として，「領海等における外国船舶
の航行に関する法律」がある。「無害」とは，沿岸国の平和，秩序，
または安全を害しないことで（19条1項），外国船舶の航行が一定
の活動に従事する場合には，沿岸国の平和，秩序，または安全を害
するものとした（同条2項。みなし規定）。この無害性の認定に関し
ては，通航の具体的な行為・態様が沿岸国の法益を害する場合に無
害性を認めないという，**行為・態様別規制**によるか（コルフ海峡事件
(1949年)〈百選30〉），それに加えて，当該船舶の性質が沿岸国の法
益に危険性を有している場合にも無害性を認めないという，**船種別
規制**も許されると見るかという対立がある。特に問題となるのは，
軍艦にも無害通航権が認められるかどうかで，文言上は肯定するの
が自然なものの，国家実行上は，争いがある。

(3) 他国との境界画定　　他国の領海との境界画定には，向か
い合っている場合と隣接する場合がある。どちらの場合も，別段の
合意がない限り，**等距離中間線**を越えて領海を拡張することはでき
ないとされるが，その他特別の事情により必要である場合はこれは
適用されないとされる（15条）。

10-3
国 際 海 峡

地理的な意味での**国際海峡**は，歴史的に
も国際航行の要衝である場所が多い。既
に，領海条約（16条4項，国連海洋法条約では45条）でも，停止でき
ない無害通航権を定め，より強い航行上の保障を与えていた。しか

し，このように強化された無害通航権でさえも，潜水船は浮揚義務を負い（20条），上空飛行は否定される（領空主権⇨*11-1*）。そのため，領海の幅員を12海里にまで拡張すると，国際航行の要所かつ従来公海部分が十分に存在した多くの国際海峡が新たに領海に取り込まれるため，より一層自由航行を保障した制度が必要となる。このようにして，国連海洋法条約は，領海の幅員を12海里まで許容することとの引替えに，国際海峡に**通過通航制度**を新たに設定し（第3部第2節），停止できない無害通航権よりもさらに強く，国際航行を保障した。ここでは，主として，このような通過通航制度が適用される国際海峡について説明する。

(1) **定義と範囲**　通過通航制度が適用される国際海峡とは，公海または排他的経済水域の一部分と公海または排他的経済水域の他の部分との間にある国際航行に使用されている海峡である（37条）。ただし，通過通航制度が適用されない海峡として，以下のものがある。(i)海峡内に航行上および水路上の特性において同様に便利な公海または排他的経済水域の航路が存在する海峡（36条。日本の5海峡に関連する領海は，前述のように領海の幅員を制限しており，通過通航制度の対象外としている。⇨*10-2*），(ii)**停止できない無害通航権**が与えられる海峡（45条1項(a)，(b)），(iii)長期間存在する現行の特別条約によって規律される海峡（35条(c)），である。

(2) **法的地位と管轄権の配分**　通過通航制度が適用される国際海峡は，航行以外の他の点で，法的地位，領域主権・管轄権等に影響しない（34条）。

通過通航制度で最も重要な点は，すべての船舶および航空機が**通過通航権**を有することである（38条）。この通過通航とは，航行および上空飛行の自由が継続的かつ迅速な通過のためのみに行使され

ることである（同条 2 項）。これを受けて，通過通航中の船舶・航空機は，遅滞なく通過する等の一定の義務を負う（39 条）。なお，潜水船の潜水航行に関しては，争いがあるが，肯定説が有力である。

10-4
排他的経済水域

国連海洋法条約は，**排他的経済水域**（**EEZ**：exclusive economic zone）の制度を創設し，沿岸国が沿岸に隣接する水域において資源の管理および利用配分の権限やその他の管轄権を行使しうるものとした。

(1) 定義と範囲 排他的経済水域とは，基線から 200 海里を超えない範囲で沿岸国が自由に設定できる水域である（57 条）。日本も，200 海里漁業水域を経て，「排他的経済水域及び大陸棚に関する法律」（1996 年）に基づき，排他的経済水域を設定した。ただし，「人間の居住又は独自の経済的生活を維持することのできない岩」は，排他的経済水域または大陸棚をもてないため（121 条 3 項），その定義が問題となっている（日本は，沖ノ鳥島について，1977 年よりその周辺 200 海里までを漁業水域，その後排他的経済水域としてきたが，近時，中国・韓国がこれを問題としている。なお，比中南シナ海事件（2016 年）〈百選 36〉では，南沙諸島の多くの地形が，そもそも島の要件（同条 1 項）に該当しないために領海も持ちえない，暗礁・領海外の低潮高地とされた。さらに，高潮地形であっても，3 項に該当し，排他的経済水域・大陸棚を有しないとされた）。

(2) 法的地位と管轄権の配分 排他的経済水域は，領海とも公海とも異なる**特別の地位**（*sui generis*）をもち，国連海洋法条約第 5 部が適用される水域である（55 条。同条約発効以前に既に，このような排他的経済水域制度が慣習国際法の一部となったとする判例として，リビア＝マルタ大陸棚事件（1985 年）〈百選初版 42〉）。

沿岸国は，条約の規定する特定事項に関して，主権的権利・管轄

権を有する（56条，特に1項）。沿岸国は，そのうちまず，天然資源の探査・開発・保存・管理等に関する**主権的権利**（この概念については大陸棚も参照）を有し（1項(a)），広範な規制権を有する。沿岸水域における資源配分をめぐる歴史的対立の結果である。次に，沿岸国は，人工島等の設置・利用，科学的調査，海洋環境の保護・保全（⇨**15-11**）に関しては**管轄権**を有する（同項(b)）。

　海底に関しては，大陸棚と重複することとなり，その権利は，大陸棚規定により行使される（56条3項）。

　他方で，他の国は，公海の部で規定される航行および上空飛行の自由，海底電線および海底パイプラインの敷設の自由等を享受し，その他の点でも，排他的経済水域の規定に反しない，公海を規律する規定が適用される（58条）。

　上記の条約規定によっていずれの国にも帰属させられていない**未帰属の権利**は，当事国および国際社会全体にとっての利益の重要性を考慮して，衡平の原則に基づいて，かつ，すべての関連する事情に照らして解決するとされる（59条）。

10-5
大 陸 棚

沿岸国は，**大陸棚**（continental shelf）において天然資源の排他的利用を認められる。米国によるトルーマン宣言（1945年）以来，大陸棚の天然資源に対する，沿岸国の一定の権限行使が，国際法委員会での草案作成とそれに続く第1次国連海洋法会議での大陸棚条約の採択により，実定国際法上認められることとなった。しかし，大陸棚の範囲に関して「開発可能性」の基準が導入されていたため，その後の海洋開発技術の発展により，大陸棚に対する沿岸国の管轄権が極めて広範に拡大される可能性が現実のものとなった。そのため，国連海洋法条約では，大陸棚の定義を改定し，新たに設置される委員会の勧告を経

て，その限界も確定されることとなった。

(1) 定義と範囲　　国連海洋法条約での大陸棚の定義は，(a)大陸縁辺部（continental margin）の外縁が基線より200海里未満の場合には，200海里までの海底およびその下を，(b)それを超えている場合には，大陸縁辺部の外縁までの海面下の区域の海底およびその下とし，その詳細な測定方法を示した上でさらに沿岸からの距離を制限した（基線から350海里，2500メートル等深線から100海里のうち，沿岸から遠い方）。200海里を超える大陸棚に関しては，さらに手続的にも，詳細な測定基準と**大陸棚の限界に関する委員会**を設けて客観化を図った（76条）。日本の「排他的経済水域及び大陸棚に関する法律」も，条約に基づいた定義を置いており（2条），2008年，200海里を超える大陸棚を設置するための情報を同委員会に提出し，2012年の勧告に基づき，2014年，2海域の延長大陸棚を設定する政令が施行された（⇨191頁下図参照。2024年にも追加予定）。なお，島が有する大陸棚に関しては，前述参照（⇨*10-4*）。

(2) 法的地位と管轄権の配分　　大陸棚は，沿岸国が**主権的権利**（大陸棚条約において，「主権」と区別して創設された新たな概念）を行使しうる海底区域である。当該主権的権利は，沿岸国であれば当然に，かつ，宣言なしに（*ipso facto* and *ab initio*）有するとされる（北海大陸棚事件（1969年）〈百選2〉，国連海洋法条約では，77条1項・3項）。

主権的権利の範囲は，探査・天然資源の開発に限定され（77条1項），その範囲内で排他的である（同条2項）。このため，上部水域，その上空の法的地位には影響しない（78条）。この77条，78条は，大陸棚条約2条，3条を引き継いだものである。大陸棚条約1条から3条に規定されている大陸棚制度の基本的部分は，慣習国際法ともなったとの判決もあり（北海大陸棚事件，オデコ・ニホン事件（1984

年）〈百選 32〉），これらの条文は，一般性が高いものと考えられよう。

10-6
排他的経済水域・大陸棚に関する境界画定

説明の便宜上，ここで，排他的経済水域・大陸棚の境界画定を合わせて説明する。大陸棚条約では，他国の大陸棚との境界画定は，合意を原則とし，合意が存在しない場合には，特別事情の存在しない限り，等距離基準（それぞれの国の領海基線上の最も近い点から等しい距離をとった線を境界線とすること）によることとされていた（6条）。これに対して，西ドイツ（同条約非当事国）とオランダ，デンマーク（同条約当事国）が争った北海大陸棚事件において ICJ は，大陸棚条約における等距離基準の（一般）慣習国際法性を否定し，衡平原則に従うものとし，さらに関連事情を考慮し，交渉する義務を紛争当事国に課した。

他方，国連海洋法条約の交渉過程においては，境界画定の基準について最後まで等距離原則派と衡平原則派の対立が続いた。その結果，実体面では，「衡平な解決を達成するために，国際司法裁判所規程第 38 条に規定する国際法に基づいて合意により行う」とし，さらに手続面で，最終的な解決を妨げない暫定的取極の締結と，過渡的期間における最終的合意到達を危うくしまたは妨げないとする，努力義務規定を置いた（74条・83条）。

まず，実体面で重要な点は，北海大陸棚事件以後の国際判例が，境界画定における実定国際法をいかに解釈・適用してきたかである（両条における「国際法」の内容）。重要判例として，英仏大陸棚境界画定事件（1977年）〈百選初版44〉，チュニジア＝リビア大陸棚事件（1982年），メイン湾境界画定事件（1984年）〈百選初版101〉，リビア＝マルタ大陸棚境界画定事件，ヤン・マイエン海洋境界画定事件（1993年）〈百選2版84〉等が集積されてきた。その上で特に注目さ

れるのが，ICJ黒海海洋境界画定事件（2009年）〈百選2版34〉が，従来の判例の集大成とも言うべき「境界画定の方法論」を，国連海洋法条約の解釈として示したことである（ICJが事後もこれを踏襲したのみならず，ITLOSバングラデシュ・ミャンマー間のベンガル湾海洋境界画定事件（2012年），バングラデシュ・インド間のベンガル湾事件（2014年）〈百選33〉等で踏襲）。それは，第1段階の，暫定的等距離線の設定，第2段階の，衡平な解決を達成するための，暫定的等距離線の調整・移動を必要とする要因が存在するかどうかの検討，第3段階として，当該境界線が，関連する沿岸の長さの割合と当該境界線によって割り当てられた関係国の関連海域間の割合の間で，顕著な不均衡により不衡平な結果を導いていないかの検討，を内容とするものである。ただし，例外的に，物理的に不安定な海岸線である等，暫定的等距離線の設定が不可能ないし不適当な場合には，関連する沿岸の角度を二等分する，「角度二等分方法」（angle-bisector method）が用いられることもある（カリブ海におけるニカラグア・ホンジュラス間の領土・海洋紛争事件（2007年）等）。さらに，ニカラグア・コロンビア間のニカラグア沿岸200海里以遠大陸棚境界画定事件（2023年）では，慣習国際法上，200海里以遠の大陸棚権原は他国の基線から200海里内には延伸し得ないとされ，極めて注目される。

　手続面では，恒久的な物理的変更に至る活動や武力行使の威嚇のような，最終的合意到達を危うくする性質を持つ行為が，上述の努力義務に違反するとの判決が注目される（ガイアナ・スリナム海洋境界画定事件（2007年）〈百選105〉。否定例として，ガーナ・コートジボワール海洋境界画定事件（2017年）〈百選35〉も参照）。

　日本についても，周辺諸国との境界画定問題が存在する。このうち，日韓・日中間の距離が400海里未満で，権原重複部分が特に問

題となる。漁業に関しては，排他的経済水域を前提とした新協定が，日韓（1998年，翌年発効），日中（1997年，2000年発効）間で相次いで締結され，漁業に関する境界線や暫定（暫定措置）水域が設けられたが，排他的経済水域自体の境界画定には至っていない。大陸棚ないしは排他的経済水域の海底部に関しては，日韓間では，日韓大陸棚協定（北部協定）が部分的に画定を規定したものの，未画定の部分も多い（共同開発区域を定めた南部協定部分等）。日中間では，双方が重視する原則がそれぞれ等距離中間線原則，衡平原則と異なることや，尖閣諸島問題もあって境界画定にまったく至っていない。さらに，中国が，両国間の中間線より中国側において開発の姿勢を見せ，中間線付近での資源が中間線をまたがって存在するため，日本の権利を害さないかが，引き続き懸案問題である。

10-7

接 続 水 域

接続水域（contiguous zone）とは，領海に接続し，沿岸国が，特定の国内法の履行確保のため，規制権を行使しうる区域である。

(1) 定義と範囲　接続水域は，基線から24海里以下で設定しうる海域である（33条2項）。日本も，1996年，領海接続水域法によって，24海里の接続水域を設定した（4条）。

(2) 法的地位と管轄権の配分　接続水域は，以下のような対象事項に限って沿岸国の限定的な権限が認められる機能的海域である。すなわち，接続水域内では，領土または領海内における**通関上，財政上，出入国管理上**または**衛生上**の事項に関してのみ，法令違反を防止し，既に行われた当該法令違反を処罰するため，沿岸国の「**規制**」（control）権限が認められる（33条）。この点，領土・領海内へ入域しておらず接続水域内に存在するだけでも，接続水域の列挙事項に該当する限りは立法管轄権を拡張して処罰しうるかどうかに

ついて，議論の対立がある。

(3) 境界画定　他国の接続水域との境界画定に関しては，領海条約とは異なり，国連海洋法条約では規定が存在せず，その解釈が問題となる。この点，日本は，等距離中間線を原則的な基準としているが（領海接続水域法4条2項），中間線を超えて条約に定める措置をとることが適当と認められる海域の部分においては，外国領海海域を除く，基線から24海里線までの海域としている（同条3項）。権限行使の重複海域を許容する趣旨で，全面的な立法管轄権ではなく，限定された権限としての性質を反映するものであろう。

10-8
公　海

公海（high seas）は，諸国の利用に開放され，（区域それ自体に対しては）国家管轄権が及ばないとされた国際区域（国際公域）である。

(1) 定義と範囲　狭義の公海とは，内水，領海，群島水域，排他的経済水域を除いた海洋部分である（86条）。

(2) 法的地位と管轄権の配分　公海は，**公海自由の原則**が適用される水域と位置づけられる。その内容としては，まず，使用の自由がある。この**使用の自由**とは，公海が，すべての国に開放され，使用が自由とされることである（87条。狭義の公海自由の原則）。そこでは，特に，航行の自由，上空飛行の自由，海底電線および海底パイプラインを敷設する自由，国際法によって認められる人工島その他の施設を建設する自由，漁獲を行う自由，科学的調査を行う自由が含まれる。このような自由から主権主張の無効（89条。**領有（所有）からの自由**＝「万民共有物」*res communis omnium*）が導かれると説明される（ITLOS ノースター号事件（2019年））が，使用の自由を強固に確保するために設定された重要な法的基盤と言えよう。

また，公海は，**平和的目的**のために利用されるものとされている

が（88条，排他的経済水域については58条2項），ここでの平和的目的は，南極条約のような例示による禁止行為の特定（⇨*9-8*）がないため，一切の軍事利用を禁止する**非軍事的**（non-military）**目的**ではなく，国連憲章2条4項の解釈を反映して，侵略目的の利用を禁止する**非侵略的**（non-aggressive）**目的**と解するのが一般的である。

（3）**管轄権の具体的配分**　上記のように，公海は，領域主権および類似する管轄権の行使が禁止され，すべての国に開放されるため，具体的な管轄権配分をどのように行うかが問題となる。

この点に関する原則は，**旗国主義**による。旗国主義とは，一の旗国の旗のみを掲げて航行し，当該船舶は，原則として旗国の排他的管轄権に服することをいう（91条・92条）。その最大の趣旨は，迅速，安全な国際航行利益の重視にある。この排他性が執行管轄権のみならず立法管轄権にまで及ぶとの判決が下されたが（ノースター号事件），有力な共同反対意見も含めて議論が多く，事件の特殊性も含めて，その射程の解明は今後の課題である。

他方で，旗国主義の例外として，旗国以外の国による**海上警察権**行使が問題となる。航行自由の観点から，このような権限は，旗国主義による秩序維持が十分でなく，極めて緊要な場合にのみ，厳格に制限されてきた。特に重要なのは，以下の干渉行為である。

公海上の**臨検**（船舶・航空機が他の船舶・航空機を取り締まるにあたって，取締りの理由の有無を確かめるために，船舶内の書類・性状を検査する強制行為）は，海賊船舶，奴隷取引船舶，許可を得ていない放送船舶，無国籍船，国旗濫用の自国籍船をそれぞれ疑う十分な根拠のある船舶に対してのみ認められる（110条）。さらにそれを超える，公海上の**拿捕**（船舶・航空機が他の船舶・航空機を捕捉する強制行為）が伝統的に認められてきたのが，海賊船舶に対してである（105条。

海賊行為の定義は 101 条)。これは，海上交通に対する一般的安全に対する危険として，その取締りに国際社会の共通利益が認められた結果である。特に日本については，ソマリア沖海賊問題に端を発して，2009 年，普遍主義に基づく，臨検・拿捕，処罰を認める，「海賊行為の処罰及び海賊行為への対処に関する法律」（海賊対処法）が制定され，処罰例も存在する。国連国際法委員会（⇨5-9）は，本問題について検討中である。これに対して，国連海洋法条約によって一定の国に対して初めて認められたのが，許可を得ていない放送船舶に対してである（109 条 4 項）。なお，近時は，二国間条約や一般多数国間諸条約において，旗国の同意を得る等により，旗国以外の国にもこのような権限を認める例が増えている。

（継続）**追跡権**とは，沿岸国が，自国法令の違反に対し，既に他の海域（内水，群島水域，領海，接続水域，排他的経済水域，大陸棚）から外国船舶の追跡を開始していた場合，公海上まで継続して追跡，執行を行う権利である（111 条）。その際の「実力行使」を制限した先例として，アイム・アローン号事件（1933 年）〈百選 34〉，レッド・クルセーダー事件（1962 年）〈百選 85〉，サイガ号（No. 2）事件（1999年）〈百選 31〉が重要である。

公海漁業の自由に関しては，乱獲による漁業資源の枯渇が重大な問題となった。この点，各種の地域的ないし魚種別の漁業協定における漁獲量配分によって，旗国に対する義務が強化されてきた。国連海洋法条約においては，漁業の自由が認められる範囲は，排他的経済水域の成立により大幅に狭まったものの，なお残された公海における漁業規制が重要な問題となっている。たとえば，国連海洋法条約のストラドリング魚種および高度回遊性魚種に関する規定（63条・64 条）の効果的な実施を促進することを目的として，国連公海

漁業協定（1995年）が，IUU（Illegal（違法），Unreported（無報告），Unregulated（無規制））漁業防止のため，フラッギング協定（遵守協定）（1993年）や違法漁業防止寄港国措置協定（2009年）が採択された。さらに，ITLOS により，IUU 漁業に関する沿岸国と旗国の義務内容を明らかにする，勧告的意見も出されている（準地域漁業委員会による勧告的意見要請（2015年））。さらに，具体的な事件として，スペイン対カナダ漁業管轄権事件（1998年）〈百選94〉，みなみまぐろ事件，南極海捕鯨事件（2014年）〈百選37〉（⇨ *Column* ⑫）等，裁判所において争われたものもある。

Column ⑫ みなみまぐろ事件・南極海捕鯨事件 ------------------------------

　公海「漁業」に関して日本が国際裁判の当事者となった点で注目される国際紛争として，みなみまぐろ事件，南極海捕鯨事件がある。前者は，みなみまぐろ保存条約締約国の日本とオーストラリア・ニュージーランド間の紛争である。日本が一方的調査漁獲を行ったことに対して両国が，国連海洋法条約上の手続を用い，仲裁裁判所設置を要請し，設置の間，ITLOS に暫定措置を求めた。日本に対して調査漁獲の漁獲量算入等を命じた1999年暫定措置を経て，2000年仲裁裁判において管轄権が否認された後，管理・保存のための合意が得られた。後者は，国際捕鯨取締条約締約国の日本とオーストラリア間で，国際司法裁判所において争われ（ニュージーランド（訴訟）参加），2014年に判決が下された。そこでは，日本の南極海調査捕鯨（第2期南極海鯨類捕獲調査（JARPAⅡ））について発給された特別許可書は，条約8条1項の定める科学調査目的によって認められた範囲に収まらないこと，そのため，条約付表のいくつかの義務に従って行動しなかったとされ，既存の許可等の撤回と今後の許可書付与禁止等が命じられた。日本は，判決に従うことを表明したが，その後，国際捕鯨取締条約からは脱退した（2019年）。

1960 年代後半，大陸棚の外の公海の海底深くにまで資源の開発可能性が指摘され，深海底開発先進国（以下，先進国とする）による分割・独占が危惧されるようになった（深海底を「人類の共同遺産」とすることと国際制度による開発を主張した，国連総会におけるマルタのパルドー大使提案）。先進国もその後，自由競争の危険回避を目指して国際制度の設立に同調し，第 3 次国連海洋法会議で交渉が行われた。1982 年採択の国連海洋法条約第 11 部では，「人類の共同遺産」概念に基づき，開発および得られる利益の配分を国際レジームの下で行うための具体的制度を決定した。先進国はこの内容を不利なものと見て厳しい批判を展開したため，条約発効が遅延したが，その後，開発をめぐる経済環境が悪化し，実際の開発が小規模かつ将来の問題であることが認識され，妥協が成立した（1994 年国連海洋法条約第 11 部実施協定による第 11 部の実質的改訂）。これにより，先進国の不満がほぼ実質的に解消したのである。

(1)　定義と範囲　　**深海底**（Area）とは，国の管轄権の及ぶ区域の境界（大陸棚）の外の海底とその下である（1 条 1 項(1)）。

(2)　法的地位と管轄権の配分　　深海底とその資源は，**人類の共同遺産**（common heritage of mankind，公定訳は「人類の共同の財産」）とされる（136 条）。これを具体化するため，深海底とその資源に対しては，国家による領域主権およびそれに類似する管轄権の行使が禁止された上，国家のみならず自然人，法人による排他的所有権・使用権の対象とすることをも禁止した（137 条）。

その他，平和的利用に関しては，「専ら平和的目的のための利用に開放する」とされるが（141 条），それ以上の具体的規定がなく，その内容は国連憲章（その趣旨は，公海の平和的利用参照⇨*10-8*），海

底非核化条約（沿岸 12 海里の外側の海底における，核兵器その他の大量破壊兵器やそれら兵器の貯蔵，実験，使用施設の設置を禁止し，相互の検証を中心とする検証手続を規定した条約）に委ねられている。

(3) 管轄権の具体的配分　深海底の資源に対するすべての権利は人類全体に付与される。具体的には，**国際海底機構**（以下，機構）を設立し（156条），機構が人類全体のために行動するものとし，「深海底における活動」を組織・管理するという形で，機構に権限を集中している（137条2項・157条1項）。なお，機構の意思決定に関しては，国連海洋法条約第 11 部実施協定によって，先進国に不利であった規定が改められた（附属書第 3 節 5 項・9 項・15 項）。

具体的開発方式について条約は，機構の機関である事業体（enterprise）による直接開発方式と，機構と提携する締約国または企業等の「契約者」によるライセンス方式との，「**並行方式**」（パラレル・システム）を採用した（153条）。前者を支持する発展途上国と後者を支持する先進国の妥協によるものである。なお，私人の「契約者」には，「保証国」が必要とされるが，その義務内容については，ITLOS 海底紛争裁判部が勧告的意見を付与している（深海底活動に関する保証国の責任と義務事件（2011 年））。

3 紛 争 解 決

国連海洋法条約は，ジュネーヴ海洋法 4 条約と異なり，条約自体に解釈・適用に関する紛争解決手続を規定している（第 15 部）。その趣旨は，条約の一体性と客観性を強固に担保することにある。

そこではまず，紛争当事国による平和的手段選択の自由が規定さ

れている（279条・280条）。当該手段によって解決が得られず，か
つ，紛争当事者間の合意が他の手続の可能性を排除していないとき
に（281条），他の拘束力ある手続が優先することを条件として（282
条），第15部の手続が適用される（第1節）。これに関して，みなみ
まぐろ事件に関する仲裁裁判所は，みなみまぐろ保存条約の紛争解
決手続が他の手続の可能性を排除しているとして（281条1項），日
本の先決的抗弁（管轄権の不存在）を認め，訴訟手続を終了した。

　次に第15部第2節の基本的手続は，拘束力ある決定を伴う義務
的手続による紛争解決手続である。4裁判所（本条約によって特に設
立された常設のITLOSに加えて，ICJ，仲裁裁判所，特別仲裁裁判所）の
中で，宣言による選択が認められており（ただし，宣言がない場合，
仲裁裁判所を選択したものとみなされる。みなみまぐろ事件では，関係国
は宣言を行っていなかった。現在も，日本は宣言を行っていない），当事
者の合意する裁判所（それがない場合は，仲裁裁判所）への付託が義
務づけられる（以上，287条）。近時では，比中南シナ海事件仲裁裁
判決が注目を集めたが，中国側が判決の不履行を表明し，その状況
が継続しているため，履行確保が依然として問題となっている。

　なお，義務的調停制度も，初めての利用例が現われた（ティモー
ル海事件（2018年）〈百選86〉）。

　暫定措置（290条）に関して注目されるのは，拘束力が明文で規定
されているほか，ICJ規程と異なり，紛争当事者のそれぞれの権利
を保全するのみならず，海洋環境に対して生ずる害を防止するため
にも認められていることである。

　さらに注目されるのは，船舶・乗組員の**速やかな釈放**制度（292
条）である。これにより，合理的な保証金の支払等の後に船舶を速
やかに釈放するという規定（73条2項・226条）の不履行についての

申立てが，抑留国が受諾する裁判所または ITLOS に付託できることとなった。特に ITLOS は，既に多くのケースを取り扱ってきた。日本も，ロシアを相手取って，2007 年，第 88 豊進丸事件，第 53 富丸事件〈百選 102〉を本制度に基づいて付託した。裁判所は，第 88 豊進丸については，合理的な保証金額を認定するとともに，ロシアに対し，その支払により船体を早期に釈放すること，ならびに，船長および乗組員の無条件での帰国を認めることを命じる判決を下した。他方，第 53 富丸については，ロシアの国内裁判手続が終了し船体没収が確定したため，もはや日本側の請求の目的が失われたという理由で，請求が斥けられたが，批判が強い。

*Column*⑬ 北　　極 --

　北極は，主として大陸に囲まれた海洋で，大部分が厚い氷に覆われていることから，従来，国際法上の規制も限定的であった（例えば，「氷に覆われた水域」（国連海洋法条約 234 条）参照）。近時，地球温暖化によって急速に海氷が溶解し，航行，漁業，海底資源，環境と，様々な分野での利用と規制が問題となりつつある。水域に対しては，国連海洋法条約が一般法として適用されるほか，北極沿岸諸国により北極評議会が設立され，協議や新条約の作成に携わっている。

●本章のサマリー

　本章では，空域と宇宙空間・天体の国際法上の地位およびそこでの諸活動に対する国際法による規律について検討する。領土と領海の上空である領空に対して領域国は領空主権を有する。他国の領空を通過する航空機はその国の許可を得ないと領空侵犯となるが，この点は領海を通航する船舶の場合と大きく異なる（⇨*1*）。国際民間航空輸送は，基本的に二国間の航空協定によって規律されてきた。国際民間航空輸送はサービス貿易の一種であるが，サービス貿易一般とは異なる特徴も有する（⇨*2*）。ハイジャックや航空機爆破などの航空犯罪はテロリズムの典型であり，テロ防止条約は航空犯罪の分野を中心に発達してきた（⇨*3*）。空域と宇宙空間の境界ははっきりしないが，規律するルールは大きく異なり，宇宙空間および天体の国家による領有は禁止され，他方探査と利用は自由になしうる（⇨*4*）。国家への責任集中と無過失責任原則という宇宙活動に対する責任原則は，国家責任の一般原則とは異なる（⇨*5*）。宇宙開発の基幹をなす宇宙基地の法体制は活動国間で規律されている（⇨*6*）。

SUMMARY

1 領空主権

11-1
領　空

領土および領海の上空である**領空**に対して，国家は完全かつ排他的な主権を有す

る。領海においては外国船舶の無害通航が認められるのに対して，領空においては領域国の許可を要し，外国航空機の無害航空は認められない点が大きく異なる。1919年のパリ国際航空条約においては，領空に対する領域国の完全かつ排他的な主権を承認する（1条）とともに，一定の制限の下に無害航空の自由を認めた（2条）が，今日に至る国際航空分野における基本条約である1944年の国際民間航空条約（シカゴ条約）1条においては，「締約国は，各国がその領域上の空間において完全且つ排他的な主権を有することを承認する」と規定する。

　領空については排他的な主権が確立されているため，無許可で領空に入り込んだ航空機は領空侵犯として扱われることとなる。もっとも，暴風雨などで遭難した航空機が領空侵犯を犯す場合にはその行為の違法性は阻却されることとなるばかりか，救援措置をとることさえ求められる（シカゴ条約25条）。

　領空を侵犯した外国航空機に対して領域国がとりうる対抗措置については，特に1983年9月のソ連による大韓航空機撃墜事件に関して問題となった。領空侵犯をした民間航空機の撃墜を明確に国際法違反とする条約ルールは，事件当時は確立されてはいなかった（ただし，ICAO（国際民間航空機関）においては，領空侵犯機に対して武器の使用を控えるべきだとの勧告はあった）。翌84年，シカゴ条約追加改正議定書が採択され，シカゴ条約に3条の2が新設され，領空侵犯をした民間航空機の撃墜は明示的に禁止されるに至った。この禁止ルールは，条約として規定されることによって慣習国際法規としても確立したといえる。なお，2023年2月には中国の気球による米国領空の侵犯が問題となった。気球はシカゴ条約第2附属書において航空機に分類されている。民間航空機と違って「無辜の乗客」

のいない無人気球による領空侵犯に対しては，領域国が撃墜することは国際法違反ではない。

　2014年7月17日にウクライナ東部の上空でマレーシア航空機17便が撃墜された。国連安保理には2015年7月29日に特別の国際刑事裁判所を設置する決議案が付託されたが，ロシアの拒否権行使により同決議案は採択されなかった。

| *11-2* |
| 防空識別圏 |

国家は，安全保障・警察上の理由から，領空に隣接する空域に**防空識別圏** (ADIZ) を設定することがある。防空識別圏を飛行する航空機には，フライト・スケジュールの提出と飛行位置の通報が要求され，違反した航空機に対しては，国内法上の処罰のほか，場合により実力行使も予定される。米国，カナダ，日本，韓国等が設定している。防空識別圏の設定は，公海および排他的経済水域の上空飛行の自由（国連海洋法条約87条・58条1項）に抵触しないように留意しなければならない。中国が2013年11月23日に東シナ海上空に設定した防空識別圏（東シナ海防空識別区）は，当初の発表では，領空に接近する航空機のみならず当該空域を飛行する航空機全般を対象とし，中国側が設定した飛行計画提出義務等の規則を強制し，識別に協力しない航空機に対しては「防御的緊急措置」をとる，とした。航空機に対するこのような対応は，公海および排他的経済水域の上空飛行の自由を侵害する国際法違反だと言わざるを得ない。

2 国際民間航空輸送サービス

11-3
空 の 自 由

各国は，領空主権原則により，自国の空域を他国との通商において閉鎖する固有の権利を有しているため，ある国家の航空機が商業目的のために他の国家の領域に立ち入りたいと望む場合には，事前にその特権を取得しておくこと，つまり許可を得ておくことが必要となる。このような特権を「商業航空権」ないし「空の自由」という。

　「空の自由」として通常挙げられるものは次の5つである。第1は，上空通過の自由（相手国領域を無着陸で横断飛行する特権），第2は，技術着陸（テクニカル・ランディング）の自由（乗員交代，給油，機体整備などの技術的目的のみのために相手国領域に着陸する特権），第3は，他国向け運輸の自由（自国領域において積み込んだ貨客を相手国領域において積み降ろす特権），第4は，自国向け運輸の自由（相手国領域において積み込んだ貨客を自国領域において積み降ろす特権），第5は，相手国—第三国間運輸の自由（相手国領域において積み込んだ貨客を第三国領域において積み降ろす特権および第三国領域において積み込んだ貨客を相手国領域において積み降ろす特権）である。第5の自由のうち，自国—相手国—第三国という順に運輸がなされる場合には，特に以遠権という。第1の自由および第2の自由は通過権，第3，4，5の自由は運輸権と呼ばれる。これらの「空の自由」は，領空主権の原則を承認することを前提とし，二国間・多数国間条約協定に基づいて相互に付与される「特権」であって，一般国際法上各国が当然に有する権利ではない。なお，国内営業（カボタージュ）は，自国航空会社にの

み認め，外国航空会社による営業を禁止する権利が認められている。この禁止権を放棄して外国エアラインに国内営業を認めることは可能だが，一般にはそのようなことはなされていない。シカゴ条約7条では，カボタージュ禁止を確認するとともに，特定の外国の航空企業のみに国内営業を認めることは，同条に違反する旨，規定する。

　このような5つの「空の自由」を規定したのは，1945年にシカゴ条約の附属協定として発効した国際航空運送協定であったが，同協定の当事国は11か国にすぎない。これに対して，同じくシカゴ条約の附属協定として採択された国際航空業務通過協定では，第1条で，第1および第2の自由を締約国は他の締約国に与える旨，規定し，同協定当事国は136か国である。運輸権については，二国間の航空協定によって互いに認められてきた。二国間航空協定は世界で約5000あり，最も数の多い二国間協定となっている。

| 11-4 航 空 協 定 |

二国間の**航空協定**では，この空の自由の他，運賃，空港使用料，航空保安，紛争解決等の事項が規律されてきた。条約本体の他，運輸権に関する輸送ルートや便数などの詳細は付表や合意議定録・了解覚書において規定されている。二国間航空協定は，その中心的な規律事項である輸送力との関連で，①事後審査主義（バミューダ1），②自由決定（オープン・スカイ），③事前決定およびバミューダ2，④その他に分類される。①は，1946年英米航空協定（バミューダ1）を典型とする。これは，輸送力は当初は各航空企業によって決定され，ただし事後審査に服するというものである。日米航空協定（1952年）も基本的にはこのバミューダ1タイプの協定である。バミューダ1は，自由競争を欲していた米国とより規制的な考え方に立つ英国の妥協の産物であり，のちの多くの航空協定の雛形となった。②は，輸送力を

自由化する合意であり，1992年の米蘭航空協定改訂合意を端緒とする。米国は，1995年からオープン・スカイ政策を強力に推進し，2020年9月までに114のオープン・スカイ協定が発効した。2009年12月には，日本は米国とオープン・スカイ協定を締結することで実質合意に達し，日米両国は2010年10月にオープン・スカイ了解覚書（MOU）に署名した。ただし，巨大な国内航空市場を有する米国は，カボタージュを開放する意図は全くないことに留意すべきである。③は輸送力を両国の航空当局の間で事前に決定するものである。なお，バミューダ2というのは，1977年の英米航空協定のことである（英国は1976年にバミューダ1を廃棄し，翌年にこの新協定を締結した）。2023年7月現在，日本は59か国および香港，マカオとの間で航空協定を締結している。近年では多くの国との航空協定の内容をオープン・スカイに改訂する動きがみられる。二国間航空協定の解釈・適用に関する国家間仲裁裁定としてはこれまで，米仏（1963年），米伊（1965年），米仏（1978年），ベルギー・アイルランド（1981年），米英（1992年）間の5つのものがある。

| 11-5 |
| 航空協定をめぐる最近の動向 |

2001年5月には，初の多数国間航空協定が米国，ブルネイ，シンガポール，ニュージーランド，チリの5か国間で締結された。オープン・スカイの内容となっている。欧州司法裁判所は，2002年11月，欧州連合の加盟各国が米国と締結している二国間航空協定が欧州委員会の権限を侵害するゆえEU法上，違法であるとし，その後欧州委員会と米国の間で米欧航空協定（大西洋航空協定）の交渉がすすめられ，2007年3月に署名され，2008年3月に暫定適用され，未決の問題については第2段階の交渉の結果，2010年6月に署名された。これにより英米航空関係はバミューダ2に代えて

米欧航空協定によって規律されるようになったが，その後，英国は
EUからの離脱（ブレクジット）に先んじて2018年11月に新たな英
米航空協定を締結した。オープン・スカイに関する新たな動きとし
て，競争力のある湾岸諸国のエアラインに欧州・米国路線の市場を
奪われかねない米国のエアラインが，オープン・スカイに代えてフ
ェア・スカイを主張するに至っている。

　航空協定には通常，「相手国が指定した航空企業の実質的な所有
又は実効的な支配が相手国の国民に属していないと認めた場合には，
当該航空企業が享有する条約上の特権を取り消すことができる」と
いう趣旨の「国籍条項」がおかれている。同条項の存在により国境
を越えた航空企業の買収は実質的に不可能となっているが，2009
年11月，米国，欧州連合，シンガポール等，8当事者は，「相互主
義の条件の下に，国籍条項を発動する権利を放棄する」旨の非拘束
的な合意に達した。なお，2023年2月には二国間航空協定に関す
る日・EU航空協定が署名され，日本とEU加盟各国との間の二国
間航空協定に含まれる国籍条項にかえて，「EU航空企業」（いずれ
かのEU加盟国の国民の過半数の所有または実効的な支配の下にあるエア
ライン）による日本への定期便の就航を可能にする条項が適用され
ることになった。

11-6
**サービス貿易としての
航空輸送**

　国際航空輸送はサービス貿易の一種であ
るが，通常のサービス貿易とは異なる特
殊な要素を含む。サービス貿易協定
(GATS) の基本ルール（最恵国待遇を一般的義務として定め，市場アク
セスと内国民待遇を特定の約束として定める）はそのままでは基本的に
は適用されないことが，航空運送サービス附属書において合意され，
二国間航空協定での現行レジームが維持されている。国際航空輸送

は国家の安全保障や威信とも直接かかわり，また完全自由化されると自国の航空企業が国際市場で生き残れなくなるという問題点がある。

3 航 空 犯 罪

11-7
条約による規律

テロ行為の標的に最もなりやすいのは航空機や空港であり，航空テロはテロリズムの中心をなすといっても過言ではない。航空テロの中心をなす行為は，**ハイジャック**および航空機爆破である。ハイジャックは同一航空機内でその乗客・乗組員が行う不法奪取である。古くから慣習国際法上の国際犯罪であった海賊行為（他の船舶・航空機に対する行為）とは性質が本質的に異なる。航空機爆破についても同様である。このため，条約による規律が必要となり，1963 年に**東京条約**（「航空機内で行なわれた犯罪その他ある種の行為に関する条約」），1970 年に**ハーグ条約**（「航空機の不法な奪取の防止に関する条約」），1971 年に**モントリオール条約**（「民間航空の安全に対する不法な行為の防止に関する条約」）が作成された。

東京条約は，機長が容疑者を拘束する措置をとりうるとし，容疑者を着陸国に引き渡したり強制着陸させたりする権限を定めた。しかし，容疑者の所在地国に「**引渡しか訴追か**」（*aut dedere aut judicare*）の選択義務を課していないため，1960 年代から多発したハイジャックを実効的に防止・処罰するのには不十分となった。このため，ハーグ条約が作成され，これがハイジャックに対処する中心的な条約となっている。

ハーグ条約の主な内容は，①犯罪行為を定義する（1条），②各締約国に重い刑罰を科すことができるように国内法の整備を求める（2条），③登録国，着陸国，航空機のリースを受けた企業が主たる営業所または住所を有する国に管轄権を認め（4条1項），また，ハイジャッカーがその領域内に所在する締約国にも，引渡しを行わない場合に訴追のための手続をとるとして裁判管轄権を認める（同条2項），④容疑者の所在地国に「引渡しか訴追か」の選択義務を課す（7条）。②に関連して，日本は，1970年に「航空機の強取等の処罰に関する法律」を制定し，ハイジャックを無期または7年以上の懲役に処すると規定した。なお，空港テロに対処するため，1988年には「国際民間航空に使用される空港における不法な暴力行為の防止に関する議定書」（空港不法暴力行為防止議定書）が採択され，空港テロに対してもモントリオール条約で規制されている航空機爆破等と同様の犯罪として規制することが規定された。

　2001年9月11日発生の同時多発テロは，民間航空機を武器として使用した航空テロであった。このような形の航空テロをも規制の対象とする「国際民間航空についての不法な行為の防止に関する条約」（北京条約）が2010年9月に採択された。

Column ⑭ パンナム機爆破事件 ···

　1988年12月に発生したパンナム機爆破事件（ロッカビー事件（1992年）〈百選2版105〉。パンナム機が，スコットランド上空で爆発・墜落し，乗員・乗客全員とロッカビー村民が死亡したという事件）に対しては，リビアが関与したとして，国連安保理決議748（1992年）および883（1993年）に基づき，リビアに対して限定的な非軍事的強制措置が課された。リビアと国連は，容疑者2名をオランダにある米軍施設に引き渡し，スコットランドの刑事裁判所をそこに設置してスコットランド刑法

に基づいて裁判をすることで合意に達し，1999年4月に2名の引渡しがなされた。裁判は2000年5月に開始され，2001年1月に第1審判決が下され，1名は終身刑となり，1名は無罪釈放となった。有罪となった1名は控訴したが，控訴審裁判所は2002年3月に控訴を棄却し，同人はスコットランドの拘置所に収監された（2009年には健康上の理由で釈放されてリビアに帰国した）。国内刑事裁判所が国外で設置されるという前代未聞の例外的な解決方式がとられた。

パンナム機爆破事件は国家テロリズムと疑われる航空テロに対して国際社会が非常に厳しい反応をとったことが注目されるが，爆発物の航空機搭載の早期発見と予防という見地から，1991年に，国際民間航空機関（ICAO）において，「可塑性爆薬の探知のための識別措置に関する条約」が採択されている。各国の爆発物製造業者等に爆発物製造にあたり識別物質の混入を義務づけ，またそれがなされていない爆発物の各国での製造や積込み・持ち出しを禁止することによって，爆発物の空港等での発見を容易にすることを目指す条約である。技術的側面からモントリオール条約体制を補完している。

11-8

サミットでの非拘束的合意

1978年のボン・サミットで採択された**ボン宣言**（航空機のハイジャックに関する声明）では，ハイジャッカーの引渡しも訴追も拒否する国やハイジャック機の返還を拒否する国には，航空機乗入禁止措置をとることが合意された。またICAOでは，ハイジャック機の扱いにつき，離陸不許可と着陸許可を求める勧告決議が採択され，1988年のトロント・サミットでの宣言では，この離陸不許可の方針が歓迎された。サミットでのこれらの宣言は，非拘束的合意と解される。

4 宇宙空間の法的地位

11-9

　　　宇宙活動と国際法
宇宙法は新しく成立した国際法の一分野
である。もともと夢物語とされていた宇
宙活動が行われるようになったのは 1950 年代後半である。宇宙に
関する基本的原則は 1963 年の国連総会決議 1962 に基づき 1966 年
に**宇宙条約**として規定された。宇宙条約は国家実行がほぼ皆無の状
況下で作成されたという点でも画期的なものである。この点に関連
して，ビン・チェン教授が，主にこの宇宙法分野を念頭において，
「国家実行がなくても法的確信が存在するから，条約や決議の成立
により即座に慣習国際法が成立する」とのインスタント慣習法論を
1965 年に唱えたことが法源論との関係で注目される（⇨*5-6*。もっ
とも宇宙物体を独力で打ち上げている国家のほとんどは宇宙関係諸条約に
加入しているため，宇宙物体が非加盟国領域に落下して人損・物損を与え
たというような場合を除いてはこの点が実際の問題となることは少ないで
あろう）。

　宇宙に関する条約としては，宇宙条約の他，1968 年の**宇宙救助返
還協定**，1972 年の**宇宙損害責任条約**，1974 年の**宇宙物体登録条約**が
あり，さらに 1979 年の**月協定**がある。宇宙条約と他の 4 条約の関
係は前法と後法の関係にあるばかりか一般法と特別法の関係にある
といえる。これらの開放条約の他，宇宙活動国間では，1988 年に
は**宇宙基地協定**が，1998 年には**新宇宙基地協定**が署名された。

11-10

　　　空域と宇宙空間
宇宙法との関連で参考となり，また問題
ともなるものに航空法があるが，空にお

いては領空主権が基本的な法原則であるのに対して，宇宙空間においてはすべての主権要求の否定の上にその基本的な法原則が成立しているという根本的な相違がある。

　宇宙空間の範囲画定（上空のどこまでが航空法によって規律される空域であり，どこからが宇宙法によって規律される宇宙空間であるか）については，そもそも宇宙空間と空域との境界画定を不要とし，宇宙活動には宇宙法を適用すればよいとの見解（機能説）と物理的に境界を画定すべしとする見解（空間説）が対立してきた。この問題を審議する国連宇宙平和利用委員会においても合意が得られるに至っていない。後者の見解に立つ場合でも，宇宙空間の画定基準は一様ではない。大気圏の物理的な構成を根拠とする基準，航空力学に基づく基準，実効的コントロールの概念に基づく基準などが提唱されてきた。

| 11-11 宇宙法の基本原則 |

　宇宙条約1条では，宇宙空間と天体を「全人類に認められる活動分野」であるとしてすべての国家の探査・利用を認める反面，2条で国家による領有権を否定している。この意味で宇宙空間および天体は，「国家の管轄権を超えた領域」，国際法による規律に服する「国際化された領域」であるということができる（もっとも，公海や深海底と比べて宇宙空間ではその活動に極めて高度の科学技術および資本が必要とされるため，現実にはごく一部の諸国が宇宙活動を実施できるにすぎない）。

　宇宙条約では，1条で宇宙空間と天体の探査・利用は無差別・平等の基礎にたってすべての国に自由に認められている。ここで「自由に」というのは，どの国家も他国による許可を要することなく宇宙活動を行う権利があるとともに，他国の打ち上げた宇宙物体に対して妨害（管轄権の行使等）をしてはならないという意味である。「平等」という意味については，宇宙開発能力が各国で著しく異な

る現状に照らすとき，政治的な目標にすぎないとする論者もいるが，法的には将来ある国家に宇宙開発能力が備わった際にその国家の宇宙開発への参入が不利にならないよう確保しなければならない，つまり既存の宇宙開発国による既得権の援用はできないという意味を有するとされる。1996 年に採択された国連総会決議 51/122（スペース・ベネフィット宣言）では，宇宙空間の探査・利用の国際協力にあたっては途上国の必要に特別の考慮が払われるべきだとした。

　2 条では，宇宙空間および天体は，主権の主張，使用，占有，その他いかなる手段によっても国家による取得の対象とはなしえないと規定する。この禁止規定は，1 条で確立された「宇宙の自由」のネガティブな側面である。この規定は，宇宙空間および天体については，無主地に対する実効的先占に基づく領域権原の取得が認められないという趣旨を述べたものである。なお，国家による領域権原の取得が禁止されるといっても，そのことは国家や国家の許可を得た私人が宇宙開発活動に必要な恒久的設備（例，宇宙基地）を設置して宇宙空間の一部を占有することまでをも禁止する趣旨ではないとされる。また，国家による取得禁止は天然資源の取得禁止にまでは及ばないと解されている。ただし月協定においてはこれとは異なるルールが規律することとなる。月協定 11 条 1 項では，月（以下，地球以外の太陽系の他の天体も含む）およびその天然資源は「人類の共同遺産」であるとし，2 項で取得を禁止しているが，さらに 3 項で，天然資源は国家，政府間国際組織，NGO，国内組織，自然人の所有物とはなりえないと規定する。そして，天然資源の開発は新たに創設される国際レジームによってなされると規定する（11 条 5 項・7 項）。この月協定は，1984 年に発効しているが当事国数はわずかに 18 であり，同条約の規定が慣習国際法として結晶化しているとはいえない。米

国，ルクセンブルク，日本および UAE は宇宙資源開発を保護する国内法を制定し，宇宙資源開発ビジネスを安心して行える法的基盤を提供している。日本の宇宙資源法では，事業活動者が事業活動計画に従って採掘した宇宙資源については，採掘者が所有の意思をもって占有することにより，所有権を取得する（5条）。

　なお，米国，英国，日本，カナダ，オーストラリア，イタリア，ルクセンブルグ，UAE は，2002 年 10 月にアルテミス合意という非拘束的合意を締結した。宇宙の探査・利用に関する基本原則を定めたものであり，宇宙資源開発に関しては「安全地帯」を設けて競合を回避する規定（11条）が注目される。

　宇宙条約4条は，宇宙の平和利用につき，宇宙空間と天体とに分けて軍事的利用禁止の範囲を規定する。すなわち，宇宙空間においては，核兵器その他これに類する大量破壊兵器（生物・化学兵器等）を地球を回る軌道にのせたり，これらの兵器を宇宙空間に配置することのみが禁止され，通常兵器の配置・実験・使用や他の軍事目的のための利用は，禁止対象とはなっていない。これに対して月その他の天体においては，もっぱら平和的目的のために利用されるものであるとして，軍事基地・軍事施設・防衛施設の設置，あらゆる型の兵器の実験や軍事演習の実施は禁止され，ただし科学的研究その他の目的のための軍の要員使用や平和的探査のために必要な装備・施設を使用することは禁止されないとする。なお同条を受ける形で月協定3条3項では，さらに地球を回る軌道のみならず，月その他の天体を回る軌道，月その他の天体に至る軌道に核兵器，大量破壊兵器を配置することも禁止している。なお，日本では，1969 年の衆議院決議において宇宙の平和利用の解釈は「非軍事」だとしたが，国際社会における支配的な考え方ではこの解釈は「非侵略」（宇宙

の自衛目的での軍事利用は平和利用と両立する）とされ，両者の間に齟齬があった。2008年に成立した宇宙基本法では，「宇宙開発利用は，……国際社会の平和及び安全の確保並びに我が国の安全保障に資するよう行われなければならない」（3条）と規定して，「非侵略」という国際標準に合致した解釈を採用するに至った。

5 宇宙活動に対する責任と管轄権

11-12
宇宙活動に対する責任原則

宇宙条約そして特に宇宙損害責任条約によって認められた責任原則は，国家責任法の基本原則とは大きく異なるものである。

　宇宙法における責任原則として指摘すべき第1は，「国家への責任集中の原則」である。宇宙条約6条によると，条約当事国は「自国の活動について，それが政府機関によって行なわれるか非政府団体によって行なわれるかを問わず，国際的責任を有」する。つまり，私企業の活動であっても国家自身の活動とみなして本国が責任を負うことになる。これは，国家への責任帰属の一般原則（私人の行為に関しては責任は国家には帰属せず，ただし例外として国家が「相当の注意」を払っていれば違法行為を防止ないし排除できたのにそれを怠ったため防止・排除ができなかった場合に限り，国家の側に過失ありとして不作為による国際法上の違法行為責任が国家に生じる）とはかけ離れたものである。このように国家への責任集中を認めた理由としては，一切の宇宙活動が国家の管轄の下で行われる（国家の許可なしには活動を行いえない）ということ，および宇宙活動は「高度の危険性を内包する」も

のであるゆえ，企業活動について国家にも高度の注意義務が課され，国家がいわば運用管理者と擬制されるに至ったということが挙げられる。同条によると，国家は「自国の活動がこの条約の規定に従って行なわれることを確保する国際的責任を有する」，つまり，宇宙活動の実施主体が私人であっても国家はその活動が条約に違反しないよう保証責任を負うことになる。

　宇宙における責任原則の特徴の第2は，宇宙損害に対する国家の無過失責任である。宇宙条約7条では，6条の国家への責任集中の原則に基づいて損害賠償責任を国家に一元化しているが，損害賠償責任をめぐる権利義務関係について細則を設けたのが宇宙損害責任条約である。同条約では，宇宙物体が第三者に与えた損害については無過失責任，他国の宇宙物体に与えた損害については過失責任という二元的構成をとっている。宇宙物体が第三者に与えた損害に対する無過失責任については，宇宙損害責任条約2条が，「打上げ国は，自国の宇宙物体が，地表において引き起こした損害又は飛行中の航空機に与えた損害の賠償につき無過失責任を負う」と規定する。ここでは，打ち上げ国の側の過失を問題とすることなく，宇宙物体の飛行と損害の発生との間の因果関係の存在のみを根拠にして，打ち上げ国に賠償責任があるとしている。無過失責任を認める理由としては，宇宙活動が高度の危険性を内包する活動であるため，これを認める代償として無過失責任を認めても公平に反せず，また過失の立証責任を第三者に課すのは現実には不可能であることが挙げられる。なお，打ち上げ国Aの宇宙物体が他の打ち上げ国Bの宇宙物体やその財産・乗員に対して損害を与え，それが原因となってさらに第三国Cまたはその私人に損害が発生した場合には，AとBはCに対して連帯して無過失責任を負う（4条1項(a)）。

以上の無過失責任の場合に対して，ある打ち上げ国Ｘの宇宙物体による他の打ち上げ国Ｙの宇宙物体またはその物体上の人員・財産に対する損害については，過失に基づいて損害が発生した場合に限りＸは責任を負う，ただしＹの損害が地表上で発生した場合にはＸは無過失責任を負うと規定された（宇宙損害責任条約3条）。このように過失責任主義を採用したのは，宇宙活動を実施している国同士の関係であるから，第三者損害の場合のように危険負担に差異を設ける必要はないとして国家責任法の原則である過失責任主義に戻ったのである。

　次に免責事由については，不可抗力一般による免責は認めず，ただ請求国または請求国が代表する私人の側に「重大な過失」または故意による作為・不作為があり，この結果損害が発生したということを打ち上げ国が立証する場合，その限度で無過失責任から免責される，つまり過失相殺されることとなる（宇宙損害責任条約6条1項）。これ以外の免責事由は認められない。自然災害を免責事由とする提案が起草段階ではなされたが，地上第三者の利益保護の観点から反対が強く，撤回された。なお，国際法（特に国連憲章と宇宙条約）に適合しない打ち上げ国の活動により損害が生じた場合には，免責事由は一切認められない（同条2項）。

　賠償の対象となる損害の範囲については，宇宙損害責任条約では，宇宙物体が与えた人身損害および財産損害，つまり有形的損害に限って損害賠償の対象としている（1条(a)）。

　宇宙損害責任条約11条1項では，本条約に基づく外交上の請求に先だって被害者が打ち上げ国に対して国内的救済措置を尽くすことは不要であると規定する。2項では，そのような国内的救済を妨げるものではないが，国内的救済が行われている間には，外交上の

請求はなしえないと規定する。

Column⑮ コスモス 954 事件 ···

　宇宙損害に関する事例としては，1978 年に発生したソ連の原子力衛星落下事件がある。これは，ソ連の原子力衛星コスモス 954 がカナダ領域に落下したというものである。人損は発生せず，また直接の物損もなかったが，カナダはこの土地が放射能汚染によって将来損害が生じることを懸念し，衛星破片の捜索・回収費などとりあえず判明した損害について計約 604 万カナダドルの金銭賠償を行うようソ連に請求した。その後両国間の交渉により，ソ連はカナダに約 300 万カナダドルを支払うことで合意に達した（この法的根拠については，合意内容の詳細が未発表であるため不明である）。

　今日では，宇宙物体の無数の破片がスペース・デブリ（宇宙ゴミ）となって他の宇宙物体に衝突する危険を生じさせるという深刻な問題が生じている。国際機関間スペースデブリ調整委員会（IADC）は 2002 年にスペース・デブリ低減ガイドラインを採択し，これは 2007 年に国連宇宙空間平和利用委員会において承認された。

11-13
宇宙活動に対する管轄権

宇宙空間に打ち上げた物体および乗員に対する管轄権については，一般原則として宇宙条約 8 条が「宇宙空間に発射された物体が登録されている条約の当事国〔つまり登録国〕は，その物体及びその乗員に対し，それらが宇宙空間又は天体上にある間，管轄権及び管理の権限を保持する」旨，規定する。打ち上げ国による宇宙物体の国内登録から宇宙物体に対する管轄権が発生するかという点について詳細に規定したのが，宇宙物体登録条約である。同条約では，2 条 1 項前段で，「宇宙物体が地球を回る軌道に又は地球を回る軌道の外に打ち上げられたときは，打上げ国は，その保管する適当な登録簿に記入することにより当該宇宙物体を登録する」と

して，国内登録を義務づけている。この国内登録は国連事務総長に通報されなければならない（2条1項後段）。ここで注目すべきは，登録の内容と要件は関係登録国によって決定される（同条3項）とするにとどまっていることである。換言すると，登録国と宇宙物体との間に船舶のような「真正な関係」（⇨*10-8*）の存在が要求されてはいない。なお共同打ち上げの場合の管轄権については，2条2項で共同打ち上げ国相互の協議によりその中の一国を登録国として指定することとし，ただし宇宙物体と乗員に対する管轄権および管理については，関係国間による取決めを妨げるものではないとした。

2004年の国連総会決議59/115（打ち上げ国概念の適用に関する決議）では，宇宙活動国が管轄下の非政府団体による宇宙活動に対する許可および継続的監督を行うための国内法の制定と実施について考慮することを勧告した。他方，2007年の国連総会決議62/101（宇宙物体登録勧告に関する決議）では，複数の国家・国際組織が関与する場合の宇宙物体の登録の徹底や軌道上の宇宙物体に対する管轄権の変更の際の対応等につき勧告する。

11-14
宇宙救助返還

宇宙救助返還について，宇宙条約5条1項では，宇宙飛行士は宇宙空間への「人類の使節」とみなされ，事故，遭難または他の当事国の領域もしくは公海における緊急着陸の場合には，その宇宙飛行士にすべての可能な援助を与えるよう，そして宇宙飛行士をその登録国へ安全かつ迅速に返還するよう規定している。宇宙物体およびその構成部分についても登録国への返還が8条で規定されている。これらの点につき詳細な規定を設けたのが宇宙救助返還協定である。乗員の救助については，1条で，事故・遭難・緊急着陸・不時着陸の情報を入手しまたは発見した締約国は，それが自国の領域内であろうと公海な

どいずれの国の管轄権にも属しない領域であろうと，直ちに打ち上げ機関および国連事務総長に通報しなければならず，また，打ち上げ機関が確認できず直ちに伝達できない場合には，利用できるあらゆる伝達手段によって直ちに公表しなければならない旨を規定する。ここで注意すべきことは，通報国は情報の真偽を調査・確認する義務を負わず，また，他国領域内に所在する旨の情報をたとえばレーダー網を使って獲得したとしても，通報義務はない。2条では，乗員が着陸した場合には，締約国は直ちに「すべての可能な措置」をとらなければならないと規定する。乗員の返還については，4条で打ち上げ機関の代表者の下に安全かつ迅速に返還されなければならないとしている。宇宙条約5条1項との相違は，返還先が登録国ではなくて打ち上げ機関の代表者とされたことであり，打ち上げ機関の領域まで返還せずに，最寄りの場所まで代表者に来てもらってもよい（ただし代表者および乗員が帰国できるよう配慮する義務はある）。

　物体の回収および返還については，まず情報入手ないし発見をした国は打ち上げ機関および国連事務総長に通報しなければならない（宇宙救助返還協定5条1項）。次に宇宙物体がある国の管轄に属する領域内で発見された場合には，打ち上げ機関の要求があれば回収のため実行可能な措置をとる義務を負う（同条2項）。回収されたものについては打ち上げ機関の要求があれば返送される（同条3項）。以上の例外として，宇宙物体が危険性・有害性を有することを信じる理由を有する締約国は，打ち上げ機関にその旨を通報することができ，打ち上げ機関は直ちに有害な危険除去のための実効的措置をとらなければならない（同条4項）。

11-15

宇 宙 旅 行

宇宙旅行が現実化しつつあるが，宇宙旅行を規律する国際法規則は未確立であり，

安易に前述の宇宙諸条約を適用することは不適当である。たとえば，宇宙旅行者は宇宙飛行士のような「人類の使節」ではないし，また宇宙旅行者が搭乗したシャトルの事故の際に宇宙物体と同様に国家に責任を集中させ無過失責任を課すことは妥当ではない。むしろ航空機のアナロジーで考えるのが妥当である。

6 宇宙基地と国際法

11-16
宇宙基地計画と宇宙基地協定

宇宙開発の目玉となる有人宇宙基地については，米国，カナダ，日本，ESA（欧州宇宙機関）の国際協力により計画がすすめられ，のちにロシアが加わって，1999年から建設がすすめられ国際宇宙ステーション（ISS）として2011年に完成した。日本は「きぼう」（JEM）という実験棟を提供している。宇宙基地協定は，米国，カナダ，日本，11の欧州諸国の間で1988年に署名され，1992年に発効した。ロシアがこの計画に加わることとなり，1994年から協定改訂交渉がすすめられ，1998年に新宇宙基地協定が署名され，2001年に発効した。ここでは，知的所有権，管轄権，責任につき概観する。

まず特許については，一般に特許の属地性ということがいわれているが，他方，宇宙条約2条では宇宙空間の領有権が否定され，宇宙空間は特定国の国家領域とはなりえないことが確認されている。そこで問題は宇宙基地においてなされた発明等がどう保護されるかということである。宇宙基地協定では，宇宙基地を「浮かぶ領土」と擬制する方式を採用した（21条）。つまり，「知的所有権に係る法

律の適用上，宇宙基地の飛行要素上において行われる活動は，当該要素の登録を行った参加国の領域においてのみ行われたものとみなす」とした（同条2項）。それゆえたとえばJEMでの発明については日本法が適用されることになる。なお欧州諸国はESAとして一体になって活動するため，同項では「ESAが登録した要素については，いかなる欧州参加国も，当該活動が自国の領域内で行われたものとみなすことができる」と規定する。

刑事裁判権については22条に規定を置いている。同条1項では，各参加主体は「いずれかの飛行要素上の人員であって自国民である者について刑事裁判権を行使することができる」と規定し，属人主義のみを採用した。ただし2項で，容疑者の本国が同意した場合または訴追しない場合に限り，影響を受けた国は刑事裁判権を行使できると規定する。属人主義の原則を定めたのは，ロシアの参加によりロシアの国内法で自国の宇宙飛行士が裁かれる可能性が生じることをおそれた米国の強い意向による。

責任については，16条3項(a)において「参加国は，責任に関する相互放棄に合意」すると規定する。これは「宇宙基地を通じての宇宙空間の探査，開発及び利用への参加を助長するため」である（同条1項）。「この目的を達成するため，当該相互放棄は，広く解釈するものとする」（同項）というのは，一般に放棄が狭く解釈されるのとは対照的である（逆にこのような明示規定がない限り，放棄は狭く解釈されるといえる）。17条では，16条に規定する場合を除く他，宇宙損害責任条約が適用されると規定する。

2022年7月，ロシアはISSから2024年以降に撤退し，独自の宇宙ステーションを建設すると発表した。その後，ロシアは2028年までISSの運用に協力するとした。

第12章 人と国際法

●本章のサマリー

　本章では，国際法と人（自然人）との関わりを扱う。近代国際社会の黎明期において，グロティウスなどが論じた当時の国際法（諸国民の法）は，国家間関係だけを対象としたのではなく，個人などもその射程に含むものだった。しかし，その後，近代国家体制が確立するにつれて，こうした状況は次第に変化した。国際関係はもっぱら国家間関係だけを意味するようになり，法実証主義の進展も相まって，個人は国際関係の背景に退いた。個人に対する国際法の規律は，わずかに「人類共通の敵」としての海賊に対するものや，通商航海条約などを通じて及ぶものに限られていた。しかし，今日では，国際法は個人に対してもひろく規律を及ぼしている。のみならず，個人が国際法上の手続に基づいて権利を主張したり，責任を追及されることもある。国家や国際組織とならんで，個人が国際法の主体であることはいまや明らかである。

　本章では，はじめに国籍（⇨1）と，外国人の地位（⇨2）について述べる。次に，本章の中心的なテーマである人権の国際的保障（⇨3）について，戦間期にさかのぼり概説する。最後に，難民の保護（⇨4）についても述べる。

SUMMARY

1 国　籍

<table>
<tr><td>

12-1
国籍の概念
</td><td>

国籍とは，自然人と国家を結ぶ法的な絆である。国家が国家管轄権（⇨第2章**4**）
</td></tr>
</table>

を行使する際に，国籍は領域と並んで最も重要な機能を果たす。また，国籍は自然人のみならず法人，船舶，航空機に対しても用いられる。以下では，自然人の国籍に関して述べることとする（なお法人の国籍については，⇨**8-11**，船舶・航空機については，⇨**2-15**，**10-8**）。

<table>
<tr><td>

12-2
国籍付与の方式
</td><td>

国籍は，各国国内法に基づいて付与される。いかなる人に対していかなる条件の
</td></tr>
</table>

もとに国籍を付与するかは，各国国内法による。そのため，常設国際司法裁判所（PCIJ）のチュニスおよびモロッコ国籍法事件（1923年）〈百選45〉などに見られるように，国籍の付与は，典型的な**国内管轄事項（国内問題）**とされてきた。国籍は出生により先天的に付与される場合と，**帰化**，婚姻・養子縁組などの身分関係の変動，および国家承継により後天的に取得される場合がある。出生による国籍の付与に関して，世界の諸国の方式は，父母の国籍にかかわらず領域内で出生した子に国籍を付与する**生地主義**（*jus soli*）と，父母の国籍を基準に国籍を付与する**血統主義**（*jus sanguinis*）に大別される。同時に，大半の諸国は，いずれかの立場を採りつつ，他の立場も補充的に採り入れることにより，国籍の取得について不都合が生じることを回避しようと努めてもいる。日本の場合，かつては**父系優先血統主義**（父親が日本国籍をもつ場合にのみ子が日本国籍を取得する）を採用していた。しかし，女子差別撤廃条約への加入に伴い，

1984年に国籍法が改正され，**父母両系血統主義**になった。同条約9条2項は，子の国籍の取得に関して男女平等を規定しているが，この規定と国内法との抵触を解消するためだった。

<table>
<tr><td>12–3
国籍の抵触に関する調整</td></tr>
</table>

国籍が各国国内法に基づき付与される結果，国籍が積極的または消極的に抵触する場合が生じる。前者の場合，重国籍となるのに対し，後者の場合は，無国籍となる。重国籍の場合，複数の国家により納税や兵役の義務が課せられたり，**外交的保護**の行使が主張されたりすることがありうる。その結果，個人の不利益を招いたり，場合によっては国際紛争の原因となるため，かつては非常に大きな問題として取り扱われてきた。また，無国籍の場合，退去強制となったときに，当該個人を受け入れる国がないということが起こる。

国籍が抵触する場合，国際的平面においては国際法の介入により調整がなされる。すなわち，重国籍の場合，当該個人といずれの国家との結びつきが最も緊密であるかという**実効的国籍の原則**に基づき調整がはかられる。国際司法裁判所（ICJ）の**ノッテボーム事件**(1955年)〈百選69〉判決で示されたように，実効性の判断基準としては，常居所や職業活動の本拠地などが用いられる。

無国籍に関しては，個人の重大な不利益を招くため，「無国籍者の法的地位に関する条約」(1954年)のほか「無国籍の減少に関する条約」(1961年)がある。ただし，これらの条約の締約国は必ずしも多くない。なお，自由権規約（「市民的及び政治的権利に関する国際規約」）24条3項や児童の権利に関する条約7条1項は，児童が国籍を取得する権利を持つことを規定しているものの，実際の国籍付与は各国国内法に委ねられている。

2 外国人の地位

12-4
外国人の出入国
一般国際法上，国家は外国人の入国を認める義務を負うわけではない（マクリーン事件（1978年）〈百選46〉）。そのため，外国人の入国に対してさまざまな条件を課すなど，国家は広汎な裁量をもつ。もっとも，個別に締結される通商航海条約などで外国人の入国や居住を保障する場合は多い。また，実際には，入国拒否事由に該当するなどの理由がない限り，国家は外国人の入国を認めるのが普通である。

外国人の出国が自由であることは，慣習国際法上確立している。国の安全，公の秩序，公衆の健康もしくは道徳または他の者の権利および自由を保護するために必要などの特別な理由がない限り，国家は外国人の出国を禁止できない。自由権規約は12条でこの点を確認した。また，国家が外国人の意思に反して，出国を強制する場合もある。すなわち，退去強制と**犯罪人引渡し**がこれに該当する（後者については，⇨第13章 *1*）。もっとも，国家は恣意的に外国人の追放を行ってはならないとされている（自由権規約13条）。

12-5
外国人の権利・義務
外国人は，自らが滞在する領域国の法令を遵守すべき義務を負い，原則として領域国の国民と同等の義務を負う。ただし，義務教育や兵役などの当該領域国の国民に専属的な義務は免除される。

また，権利に関しても，基本的自由や日常生活に必要な権利など，外国人は領域国の国民と同等の権利を享受する。もっとも，参政権や公職に就く権利などは，除外されている場合が多い。また，経済

活動に関する諸権利に関しても，一定の制限が設けられている場合が少なくない。たとえば，土地や船舶，航空機の所有や資源開発に関して，国家の安全や公益を理由に，制限を課すこともできるとされている。

12-6

**領域国の外国人の保護
義務**

国家は，「**相当な注意**」（due diligence）を払って，自国に滞在する外国人の身体および財産を保護すべき義務を負う。しかし，相当注意義務の内容は必ずしも明確ではない。この義務の内容をめぐっては，**国際標準主義（文明国標準）**と**国内標準主義**が歴史的に対立してきた。すなわち，前者は，欧米諸国など先進国の国内制度を前提として，こうした「文明国」の国内で通常与えられる程度の保護が与えられなければならないと主張する。後者は，ラテン・アメリカ諸国などが中心となって主張してきたもので，外国人に対して与えられるべき保護に関して最低の国際水準が存在することを否定するわけではないが，各国が国内で自国民に対して与えている程度の保護を与えればよいと主張する。1930 年の**国際法典編纂会議**以来，外国人が被った損害により生じる国家責任の法典化が失敗したのは，このような両者の対立が解消できなかったからである。もっとも，人権の国際的保障の進展に伴い**内外人平等**が貫徹されれば，理論的にはこうした対立は解消へむかうと考えられよう。人権条約により保障される権利は，外国人を含む国家の領域内ないし管轄下のすべての自然人を対象とするものだからである。

3 人権の国際的保障

① 伝統的国際法における人権

12-7
**国内管轄事項としての
人権**

近代的な人権観念を初めて体系的に明らかにしたのは，**フランス人権宣言**（「人及び市民の権利宣言」）（1789 年）である。同宣言は，それまでの中世的な身分を前提とした権利の確認とは異なり，人一般の権利としての人権を定式化した。また，その後の各国の国内法に対して，絶大な影響を及ぼした。

もっとも，国際法上の人権観念が確立し，その擁護が主張されるようになるのは，20 世紀になってからである。特に，人権の国際的保障の制度的な仕組みが飛躍的に整備されるのは，第 2 次大戦後である。たしかに，20 世紀以前にも，通商航海条約に基づき個人の権利が規定されることはあった。また，**奴隷貿易**の廃止が取り決められたこともあった。近代国際社会の誕生の契機とされる**ウェストファリア条約**（1648 年）自体が，宗教的少数者の保護に関する規定を含んでいた。

しかし，このような事例は，人権の国際的保障という観点からみると，極めて周辺的かつ散発的な性格を免れない。個人に関して規定する条項を持つ条約がなかったのではない。しかし，国際人権法という観念自体が当時は未確立であって，国際法はもっぱら国家間関係のみを規律するものと考えられていた。人権は，あくまで国内問題とされていたのである。

② 戦間期における人権の国際的保障の萌芽

12-8
少数者の保護

このような状況は，20世紀になると次第に変化した。戦間期には，人権の国際的保障という観点から注目すべき若干の事例が出現した。最初に取り上げられるのは，中東欧における**少数者の保護**である。すなわち，第1次大戦の後，欧州では既存の国家の国境線に変動が生じたり，新国家の誕生があった。その結果，多くの国が自国内に少数者を抱えるようになったが，その取扱いを誤れば当該少数者が多数を占める国家との間に緊張を招くおそれがあった。

こうした状況を背景に，主たる同盟および連合国とチェコスロバキアや，ギリシア，ポーランド，ルーマニア，ユーゴスラビアの各国との間に締結されたのが，少数者保護条約である。このほか，オーストリア，ブルガリア，ハンガリー，トルコとの間に締結された平和条約の中でも，少数者の権利に関して規定された。これらの条約では，生命・身体・信教の自由のほか，法の前の平等，市民的・政治的権利とりわけ公職に就任する権利の平等のほか，公立学校における母語による教育を受ける権利などが保障された。

このような少数者の保護は，戦間期における人権の国際的保障の先駆的な事例として，注目に値する。もっとも，こうした事例は，欧州という地域的な限定を伴っていた。また，当時の少数者の保護は，究極的にはヴェルサイユ体制の維持を目的として行われたのであって，少数者の保護自体を対象としたものではなかった。その意味で，一定の限界があった。

12-9
委任統治

もう1つの注目すべき事例は，国際連盟による**委任統治**制度である。すなわち，

第1次大戦の敗戦国の植民地および領土で「近代世界ノ激甚ナル生存競争状態ノ下ニ未タ自立シ得サル住民ノ居住スル」地域の「福祉及発達ヲ計ル」ことは，「**文明ノ神聖ナル使命**」とされた（連盟規約22条1項）。この考えに基づき，国際連盟の委任を受けた国がこうした地域の統治を行った。各受任国は，連盟に対して年報の提出が義務づけられ，この年報は常設委員会により審査された。

国連体制下では，委任統治制度は，基本的に**信託統治**制度に引き継がれた。また，今日では信託統治地域はすべて独立するか，他国と提携を結んだため，信託統治理事会は活動を休止した（⇨4-5）。こうした第2次大戦後の自決権の確立と非植民地化との関連で，国際連盟の委任統治制度は先駆的な役割を果たしたといえよう。

12-10
**国際労働機関(ILO)の
設立**

最後に取り上げられるのは，**国際労働機関**（ILO）の設立である（⇨4-9）。ILO は，第1次大戦の講和条約であるヴェルサイユ条約の第13編「労働」に基づいて設立された。ILO 設立の背景には，資本主義の進展に伴い先鋭化した資本家と労働者階級の対立を，各国の協力により解決すべきであるという考えがあった。すなわち，労働条件の問題はそれぞれの国家の国際競争力に影響を及ぼす。そのため，劣悪な労働条件をめぐる資本家と労働者階級の対立は，個々の国家ではなく，国際的な協調に基づいて解決すべきであるとされたのである。

また，第1次大戦の結果，労働問題と平和が不可分の関係にあることが認識されるようになった。ILO 憲章前文は，「世界の永続する平和は，社会正義を基礎としてのみ確立する」と述べる。そして，「世界の平和及び協調が危くされるほど大きな社会不安を起すような不正，困苦及び窮乏を多数の人民にもたらす労働条件が存在し，

且つ，これらの労働条件を……改善することが急務である」と述べている。

③ 国連体制下における人権の国際的保障の展開

12-11
国連憲章における人権
関連規定

(1) 国連憲章の人権規定 以上のような戦間期における事例は存在したが，人権の国際的保障が本格的に展開するのは，国連の成立以降である。すなわち，国連憲章（1945年）は，「基本的人権と人間の尊厳及び価値と男女……の同権とに関する信念をあらためて確認」し（前文），国連の目的として「人種，性，言語又は宗教による差別なくすべての者のために人権及び基本的自由を尊重するように助長奨励することについて，国際協力を達成すること」（1条3項）を規定した（55条cも同旨）。また，この目的を達成するために，加盟国は国連と協力して共同および個別の行動をとることを誓約し（56条），経済社会理事会の補助機関として「人権の伸張に関する委員会」を設けることとされた（68条）（⇨*12-12*）。連盟規約の場合，人権に関連する規定が全くなかったわけではないが，「人権」に正面から言及した規定は皆無だったのと比較すれば，国連が人権の国際的保障をいかに重視したかが分かるであろう。

国連憲章において人権に関する明確な規定が設けられた背景としては，以下を指摘できる。第1に，1930年代に登場したナチス・ドイツをはじめとする全体主義国家は，戦争を開始し，国内では体制批判派に対して過酷な弾圧を行った。こうした状況を考慮して，人権を国内法で保障するだけでは不十分で，国際的に保障する必要性が認識されたことである。第2に，第2次大戦における連合国の

戦争目的として，すべての人類の「恐怖及び欠乏からの解放」と
「生命を全うすることを保障するような平和の確立」が掲げられた
(「**大西洋憲章**」)。そして，このような人権の尊重を戦争目的に掲げ
た連合国が勝利をおさめ，戦後の世界秩序を形作ったことである。
最後に，当時経済的な優位にあった西側諸国にとって，経済活動の
自由を保障するための基盤をある程度整備しておくことが，自らの
利害に一致したということも指摘できるだろう。

(2) **法的評価**　　もっとも，国連憲章の人権に関する規定が，
国連自体はともかく，加盟国に対して法的な義務を課したものだっ
たかどうかに関しては議論がある。国連憲章の草案であるダンバー
トン・オークス提案と比較すれば，憲章は人権に関するより詳細な
規定を設けたものの，その文言は抽象的で具体性を欠いたものにと
どまっている。また，国連と協力して加盟国が共同および個別の行
動をとることを規定した56条の起草過程では議論があり，その文
言も「義務」ではなく，わざわざ「誓約」(pledge) という言葉を用
いている。当時は，米国で公民権運動が開始される前であり，ソ連
は強制収容所を抱え，英仏はいまだ植民地支配を継続している状況
だったのである。

12-12
世界人権宣言の採択

(1)　**人権委員会における国際人権章典
の作成**　　そこで，国連は設立の後に直
ちに憲章の人権規定を具体化する作業に着手した。この役割を担っ
たのが，憲章68条に基づいて，経済社会理事会の補助機関として
1946年に設立された**人権委員会** (Commission on Human Rights) であ
る。当初，人権委員会は単一の国際人権章典の作成を目指した。し
かし，それが必ずしも容易ではないことが判明したため，すべての
国によって尊重されるべき人権の具体的内容を示す宣言と，一定の

人権に関しては条約の形式をとることとし，さらに後者に関しては実施措置について検討することとした。こうして，先行して採択されたのが，世界人権宣言（1948 年）だった。

(2) 世界人権宣言　　**世界人権宣言**は，前文と全 30 か条からなる。内容的にみると，冒頭で「すべての人間は，生まれながらにして自由であり，かつ，尊厳と権利とにおいて平等である」（1 条）と述べているように，やや自由権に対して比重がおかれている。もっとも，社会保障の権利（22 条）や労働の権利（23 条），休息および余暇の権利（24 条），生活水準についての権利（25 条），教育の権利（26 条）などの社会権も規定されている。また，こうした権利が侵害されたときに，司法手続による救済を得る権利も規定されている（8 条・10 条・11 条）。

世界人権宣言は国連総会決議として採択されたものであって（総会決議 217（Ⅲ）），国家に対する法的拘束力をもたないことを前提としていた。そこで，人権委員会の次の仕事は，この宣言を条約化することだった。

12-13
国際人権規約の採択

(1) 国際人権規約　　**国際人権規約**（1966 年）とは，もともと**社会権規約**（「経済的，社会的及び文化的権利に関する国際規約」）および**自由権規約**（「市民的及び政治的権利に関する国際規約」），**自由権規約の選択議定書**（「市民的及び政治的権利に関する国際規約の選択議定書」）という 3 つの条約を総称するものだった。その後，1989 年に**死刑廃止議定書**（「死刑の廃止を目指す『市民的及び政治的権利に関する国際規約』の第二選択議定書」）が採択された。また，2008 年には社会権規約選択議定書（「経済的，社会的及び文化的権利に関する国際規約の選択議定書」）も採択された。その結果，今日では「国際人権規約」という文言は，正確に

はこれらすべてを含むが，中心をなしているのは社会権規約，自由権規約および自由権規約の選択議定書であるといってよいだろう。同規約は基本的に世界人権宣言を条約化したものであり，人権の国際的保障の仕組みにおいて，最も重要な位置を占める。

(2) 社会権と自由権の区別　同規約が，社会権と自由権を分けて別個の条約に規定したのは，次のような事情による。第1に，世界人権宣言を条約化するに際して，大多数の諸国が受諾可能な自由権を中心とした最小限の人権に限定すべきか，それとも社会権を含むできるだけ多くの人権について規定すべきかで議論があった。しかし，社会権について規定しないのは時代錯誤であるとの批判が社会主義諸国を中心として提起され，結局この主張がまさった。

もう1つの議論は，社会権に関する規定を設ける場合，それを自由権と同じ条約において規定すべきかどうかという問題だった。自由権と社会権では権利の性格が異なり，前者は即時に実施可能であるのに対し，後者は国家の積極的関与により「漸進的に達成」（社会権規約2条）されるべきものと考えられたからである。この点に関しては，両者を別個の規約に規定することになった。自由権と社会権を截然と区別することに関しては現在では批判的な議論もあるが，国際人権規約の成立史を検討する限りでは，以上のように述べることができよう。

(3) 国際人権規約の特徴　こうして採択された国際人権規約は，世界人権宣言と比較してみると以下のような特徴をもつ。第1に，社会権規約と自由権規約のいずれにおいても，冒頭で「すべての人民は，自決の権利を有する」と述べて**自決権**について規定した（共通1条1項）。また，天然の富および資源に対する権利も規定された（同条2項）。この点は，個人の人権だけを規定した世界人権宣

言とは，著しい対照をなしている。人民の自決権は，生まれや身分ではなく，個人が自らの意思で自らの運命を決定するという考え方を，集団（人民）に対して応用したものである。1960年以降に国際社会の多数派を急速に占めるに至った第三世界諸国は，こうした自決権は個人が人権を享有する上で不可欠の前提条件であると主張した。国際人権規約の冒頭の規定は，このような考え方を反映したものである。また，国際人権規約は，全般的に世界人権宣言よりも詳細な規定を設けている。この点は，たとえば社会権規約では，労働の権利（6条）や教育に対する権利（13条），生活水準および食糧の確保（11条）などに，また自由権規約では，奴隷および強制労働の禁止（8条）や公正な裁判を受ける権利（14条），思想・良心および宗教の自由（18条），表現の自由（19条），結社の自由（22条）などに顕著である。他方で，迫害からの庇護や財産権のように，世界人権宣言では規定されていたが（14条および17条），国際人権規約では条文が設けられなかったものもある。また，自由権規約では，国民の生存を脅かす公の緊急事態において，締約国が同規約に規定された一定の義務に反する措置をとることができるという**非常事態における例外条項**（4条）も詳細に規定された。

12-14
個別的な分野の人権諸条約の採択

このほか，国連は個別的な人権の保障を目的とした条約を数多く採択している。代表的なものとして，**人種差別撤廃条約**（1965年），**アパルトヘイト条約**（1973年），**女子差別撤廃条約**（1979年），**拷問等禁止条約**（1984年），**児童の権利条約**（1989年），**障害者の権利に関する条約**（2006年），**強制失踪からのすべての者の保護に関する条約**（2006年）などがある。これらは，全体として，国際人権法の極めて重要な枠組みを形成している。

新しい人権──「発展の権利」

既にふれたように，人民の自決権は，集団の権利という点で伝統的な人権とは異なっている。第三世界諸国の主張を背景として，国連では，さらに進んで「**発展の権利**（right to development）」が主張されるに至っている（「発展の権利に関する宣言」（1986年））。ここでいう「発展」とは，単に経済的な側面だけを意味するのではなく，より広汎な社会的・文化的な側面も含むとされている。こうした発展の権利は，世界人権会議（1993年）で採択された「**ウィーン宣言及び行動計画**」にも取り入れられた。このほか，平和に対する権利や環境に対する権利なども主張されており，こうした新しい人権は一括して「**第三世代の人権**」と総称される。

④　人権の国際的実施措置

人権条約の履行確保

人権条約は，締約国に対して個人の権利を保障することを求めるため，締約国間に相互主義が機能するような通常の条約とは異なっている。そのため，人権条約では，締約国による人権条約の履行を確保する仕組みがあらかじめ設けられていることが多い。このような履行確保の仕組みのうち，代表的なものとして，国家報告制度および国家通報制度，個人通報制度があげられる（主要な普遍的人権条約の実施手続については⇨248頁の表を参照）。これらの仕組みは，それぞれ異なる趣旨および目的をもっている。以下では，自由権規約を中心としつつ，適宜その他の人権条約にも言及しながら説明することとする。

（1）　国家報告制度　　**国家報告**制度とは，締約国が人権条約に加入した後の一定期間内に，その条約上の義務の履行状況を当該条約の実施機関に報告する手続である。自由権規約の場合，締約国は

自国に関して当該規約が効力を発生した後1年以内に，またその後は人権委員会（Human Rights Committee（前出の経済社会理事会の補助機関とは別物で，自由権規約28条に基づき設置されたもの。18名の委員で構成され，混同を避けるためにしばしば**「規約人権委員会」**と略称される））が要請するときに（通常は5年ごと），自由権規約で認められる権利の実現のためにとった措置および権利の享受に関してもたらされた進歩に関して報告を行わなければならない（40条1項）。規約人権委員会は，締約国からの報告を検討し，総括所見（concluding observations）を採択する。この所見は締約国を法的に拘束するものではないが，大きな影響力を持つ。また，規約人権委員会によって採択される**一般的意見**（「一般的性格を有する意見」）（General Comments）は，自由権規約の解釈に関して極めて重要な意味をもっている。こうした国家報告制度は，国際人権規約のほか，ほとんどすべての普遍的人権条約において設けられている。締約国の人権状況全般を監視し，向上させる点で，この制度は極めて重要な役割を果たしている。

(2)　国家通報制度　　**国家通報**制度とは，締約国が人権条約上の義務を履行していないときに，他の締約国が当該不履行を条約の実施機関に通報する手続である。自由権規約の場合，この手続は41条に規定されている。ただし，この手続のためには，関係当事国双方があらかじめ規約人権委員会の権限を認める宣言を同条に基づき行っていることが必要とされる。また，この手続の趣旨は，人権条約によって形成された制度全体を維持することにある。自由権規約の締約国の一つが自国内で人権を侵害したからといって，他の締約国の個別的な利益が侵害されているわけではなく，二国間関係における紛争も発生しているとはいえないからである。ただ，外交

主要な普遍的人権条約とその実施手続

条約名	実施機関	国家報告	国家通報	個人通報
社会権規約	社会権規約委員会（経社理決議により1985年に設置）	○ （16条）	○（選択議定書10条）	○（選択議定書2条）
自由権規約	規約人権委員会（28条）	○ （40条）	○（選択的・41条）	○（自由権規約選択議定書2条）
人種差別撤廃条約	人種差別撤廃委員会（8条）	○ （9条）	○ （11条）	○（選択的・14条）
女子差別撤廃条約	女子差別撤廃委員会（17条）	○ （18条）	×	○（選択議定書2条）
拷問禁止条約	拷問禁止委員会（17条）	○ （19条）	○（選択的・21条）	○（選択的・22条）
児童の権利条約	児童の権利委員会（43条）	○ （44条）	○（個人通報手続選択議定書12条）	○（個人通報手続選択議定書5条）
障害者の権利条約	障害者の権利委員会（34条）	○ （35条）	×	○（選択議定書1条）
強制失踪者保護条約	強制失踪委員会（26条）	○ （29条）	○（選択的・32条）	○（選択的・31条）

※○は当該実施手続が設けられていることを，×は設けられていないことを示す。また，「選択的」は，締約国が実施機関の権限を承認する宣言を行う必要があることを示し，「選択議定書」とは条約本体とは別の選択議定書に締約国が加入していることが必要であることを示す。

的に敬遠されるためか，普遍的な人権条約に関しては，従来この制度は使われてこなかった。そのため，この仕組みは事実上機能していなかった。ところが，2018年に人種差別撤廃条約の下で3つの通報が行われ（カタール対サウジアラビア，カタール対UAE，パレスチナ対イスラエル），大いに注目された。

(3) **個人通報制度**　**個人通報**制度とは，自由権規約に定める権利を侵害された個人が規約人権委員会に通報することができる手続である。すなわち，自由権規約を採択する際，人権を侵害された個人が国際的な手続に基づき救済を得ることが認められるべきかどうかに関しても，議論があった。結局，自由権規約自体とは別個の選択議定書を設け，この議定書の締約国に関しては，自国の管轄の下にある個人（自国民に限定されない）による通報が認められること

になった。通報を行うためには，当該個人は国内救済を完了しなければならない（自由権規約選択議定書2条）。規約人権委員会は，その他必要とされる要件を満たしている通報を受理し，関係締約国の注意を喚起する。注意を喚起された締約国は，一定期間内に説明およびその他の陳述を規約人権委員会に提出し，同委員会はこれらを検討した後，意見を採択する。意見は当該個人および関係締約国に送付される。

12-17

**国連憲章に基づく手続
── 1235 手続および
1503 手続**

以上のような条約に基づく人権の国際的な実施とは別に，国連の実行を通じて形成されてきた手続がある。すなわち，1967 年に経済社会理事会は決議 1235 を採択し，人権委員会が自らのイニシアティヴに基づきすべての国の人権侵害状況を公開で審議することが認められた。また，1970 年には決議 1503 を採択し，個人または団体からの「**人権及び基本的自由の重大かつ確証された持続的形態の侵害**」を示す通報に関して，人権委員会およびその下部機関である**人権の促進および保護に関する小委員会**（「**人権小委員会**」。従来「差別防止および少数者保護に関する小委員会」といわれていたが，1999 年より「人権の促進および保護に関する小委員会」に改称された。その後，後述の人権理事会の下では，「諮問委員会」として編入された）において非公開で審査し，勧告を行うという手続が認められた（これらは「**国別手続**」と総称される）。通報を行う個人や団体は，必ずしも被害者である必要はない。これらの手続は，いずれも大規模かつ重大な人権侵害を対象とするという点で注目された。また，以上に加えて，人権委員会は「強制的または非自発的失踪に関する作業部会」や「即決または恣意的処刑」などの**テーマ別手続**により，1980 年より人権侵害状況の調査を行ってきた。

人権委員会のこうした活動は注目を集めたが，他方で従来から批判も提起されてきた。たとえば，委員会の活動は，効率的とはいいがたかった。また，委員会のメンバーには，大規模人権侵害の疑いがある国が選出されることがあった。その結果，こうした国家は自国に対する批判を回避するために委員会のメンバーとなったのではないかとの疑問が提起されるなど，委員会の活動が政治的性格を帯びることが少なくなかったからである。そのため，同委員会は 2006 年に活動を終了し，代わって新たに**人権理事会**が設けられた（人権理事会は国連総会の補助機関として設置されており，「理事会」という名称をもつものの，国連の主要な機関である安保理や経社理と同等の組織法上の地位にあるのではない）。人権委員会のメンバーが経済社会理事会の単純多数決により選出されたのに対して，人権理事会のメンバーには国連総会における選挙によって絶対多数を獲得した国家が選ばれることになった。メンバーの数も，53 か国から 47 か国にしぼられた結果，選出の基準はより厳しくなった。また，人権理事会は，従来人権委員会が担当してきた多くの任務を引き継いだ。そして，2008 年以降，その任務は(1)普遍的定期審査と，(2)特別手続，(3)申立手続に特定化された。具体的には，(1)はすべての国連加盟国の人権状況を審査する手続であり，一部の国家のみが対象とされた人権委員会の問題点を克服しようとするものである。また，(2)は，従来人権委員会において国別手続およびテーマ別手続と称されてきたものに該当する手続である。(3)は，従来 1503 手続と呼ばれてきたものに改善を施したものである。

Column⑯ 普遍的定期審査 (Universal Periodical Review: UPR) ┄

　2006 年に国連総会が人権理事会を設けた際に，新たに導入された制度が普遍的定期審査である。この制度は，国連全加盟国を対象とし，その人権状況を審査するという制度である。従来，人権委員会が各国の人権状況の審査を行ってきたが，対象とされる国家の選択に偏りが見られ，「二重基準 (double standard)」に基づいている等の批判があった。そこで，「人権理事会の制度構築」に基づき実現したのが，この制度である。

　審査は，4～5 年で国連全加盟国の人権状況の審査が終了する形で設計されている。その際基礎とされる人権基準は，国連憲章，世界人権宣言，審査対象国が当事国となっている人権条約および当該国が行った自発的誓約ならびに約束である。また，審査の基礎とされる文書は，審査対象国が提出する報告書，人権条約の履行監視機関からの報告やその他の国連文書を人権高等弁務官事務所がまとめたもの，および他の利害関係者が提供した情報を人権高等弁務官事務所がまとめたものである。審査は UPR 作業部会によって行われ，一国当たり 3 時間（2 巡目からは，3 時間半）の時間が費やされることになっている。

12-19
国連人権高等弁務官

　1993 年には，国連総会決議に基づいて，長年の懸案であった**人権高等弁務官**が設置された。国連の人権活動全般に対して主要な責任を負うポストを設けるべきことは，既に 1950 年から提唱されていた。もっとも，東西対立の影響や人権の国際的保障の重要性に対する理解不足などもあって，実現してこなかった。しかし，1993 年にウィーンで開催された世界人権会議が直接の契機となって，ようやく設置されることになった。基本的任務としては，人権の促進・保護，助言的サービスの提供のほか，人権侵害に対して関係国と緊急に対応したり侵害予防につとめるなど非常に包括的である。

5 人権の地域的保障

12-20
地域的人権条約

以上のような普遍的条約とは別に，地域的な人権条約も存在する。地理的隣接性や文化的同質性を背景とするこうした条約では，普遍的な条約を凌駕するような履行確保の仕組みが設けられたり，地域的な特性が反映されることがある。その代表的な例が，**欧州人権条約**（1950 年）である。同条約は，欧州人権裁判所を具備しており，その判例は国際人権法の発展に主導的役割を果たしてきている。また，ラテン・アメリカ諸国に関しては，**米州人権条約**（1969 年）がある。米州人権条約でも，条約の実施機関として裁判所がある。アフリカにおける地域的人権条約としては，1981 年に**バンジュール憲章**が採択された。自由権や社会権に加えて，発展の権利も規定された。

4 難 民 の 保 護

12-21
難民問題と国際社会

圧政を逃れて個人が外国に亡命する現象は，古くから存在した。自国を逃れてきた亡命者などに対して，領域主権に基づき国家が庇護を与えることができるのは，**領域内庇護**（territorial asylum）として，一般国際法上認められてきた（これに対して，在外公館に逃れてきた者を庇護する**外交的庇護**（diplomatic asylum）は，一般国際法上認められていない（庇護事件（1950 年）（⇨*3-17*）））。

しかし，難民という現象が国際的な関心を呼ぶようになったのは，第 1 次大戦以降である。すなわち，ロシア革命により生じた多数の

難民の発生をきっかけとしてであった。ロシア難民に対しては，国際連盟が中心となり，本国の発行した旅券に代わる旅行許可証（亡命者救済高等弁務官に就任したノルウェーの極地探検家ナンセンの名にちなんでしばしば「**ナンセン旅券**」と称される）が発給された。また，第2次大戦以降は，**国連難民高等弁務官事務所**（UNHCR）が設立された。

12-22
難民条約および同議定書

1951 年の**難民条約**では，難民の定義として「1951 年 1 月 1 日前に生じた事件の結果として，かつ，人種，宗教，国籍若しくは特定の社会的集団の構成員であること又は政治的意見を理由に迫害を受けるおそれがあるという十分に理由のある恐怖を有するために，国籍国の外にいる者であって，その国籍国の保護を受けることができないもの又はそのような恐怖を有するためにその国籍国の保護を受けることを望まないもの」と規定した（1 条 A(2)）。この条約上の難民（「狭義の難民」または「条約難民」などと称される）は，迫害や国籍国の外に所在することを条件としており，主として当時の旧ソ連および東欧諸国からの亡命者を対象としたものだった。その後，1967 年の**難民議定書**では，難民条約 1 条 A(2)で規定されていた時間的要件が除かれた。

　これらの条約が対象とする難民は政治難民であって，今日の国際社会における重要な課題となっている外国からの軍隊の侵攻や内戦，食糧危機などにより生じた**国内避難民**（internally displaced persons），**事実上の難民**（*de facto* refugees），**庇護請求者**（asylum seekers），人道上の難民（humanitarian refugees）などと称される広義の難民を対象とするものではない。UNHCR は，当初は狭義の難民だけを対象としていたが，現在では緊急人道援助などを通じて，こうした広義の難民も援助および救済の対象としている。

難民条約の締約国の義務

国家は，難民条約の締約国となることによって，難民を受け入れる義務を負うわけではない。難民資格認定の手続は，各締約国の国内法に基づき行われる。もっとも，国家は難民条約の締約国となることにより，条約難民であることの理由を示す者に対して，不法に入国または不法に所在していることを理由に刑罰を科してはならない。また，締約国は，合法的にその領域内に所在する難民を追放してはならない。さらに，締約国は，生命または自由が脅威にさらされるおそれのある領域の国境へ難民を追放しまたは送還してはならない。このうち，最後の原則は**ノン・ルフールマン**（non-refoulement）**の原則**といわれる（追放・送還の禁止）。一般国際法上，個人の権利としての**庇護権**は未確立であるとされるため（世界人権宣言では規定されていた「迫害からの庇護」を求める権利（14条）は自由権規約では除かれた。また，1967年に国連総会により領域内庇護宣言が採択されたが，その法典化は結局挫折した），ノン・ルフールマンの原則は非常に大きな意味をもち，慣習国際法として確立したという主張も有力である。

日本の難民認定制度

日本が初めて難民問題に直面したのは，1970年代末期のインドシナ難民の受入れからだった。当時，日本は難民条約には加入しておらず，国内法の整備も進んでいなかったため，閣議決定によりこうした事態に対応した。その後，日本は1981年に難民条約，82年には同議定書に加入した。これに伴い，従来の出入国管理令を出入国及び難民認定法（入管法）に改正し，難民認定制度を規定した。また，難民条約に基づく義務を履行するため，国民年金法などの社会保障制度に関して従来設けられていた国籍条項を撤廃した。

入管法は，その後数次の改正を経て現在に至っているが，難民認定に関するものとして最も注目されるのは以下である。すなわち，2005年に難民認定申請に関する期間の制限が撤廃された。また，学識経験者などからなる難民審査参与員制度が設けられた。難民申請をして退けられた者は，この参与員（3名で一班を構成）に対して審査請求を行うことが出来る。参与員には，2023年12月12日現在108名が任命されており，書類の審査や申請者に対するインタビューの後に法務大臣に対して意見書を提出し，同大臣はこの意見書を尊重する。こうした仕組みは，より客観的な立場から難民認定を行うことを可能にすることを目的としたものである。

　もっとも，このような制度改革にもかかわらず，日本の難民認定数は諸外国と比較してかなり少なく，さほど変化は見られないようである。それにはいくつかの要因が指摘できるが，最大の理由は難民条約に基づく日本の難民認定が非常に厳格であり，人道的配慮に基づく在留許可（補完的保護）に関しては冷淡だったことにあるといえよう。2023年の入管法改正により，ようやく補完的保護の制度が設けられた（同年12月1日施行）。ロシアによるウクライナ侵略に関連して，日本は多数のウクライナ人を「避難民」として受け入れた。しかし，今後は新たに設けられた補完的保護対象者の認定制度により，こうした人々を難民に準じるものとして受け入れることが予想される。他方で，改正された入管法は，従来，申請中は停止していた退去強制手続が3回目の難民認定申請以降は可能となる内容となっている。そのため，同法の今後の運用が注目されている。

第13章 国際刑事法

●本章のサマリー

　国家の刑事管轄権は原則として属地主義に基づき行使されるとされてきた。しかし，現在の国際社会における犯罪の国際化と，国際社会全体に重大な影響を与えるような犯罪行為への対応のためには，属地主義に基づく刑事管轄権の行使だけでは十分ではなくなっている。国際法の規則によって，各国の刑事管轄権を調整することや実効的な訴追および処罰のための制度を構築することが必要になっている。こうした分野を規律する国際法を「国際刑事法」と呼ぶことができる。

　犯罪の国際化に実効的に対応するためには，犯罪人の引渡しや国際司法共助等に関する国際協力が不可欠である（⇨**1**）。

　国際社会全体に影響を与える犯罪類型には，諸国の共通利益を害する犯罪と個人の国際犯罪がある。諸国の共通利益を害する犯罪に関しては，犯罪行為を条約上定義し，その防止とともに複数の関係国の国内法制度の下での訴追および処罰を可能とする条約が多数締結されている。これらの条約は特にテロとの戦いにおいて重要な役割を果たす（⇨**2**）。

　個人の国際犯罪に関しては，特に第2次大戦後，急速な国際法の発展がみられる（⇨**3**, **4**）。国際刑事裁判所の役割は特に注目される（⇨**5**, **6**）。国際刑事裁判所が管轄権を行使できない事案や関係する国家の特別な事情に対応するためにハイブリッドな刑事裁判制度も設置されるようになっている（⇨**7**）。国家元首や政府の高官等，国内法制度上高い地位を持つ者が個人の国際犯罪に関わる場合，それらの者が国内法と国際法により享有する特権・免除による不処罰の問題を克服することが重要な課題となる（⇨**8**）。

SUMMARY

1 犯罪の国際化

13-1
刑法の属地的適用原則
の意義とその限界

通常の犯罪行為については，各国の国内法がその定義とこれに対する罰を定め，その訴追や処罰のための手続も設けている。国家は，自国の歴史，社会，文化を考慮した上での社会秩序の維持のために，その社会に適した刑事法体系を有しており，犯罪行為は，原則として，行為者や被害者の国籍に関わりなく，行為地国の国内法によって訴追および処罰されるという属地主義が原則とされてきた。犯罪の処罰や防止による社会秩序の維持は，国家主権の重要な機能の一つであり，**刑法の属地性**の原則は今日でも十分な存在意義を持っているといえる。しかし，犯罪の国際化により，刑法の属地的適用だけでは，犯罪人を実効的に訴追および処罰することができない場合が生じたため，国際法によって各国の利害の調整が必要となった。

犯罪行為の国際化はさまざまな影響をもたらす。第1に，犯罪行為を行った者が外国に逃亡する場合，犯罪の行為地国が当該犯罪人が所在する領域国に対して，その者の引渡しを請求することになる。第2に，特定の国家の領域で行われた犯罪の証拠物件や証人などが外国に所在する場合，証拠物件の提出や引渡し，輸送，または証人の出頭に関しての令状の送達などについて，証拠物件や証人が所在する国の協力が必要になる。第3に，犯罪の種類によって，自国民による外国での犯罪行為や自国民が被害者となった犯罪行為の自国国内法による訴追や処罰が必要となる場合がある。

国家の領域外で犯罪行為を行った者が領域内に所在する場合，犯罪行為地国などの関係国からの請求を受けて，犯罪人の所在地国がその者を拘束し，請求国に引き渡すことを**犯罪人引渡し**という。犯罪人の引渡しは，国際法上の国家の義務ではない。多数国間や二国間の条約がある場合や，**相互主義**の保証を条件として引渡しを認める国内法がある場合，および**国際礼譲**による場合に，犯罪人の引渡しが可能である。欧州や米州で，犯罪人の引渡しについて多数国間条約が締結されている他，多くの二国間条約が締結されている。また，諸国の共通利益を害する犯罪についての条約の多くが引渡しについての特別の規定（⇨*13-5*）を置いている。

日本は，米国（1978年）と韓国（2002年）との間で**犯罪人引渡条約**を締結しており，国内法として**逃亡犯罪人引渡法**を有している。日本の逃亡犯罪人引渡法は，引渡条約で特段の規定がある場合を除いて，引渡しの対象となる犯罪は**政治犯罪**を除く（2条1号。日米犯罪人引渡条約4条1項(1)も同趣旨），重大な犯罪（2条3号。日米犯罪人引渡条約2条1項も同趣旨）であるとし，請求国と被請求国の双方の刑法で犯罪とされている場合（**双方可罰性の原則**）に限定している。また，逃亡犯罪人が日本国民である場合を除く（**自国民不引渡しの原則**）との規定もある（2条9号）。日米犯罪人引渡条約5条や日韓犯罪人引渡条約6条1項もこの原則を規定しているが，ただし書で被請求国の裁量で自国民の引渡しが可能になる旨が規定されている。また，日韓犯罪人引渡条約は，6条2項で自国民であることのみを理由として引渡しが拒否された場合に，被請求国が訴追のために自国の当局にその事件を付託すると規定している。引き渡された犯罪人は引渡請求の理由となった犯罪についてのみ処罰される（**特定主**

義の原則）と規定される場合もある（日米犯罪人引渡条約7条1項）。これらの原則のうち，双方可罰性の原則，政治犯罪を除く重大な犯罪が引渡しの対象になるという原則，特定主義の原則は，各国の国内法や条約で一般的に認められているが，自国民不引渡しの原則は，国により国内法制度や実行が異なり，慣習国際法の原則とはいえない。今日では，外国に逃亡した犯罪人の引渡しが実現されない場合，その者が逃亡して滞在する国が，犯罪行為地国に代わって訴追手続をとる**代理処罰制度**による対応も見られるようになっている。

13-3

政治犯罪人不引渡しの原則

犯罪人の引渡請求を拒否する事由の中で重要な意味を持っているのが，**政治犯罪人不引渡し**の原則である。国際社会では，フランス革命以前は，むしろ政治犯罪人を引き渡すという傾向が強かったが，この革命以降，政治犯罪人不引渡しの原則が多くの場合に妥当すると考えられるようになった。政治信条の自由という基本的人権の保障と他国の政治的抗争への関与の回避という目的のために，普通犯罪の刑法犯のみが引渡しの対象となり，政治犯罪人の引渡しは拒否できるという慣行が蓄積された。

政治犯罪人不引渡しの原則については，第1にこの原則で言われる**政治犯罪**をどのように定義するのか，第2にこの原則が慣習国際法上確立した規則となっているのかについて議論がある。さらに，もし，この原則が確立した慣習国際法上の規則であるとすれば，国家は政治犯罪人を引き渡さない権利を有するにとどまるのか，あるいは引き渡さない義務を負うのかについての議論が必要となる。

第1の点については，政治犯罪とは，一国の政治的秩序を害することを目的とする犯罪行為とされ，通常，**絶対的政治犯罪**と**相対的政治犯罪**が区別される。絶対的政治犯罪とは，たとえば反逆の企図，

革命やクーデターの陰謀，禁止された政治結社の結成など，もっぱら特定の国の政治的秩序を害する行為を意味する。これに対して，相対的政治犯罪とは，特定の国の政治的秩序を害する行為に関連して行われる普通犯罪をいう。相対的政治犯罪にあたる行為の例として，君主制の転覆を目的として行われる君主の殺害，放火または略奪をあげることができる。絶対的政治犯罪が政治犯罪であることに議論の余地はないが，相対的政治犯罪については，その犯罪の動機の政治性や個別の事案の事情によって政治犯罪人不引渡しの原則を適用しうる政治犯罪人にあたるかどうかの判断が分かれる（**張振海事件**（1990 年）〈百選 48〉）。引渡請求の対象となった犯罪人の行為が政治犯罪にあたるか否かについての第一義的な判断権は，引渡しの被請求国にある（日米犯罪人引渡条約 4 条 1 項(1)）が，その判断には何らかの客観性が求められるといえる。

政治犯罪人不引渡しの原則が慣習国際法の規則か否か，またそれが国家の権利なのか，義務なのかについては，いずれについても見解が分かれるところである。日本の判例でも，**尹秀吉事件**で，第一審の東京地裁判決は，この原則が国家の義務を規定する慣習国際法上確立した原則であるとしたが，控訴審と上告審はそのような義務が確立した慣習国際法であることを認めなかった。なお，日本の多数説は第一審の立場を支持している。

13-4
新たな引渡しの拒否事由

近年は伝統的な犯罪人の引渡し拒否事由に加えて，引き渡される者の人権の保障の観点から引渡しの拒否事由が論じられるようになっている。

ソーリング事件（1989 年）〈百選 2 版 46〉では，死刑が存置されている米国バージニア州で犯罪行為（殺人）を行った後，死刑廃止国

英国に滞在していたソーリングにつき，米国の引渡請求を英国が認めたことについて，英国の**欧州人権条約**上の義務の違反が問題になった。**欧州人権裁判所**は，欧州人権条約3条（拷問の禁止）は死刑そのものを禁止する趣旨ではないとしつつ，当該被疑者の引渡しの結果，「拷問または非人道的なもしくは品位を傷つける取扱いもしくは刑罰を受ける真の危険に直面していることについて，実質的な根拠がある場合」，この規定の違反の問題が生ずる可能性があると述べた。そして，バージニア州の死刑制度における死刑の順番待ちの状況や被告ソーリングの犯行時の年齢，精神状態を考慮すると，英国が米国に彼を引き渡す場合，この規定の違反になりうるとした。死刑廃止国カナダに対する米国の引渡請求が問題となった**ジャッジ事件**（2003年）〈百選49〉では，自由権規約6条の下での生命に対する権利と7条の拷問または残虐な刑の禁止の違反が問題となった。自由権規約委員会は，死刑が執行されないことを確保することなく彼を米国に移送することは6条1項の違反となりうるとの見解を示した。なお，この見解では，6条1項の違反を認めたため，7条（拷問または残虐な刑の禁止）の違反についての意見は示されていない。

欧州犯罪人引渡条約（1957年）11条は，引渡しが請求される者の犯罪に対し死刑が課されうる法制度の国から，当該犯罪に死刑を課さない法制度の国または通常死刑を実施していない国に対し，引渡請求がある場合，死刑が実施されないことが十分に保証されない限り，引渡しが拒否されうるとの規定を置いている。2003年改正の英米間の引渡し条約7条にも同様の規定がある。欧州人権裁判所がソーリング事件で指摘したように，外国に逃亡した犯罪人の処罰の確保という社会の一般的利益と，当該犯罪人の基本的人権の保障の必要性の間の公正なバランスへの配慮が必要である。

13-5

諸国の共通利益を害する犯罪および個人の国際犯罪と政治犯罪人不引渡しの原則

2以降で述べるように，諸国の共通利益を害する犯罪や個人の国際犯罪にあたる行為は，政治的な性格を持つ場合がある。これらの犯罪の重要性にかんがみ，政治犯罪人不引渡しの原則が，これらの犯罪には適用されないことを明記する条約が増えていることは重要である。特定の犯罪行為を政治犯罪とみなさない旨を国内法や条約で規定する初期の先例として，外国元首，またはその家族に対する加害行為を政治犯罪とみなさないという規定（1856年ベルギー加害条項，欧州犯罪人引渡条約（1957年）3条3項）がある。1960年代以降多く締結されるようになった諸国の共通利益を害する犯罪についての条約およびジェノサイド条約では，それぞれの条約で定義される犯罪行為が，政治犯罪とみなされない，あるいは引渡犯罪とみなされると規定し，犯罪人の引渡しの確保が図られている（⇨**13-10**）。

13-6

国際司法共助

犯罪人が外国に逃亡した場合に引渡しを求める場合以外にも，捜査，訴追その他の刑事手続に関する国際協力が必要になる場合も多くなっている。たとえば，証拠物の収集，証人の尋問，被請求国に所在する者に請求国での出頭が招請される場合の書状の送達などがこれにあたる。このような場合も，証拠物や証人，出頭が求められる者が所在する国の協力が不可欠であり，国際協力が重要な意味を持つ。日本は，**国際捜査共助等に関する法律**（1980年）により，これに対応するとともに，米国（2003年），韓国（2006年），中国（2007年），香港（2008年），EU（2009年），ロシア（2009年），およびベトナム（2021年）との間で二国間の刑事共助条約を締結している。国際的にはこうした分野の国際協力を促進するために，**国際刑事警察機構**（インターポー

ル）も設立されている。

13-7
外国での犯罪行為の訴追および処罰

自国の領域外で行われた犯罪行為について，国家が何らかの理由で訴追および処罰を行う必要がある場合がありうる。たとえば，外国での児童の買春行為について犯罪人の国籍国が訴追および処罰を行うことを可能にする国内法を持つ国家が増加しているのは，一時的な滞在中に行われる行為について，犯罪行為地国が十分に対処できないことを補完するものである。日本の**児童買春・ポルノ禁止法**も日本の国籍を有する者が外国で行った行為にも適用される。また，日本では，2003 年に刑法が改正され，外国で行われた犯罪行為であっても，被害者が日本国籍の者の場合に，日本の刑事法による訴追および処罰が可能となった（刑法 3 条の 2）。これは，人の活動の国際化に伴い，外国で日本国籍の者が犯罪行為の被害者になる場合が増加したことに対応し，消極的属人主義を容認するものである。これらの立法は，犯罪行為の訴追および処罰を確保するために，加害者や被害者の国籍を紐帯として，領域外での行為に国内刑事法を適用することが認められる事例である（⇨第 2 章 **4**）。

さらに，外国で行われた犯罪行為について，犯罪行為地国の刑事手続により刑が確定し，拘置されている受刑者をその国籍国に移送しその者の国籍国で刑の執行を行うことにより，受刑者の改善更生および円滑な社会復帰ならびに刑事司法分野の一層の国際協力を図ろうとする**国際受刑者移送制度**もある。日本は，2003 年，欧州評議会の「刑を言い渡された者の移送に関する条約（受刑者移送条約）」に加入した。また，タイ（2009 年），ブラジル（2016 年），イラン（2016 年），およびベトナム（2019 年）と，この制度に関する二国間条約を締結した。

2 諸国の共通利益を害する犯罪

13-8
諸国の共通利益を害す
る犯罪に対する刑事管
轄権の拡大と処罰

*1*で述べたような犯罪行為に関する国際法の規則は，基本的に一国の国内秩序を害するような行為が国際性を持つ場合に対応するためのものである。しかし，一国の国内秩序を害するにとどまらず，国際社会全体，あるいは複数の関係国に影響を与える犯罪行為がある。そのような犯罪行為の関係国による訴追および処罰を確保し，防止するための規則を国際法が規律することが求められるようになっている。

国際法が規律する個人の犯罪行為は，その規律の方法により，諸国の共通利益を害する犯罪と個人の国際犯罪の2つの類型に区別できる。**諸国の共通利益を害する犯罪**の場合，条約の適用対象となる犯罪行為の定義が条約の規定によって統一され，締約国は国内法の整備義務を負うとともに，属地主義以外の関係を持ついずれかの国にも裁判権の行使が認められるものの，その訴追および処罰は裁判権を行使する国の国内法に委ねられる。これに対し，**個人の国際犯罪**については，必要な場合，国際的な刑事裁判制度での訴追および処罰が可能となる。

13-9
海賊，奴隷取引，麻薬
取引

伝統的な国際法で，諸国の共通利益を害する犯罪と考えられたのは，海賊，奴隷取引，麻薬取引であった。これらの行為は，特定の国家の国内秩序を害するだけでなく，国際社会全体の秩序を害する行為と考えられたのである。

これらのうち，**海賊**については，これを人類共通の敵とみなす国際法が伝統的に確立している。公海条約や国連海洋法条約でも，公海上，あるいはいずれの国家の管轄権にも属さない領域で行われた海賊行為について，世界のすべての国が拿捕，訴追，処罰の権利を持つとし，**普遍主義**に基づく管轄権の行使が認められている（公海条約19条，国連海洋法条約100条〜107条）。ただし，今日では，国連海洋法条約が定義する海賊行為ではカバーできないタイプの海上の暴力行為が見られるようになっており，それらの行為への対応には国際的な協力が不可欠といえる（⇨第10章）。

　奴隷取引と麻薬，向精神薬の取引については，海賊行為とは異なり，慣習国際法上確立した原則として，普遍主義が妥当すると考えられているわけではない。しかし，奴隷取引については，1815年のウィーン会議の宣言で奴隷売買を禁止すべきであるとされて以来，さまざまな条約が奴隷売買を禁止する規定を置くようになった。1926年の**国際奴隷条約**では，奴隷制度廃止のための国際連盟の監督が規定されており，締約国はあらゆる形態の奴隷制の完全撤廃と奴隷売買の防止を約束している。こうした動きは第2次大戦後，いっそう強くなり，1949年に「**人身売買及び売春搾取禁止条約**」が採択され，それ以降も，債務の担保としての人の支配や女性や子供の人身売買を禁止するための条約制度が拡充されている。また海洋法の分野でも，奴隷貿易に関して，奴隷の輸送の防止および処罰に関する義務が旗国に課されている（公海条約13条，国連海洋法条約99条。⇨第10章）。

　麻薬，向精神薬については，20世紀初め以降，その生産と取引を規制する努力がなされてきた。特に第2次大戦以降は，国連を中心として，**麻薬単一条約**（1961年）や**麻薬・向精神薬国連条約**（1988年）

などが締結され，薬物の生産と取引を規制するための国際的な制度が設けられ，各締約国についても，これに関連する国内法制度の強化が義務とされている。国連海洋法条約108条では，公海上の船舶による麻薬または向精神薬の不正取引の防止のための国際協力義務が規定されている（⇨第10章）。

13-10
諸国の共通利益を害する犯罪に関する条約の多様化

諸国の共通利益を害する犯罪に関する条約の最初の例は，1960年代の航空機に対する犯罪をきっかけに締結されたハイジャックや航空機に対する不法な行為について，実効的な訴追および処罰の確保と防止のための条約である（⇨第11章）。

ハイジャックに関連する条約以降，諸国の共通利益を害する犯罪は多様化の一途をたどっている。国家代表等に対する犯罪防止条約（1973年），人質をとる行為に関する国際条約（1979年），核物質の防護に関する条約（1980年），拷問等禁止条約（1984年），空港での暴力行為に関する議定書（1988年），海洋航行の安全に対する不法な行為の防止に関する条約（1988年），大陸棚に所在する固定プラットフォームの安全に対する不法な行為の防止に関する議定書（1988年），国連要員及び関連要員の安全に関する条約（1994年），テロリストによる爆弾使用の防止に関する国際条約（1997年），テロリズムに対する資金供与の防止に関する国際条約（1999年），欧州評議会が採択したサイバー犯罪に関する条約（2001年），核によるテロリズムの行為の防止に関する国際条約（2005年）などの条約は，特定の行為を諸国の共通利益を害する犯罪とし，その訴追および処罰の確保と防止のために締結された。また，新しいタイプの航空機犯罪の防止のために，国際民間航空に関する不法な行為の防止に関す

る条約（2010年）も締結されている。

　これらの条約には以下のような共通点がある。第1に，条約によって犯罪行為が定義されること，第2に，条約の適用対象となる犯罪行為について，訴追および処罰を確保するために国内法の整備義務が締約国に課されること，第3に，刑事法の属地的な適用を緩和し，他の関係国も犯罪行為に対する裁判権の行使が可能であること，第4に，被疑者が発見された領域国に対し，「**引渡しか訴追か**（*aut dedere aut judicare*）」の義務が課され，被疑者が発見された領域国が当該被疑者を恣意的に保護することを防止していること，第5に，条約で定義される犯罪行為について犯罪人の引渡しを確保するための規定が置かれていることである。

13-11
テロリズムと諸国の共通利益を害する犯罪

　現在の国際社会の共通の関心事項となっている問題の1つにテロリズムの防止とテロリストの訴追および処罰の確保がある。国連ではテロリズムを包括的に防止するための条約が策定されている。しかし，テロリズム問題の性質や背景の複雑さのためにこれはいまだ実現しておらず，現状ではテロリズムにあたる個別具体的な犯罪行為を防止し，その訴追および処罰を確保するための条約が個別に締結されているにとどまる。航空機に関連する犯罪をはじめとして，諸国の共通利益を害する犯罪に関する条約の多くは対テロリズムの性格を持っており，テロリズムに関連する多様な犯罪行為を規律する条約は急速に拡充され，新たな犯罪行為の態様に対応できるような改正も加えられている。しかし，こうした個別の条約では真のテロリズムの防止や撲滅のために十分ではない。2001年9月11日のニューヨークとワシントンでのテロ攻撃は，国際社会の一層の取組みが求められていることをより強く印象付けた。このテ

ロ攻撃について出された，国連安保理決議1368（2001年）は，テロリズムと闘うための協力を国際社会に求めており，決議1373（2001年）や1390（2002年）は，そのために各国がとるべき措置を具体的に示している。

13-12
戦　争　犯　罪

戦争犯罪とは，武力紛争中に行われた国際人道法に違反する行為を意味する。戦争法規については，1899年のハーグ平和会議以降，条約による明確化と拡充のための努力が進められてきた。これらの規則には，武力紛争中に行われる人の行為についての規範が多く含まれている。

伝統的な国際法の下では，戦争犯罪は，武力紛争の当事国がそのような行為を行った者を捕らえた場合，自国の国内法（軍事刑法や通常の刑法）に基づき，訴追および処罰を行うことができるとされてきた。しかし，国際人道法の履行確保という観点から，戦争犯罪の訴追および処罰に国際法が関与することの必要性が論じられるようになった。**3**で検討する個人の国際犯罪について，ニュルンベルク国際軍事裁判所憲章と極東国際軍事裁判所憲章が，裁判所の管轄権の対象となる犯罪の1つとして，戦争犯罪をあげ，また，国際刑事裁判所に関する議論でも戦争犯罪がその管轄権の対象とされたことは，戦争犯罪の国際的な手続での訴追および処罰の重要性を示すものである。また，ロシアのウクライナ侵略との関係でも戦争犯罪の訴追および処罰に関する国際的な手続の重要性が改めて認識されているところである。

ジュネーヴ諸条約では，締約国は，これらの条約の重大な違反を行った者，または行うことを命じた者の訴追および処罰のために必要な立法を行うことが求められている。また，そうした者の捜査の義務，その者の国籍を問わず自国の裁判所に対して公訴を提起する

義務が規定され，さらに，その者を自国の法令に従って関係国に引き渡すこともできるとされている（例えば，ジュネーヴ第1条約49条）。

3 個人の国際犯罪

13-13
ヴェルサイユ条約と個人の国際法上の責任

伝統的な国際法では，戦争の結果は国家間での問題として処理されていた。戦後処理のための条約に**領土の割譲**や**賠償**の支払が規定されたことは，戦争の結果に国家が責任を負ってきたことの現れである。国家間の問題に限定した戦争の結果処理のあり方は，戦争という現象が，特定の国家の間の問題と捉えられていたことを示している。国家間のみでの戦後処理に変化をもたらしたのは，第1次大戦後に締結されたヴェルサイユ条約である。この条約では，ドイツが国家として負うべき戦争責任とは別に，ドイツ皇帝**ヴィルヘルムII世**個人としての戦争に対する責任を問うことが規定された（第7編）。ヴィルヘルムII世は当時オランダに亡命しており，同国が彼の引渡しに同意しなかったため，裁判は実現しなかった。

13-14
第2次大戦と個人の国際法上の責任

ヴェルサイユ条約が示した，戦争について，責任者個人の責任を問うべきであるという考え方については，第1次大戦後の国際裁判手続の制度化の過程でも議論が続けられた。国際連盟法律家諮問委員会，国際法協会，国際刑法会議，ロンドン国際会合などの諸提案のいずれでも，個人の国際法上の犯罪行為について国際的な手続で訴追や処罰を行う案が提出された。1937年には「テロ

リズムの防止及び処罰のための条約」とともに「テロリストを処罰するための国際刑事裁判所設立条約」も採択された。これらの条約は発効しなかったものの，第2次大戦後の**ニュルンベルク国際軍事裁判所**と**極東国際軍事裁判所**での裁判につながっていく。

　ニュルンベルク国際軍事裁判所は，1945年8月8日の米・仏・英・旧ソ連によって締結された「欧州枢軸国の主要戦争犯罪人の訴追・処罰に関する合意」（ロンドン協定）によって設立された。極東国際軍事裁判所は，1946年1月19日の連合国軍最高司令官によって発せられた極東国際軍事裁判所の設立に関する命令により設置された。この2つの裁判所は，平和に対する罪，戦争犯罪，人道に対する罪（ニュルンベルク国際軍事裁判所憲章6条，極東国際軍事裁判所憲章5条）について管轄権を有し，歴史上初めて，国際的な手続で個人の国際法に違反する犯罪行為が裁かれた事例となった。

13-15

第2次大戦に関する個人の国際法上の責任の追及の継承と発展

　ニュルンベルク国際軍事裁判所と極東国際軍事裁判所について，「**勝者の裁き**」であることや，この裁判所の設立以前に，**平和に対する罪**や**人道に対する罪**が，国際法によって個人の責任が問われるべき罪であることが，国際法上確立していたかなどの点で，批判があることは認めなければならない。しかし，この2つの裁判所は，国際社会全体に重大な影響を及ぼすような行為について，その行為に関わった個人が国際法上の責任を問われるべきであり，国際法によってその制度を設けることが可能であることを示す先例となった。

　国連憲章1条は，国際の平和と安全の維持と基本的人権の保障をその主要な目的として掲げており，国連の下で，2つの国際軍事裁判所の経験を普遍化し，発展させる試みが続けられた。第1回国連

総会では，ニュルンベルク諸原則を確認する決議95（I）および決議96（I）も採択された。ナチス・ドイツによるジェノサイド行為と同様の状況を将来生まないために条約を作成すべきであるとの意思表示がなされ，これが1948年のジェノサイド条約の採択につながった。ジェノサイド以外の犯罪行為について，国連総会は1947年にILCに「人類の平和と安全に対する犯罪についての法典案」に関する作業を行うことを求めた。これを受けて，ILCは検討を開始し，1951年に草案（以下，1951年のILC草案）を提出した。

　個人の国際犯罪の内容の普遍化や明確化のための作業と同時に，その訴追および処罰に関する普遍的な手続となる国際刑事裁判制度の創設のための作業も始まった。第3回総会で出された決議260（III）Bにより，ジェノサイド，その他の犯罪について，条約によって管轄権を与えられる国際的な司法機関の設立の適切性と可能性を研究するよう勧誘を受けたILCは，作業を開始した。

　この分野でのILCの作業は，いずれも，冷戦下の国際社会では国際的な支持を得られる結果に至らず，頓挫した。1981年に国連総会は，ILCに「人類の平和と安全に対する犯罪についての法典案」に関する作業を再開するよう勧誘した。これを受けて作業を再開したILCでは，犯罪行為の内容とともに，その訴追および処罰を確保し，そうした犯罪行為を防止するための国際刑事裁判手続の検討の必要性が論じられるようになった。これに対し，総会は1990年の決議（45/41）と1991年の決議（46/54）で，この法典案の作業の枠内で，刑事手続の検討を行うよう，勧誘し，国際刑事裁判所の設立のための規程草案についての検討が開始された。「国際刑事裁判所の設立のための規程草案」が1994年に，また，「人類の平和と安全に対する犯罪についての法典草案」が1996年にILCで採

択された。これらの作業の成果を基礎として 1996 年以降，国際刑
事裁判所の設立のための外交会議が開催され，1998 年，「**国際刑事
裁判所に関するローマ規程**」（ローマ規程）が採択された（⇨*13-21*）。

4　個人の国際犯罪の内容

13-16
平和に対する罪
（侵略犯罪）

極東国際軍事裁判所憲章5条(イ)で，**平
和に対する罪**は，「宣戦を布告せる又は
布告せざる侵略戦争，若は国際法，条約，
協定又は保証に違反せる戦争の計画，準備，開始，又は実行，若は
右諸行為の何れかを達成する為の共通の計画又は共同謀議への参
加」と定義され，侵略戦争に対して責任を持つ個人の罪を問うため
のものである。1945 年 6 月から 8 月の米・英・仏の**ロンドン会議**で，
米国の主張により，国際軍事裁判所が管轄権を持つべき罪の 1 つと
されることになった。

　国連における個人の国際犯罪の普遍化の作業の中でも，平和に対
する罪の定義が試みられた。1951 年の ILC 草案 2 条が侵略その他
の行為についての個人の責任を詳細に規定したことに見られるよう
に，この罪が国際法によって規律されるべき個人の国際犯罪である
ことについて，国際社会に一定の合意があったものと考えられる。
しかし，この罪は，第 2 次大戦という実際に起こった戦争に対する
責任を問うという文脈では実効的に機能しえたものの，その一般的
な定義の実現には大きな困難があった。この罪の定義には，前提と
して国家による侵略行為の一般的な定義が必要だからである。冷戦
下では，侵略行為の定義について国際的な合意が得られず，国連総

会決議として「**侵略の定義に関する決議**」(3314 (XXIX), 1974 年) が出されたにとどまった。ローマ規程でも，この裁判所の管轄権が**侵略犯罪**について行使されうるとしつつ，その定義等が確定するまでは，実際にはこの管轄権は行使できない（規程5条2項）として，侵略行為の定義の問題を回避した。しかし 2010 年にウガンダのカンパラで開催されたローマ規程検討会議において，改正条項（8条の2）が採択された。この改正は 2018 年7月 17 日に発効し，侵略犯罪に対する管轄権の行使（15 条の2・15 条の3）が可能となった。なお，この改正に伴い5条2項は削除された。

13-17
人道に対する犯罪

ニュルンベルク国際軍事裁判所憲章6条(c)で，**人道に対する罪**は，「犯行地の国内法違反であるかにかかわりなく，戦前若しくは戦時中になされた殺戮，殲滅（せんめつ），奴隷的虐使，追放，文民に対して行われたその他の非人道的行為，又は，裁判所の管轄に属する犯罪の遂行として若しくはそれに関連して行われた政治的，人種的若しくは宗教上の理由に基づく迫害」とされている。この規定が主として目的としていたのは，いうまでもなく，ナチス・ドイツによるユダヤ人の迫害に関与した者の個人としての責任を問うことである。ただし，極東国際軍事裁判所憲章5条でも類似の規定が置かれているように，人道に対する罪はナチス・ドイツの行為だけでなく，より広い範囲の非人道的な行為について個人の責任を問うためのものである。

第2次大戦後は，1948 年に**ジェノサイド条約**（「**集団殺害罪の防止及び処罰に関する条約**」）が締結され，また，1951 年の ILC の草案2条で，10 項がジェノサイド，11 項が非人道的行為について規定し，2つが分離された。この立場は，1996 年の ILC 草案 17 条，18 条とローマ規程5条〜7条でも採用されている。ローマ規程7条は，

「人道に対する犯罪」を，文民たる住民に対して行われる広範また
は組織的な攻撃と定義し，該当する非人道的行為の内容を詳細に規
定している。

13-18　集団殺害犯罪

ジェノサイド条約1条は，平時と戦時を
問わず，集団殺害犯罪を国際法上の犯罪
であるとし，国家にこれを防止し，処罰する義務を課し，2条でこ
れを，「国民的，民族的，人種的又は宗教的な集団の全部又は一部
を集団それ自体として破壊する意図をもって行われる次のいずれか
の行為」と定義している。NATO によるコソボへの武力行使の合
法性が問われた事件の仮保全措置命令で，当時の新ユーゴスラビア
は，NATO による武力行使がセルビア人を対象としたもので，ジ
ェノサイドにあたると主張したが，ICJ は NATO の武力行使には，
セルビア人を殲滅させるような意図がなかったとして，ジェノサイ
ド行為の定義における「意図」を重視する立場を示した。また，ア
カィエス事件（1998 年）〈百選 55〉で，ルワンダ国際刑事裁判所は，
国際的な裁判所として初めてジェノサイドについての有罪判決を出
した。

13-19　戦　争　犯　罪

戦争犯罪は本質的には諸国の共通利益を
害する犯罪の一類型である。ただし，そ
の違反が国際的な手続の管轄権の対象となりうると考えられていた。
このことは，**ジュネーヴ諸条約**の締結にあたっての，1947 年の政府
専門家会議において，将来国際刑事裁判所が設立された場合に，こ
れらの条約の違反について，国際刑事裁判所が管轄権を有し，また，
国内裁判所に対する上訴管轄権を有するとの立場にあらわれている。
ローマ規程 8 条は，戦争犯罪が特に計画もしくは政策の一部として
行われた場合または大規模な当該犯罪の一部として行われた場合に，

ICC がこれに対する管轄権を有するとしている（⇨*13-12*）。

5 個人の国際犯罪の処罰手続の国際化

13-20
旧ユーゴスラビア国際
刑事裁判所とルワンダ
国際刑事裁判所

第2次大戦後の個人の国際犯罪を訴追および処罰する国際裁判所を設立する試みは 1950 年代に頓挫したが，1980 年代に再開された。この再度の試みの進展に重要な影響を与えたのが，社会主義体制の崩壊後に起こった旧ユーゴスラビア地域での残虐な行為である。特に欧州諸国を中心とする諸国は，この状態を深く憂慮した。このような国際社会の重大な懸念と真剣な対応を示すための1つの方法として，国連の**安保理決議827**（1993 年）により旧ユーゴ国際刑事裁判所（International Criminal Tribunal for the former Yugoslavia, ICTY）が設置された。また，これに続き，ルワンダの虐殺に関して，**安保理決議955**（1994 年）により，ルワンダ国際刑事裁判所（International Criminal Tribunal for Rwanda, ICTR）が設置されたことも国際社会に大きな影響をもたらした。

ICTY と ICTR は，深刻な事態が生じている地域で，その領域国の刑事制度による訴追および処罰が十分に機能していない場合に，これを国際社会の平和に対する脅威と位置づけ，安保理決議を使って裁判所を設置するもので，地域的にも事項的にも，また人的および時間的にも限定的な管轄権を有する裁判所である。国際裁判所を設置する最も正統な手段は条約（規程）の締結であるが，より迅速に裁判所が設置できることや，国連の加盟国にこの裁判所に協力する義務を課すことができるという点で，この方法は緊急性のある重

大な事態への国際社会の対応として意味があったと考えられる。ただし，政治的な機関である安保理によって司法機関である裁判所を設立することが可能なのかについては疑問が残る。

　安保理決議 1966（2010 年）により，ICTY と ICTR に関する「刑事裁判所のための国際残余メカニズム（International Residual Mechanism for Criminal Tribunals, IRMCT）」が設立された。このメカニズムの下で，2014 年末までにそれぞれの任務を終了させるための作業が始まった。ICTR は，2015 年 12 月 31 日，ICTY は 2017 年 12 月 31 日にその任務を終了した。

13-21
国際刑事裁判所

ICTY と ICTR の設立の経験は，**国際刑事裁判所**の必要性を改めて国際社会に認識させ，1998 年の**ローマ規程**の採択と 2002 年 7 月 1 日の発効につながった。

　国際刑事裁判所（International Criminal Court, ICC）は，(a)裁判所長会議，(b)上訴裁判部門，第一審裁判部門，予審裁判部門，(c)検察局，(d)書記局によって構成される（34 条）。管轄の対象となるのは，いわゆる**コアクライム**と呼ばれる集団殺害犯罪，人道に対する犯罪，戦争犯罪，侵略犯罪である（5 条）。国内裁判所との関係については，**補完性の原則**が採用され（1 条・17 条），国内裁判所が被疑者を捜査または訴追する意思または能力を有していない場合に管轄権を有する裁判所である。裁判所の管轄権は，**トリガー・メカニズム**と呼ばれる，締約国による検察官への事態の付託，国連憲章第 7 章に基づいて行動する安保理による検察官への事態の付託，検察官の自己の発意による捜査の場合のいずれかの場合に行使される（13 条～15 条の 3）。なお，この裁判所の時間的管轄は，規程の発効後に行われた犯罪に限定されている（11 条）。

日本は 2007 年 10 月 1 日に規程の締約国となった。その際，この規程の国内的な実施のために「国際刑事裁判所に対する協力等に関する法律（ICC 協力法）」を制定した。この法律の特色は，ICC の手続に協力するために日本国内で新たな対応が必要と考えられる手続と，ICC の運営を害する罪の 2 つを定めている点にある。前者に対応して，捜査と裁判に必要な証拠の提供（6 条〜13 条），裁判上の証拠調べおよび書類の送達に関する措置（14 条〜16 条），受刑者証人等の移送措置（17 条・18 条）がある。また，後者に対応する規定として，ICC が管轄権を有する事件に関する証拠隠滅，証人等の威迫，証人等の買収（53 条〜56 条），ICC における偽証（57 条），ICC の職員に対する職務執行妨害および職務強要（64 条），罪を国民の国外犯とすること（65 条）が規定されている。なお，ICC 規程が規定する犯罪類型のほとんどは，既存の日本の刑法等で処罰可能であり，理論上日本法で処罰できない犯罪の場合は最終的には ICC への引渡しによって条約上の義務の履行が可能との立場から，ICC 規程 5 条 1 項により ICC 設立当初に対象犯罪とされた 3 つの犯罪の処罰について新規の立法は行われなかった。ただし，2010 年の ICC 規程改正を受け，侵略犯罪が実際に ICC の管轄権の対象となる犯罪として機能し始めたことに対応した新規立法が必要かの検討が必要になっている。

6 ICCの管轄権

13-23
ICCの管轄権の範囲

ICCは，いわゆるコアクライムとされる (a)集団殺害犯罪，(b)人道に対する犯罪，(c)戦争犯罪，(d)侵略犯罪に対して管轄権を有する（5条〜8条の2）。その管轄権の行使は規程の発効後に行われる犯罪に限定される（11条）。また，2010年の改正によって管轄権の行使が可能となった侵略犯罪については，30の締約国による改正の批准または受諾から1年より後に行われたものについて管轄権が行使されうる（15条の2第2項）。2018年7月17日，この要件が満たされ，ICCは侵略犯罪に対する管轄権を行使できることになった。

ICCの管轄権の行使は，13条に規定されるトリガー・メカニズムにより，開始されうる。すなわち，(a)締約国が事態を検察官に付託する場合，(b)憲章第7章に基づいて行動する国連安保理が事態を検察官に付託する場合，(c)検察官が自己の発意により捜査を開始する場合のいずれかの場合である（13条〜15条の2）。

13-24
ICCの管轄権に伴う問題

ICCの設立当初は，締約国政府自身により検察官に事態が付託される事例が続いた（ウガンダ（2004年付託），コンゴ民主共和国（2004年付託），中央アフリカ共和国（2005年））。また，安保理決議に基づく付託の事例としては，スーダン（安保理決議1593（2005年））とリビア（安保理決議1970（2011年））がある。これらはいずれも，アフリカ諸国の事態である。その後，ケニアの事態（2009年，検察官が予審裁判部に捜査にかかる許可を請求，2010年に同裁判部が容認）

以降，検察官の自己の発意による捜査の開始の事例が増えている。これに伴い，ICC に付託される事態はアジアや南米の国のものに拡大し，また，現職の大統領等の政府の高官に対して逮捕状が発付される事例も多くなっている。

　注目されるのは，ロシアによるウクライナの侵略開始後，2022年3月から4月に，日本を含む43の締約国が事態をICCに付託した事例である。これを受けて検察官は捜査を開始し，2023年3月，予審裁判部がプーチン大統領と大統領府子供の権利部門の長官に対して，児童の移送に関する戦争犯罪（8条2項(a)(vii)・同項(b)(viii)）の容疑で逮捕状を発付した。

　ICC が管轄権の行使を開始して20年余りが経過し，そのあり方に批判も生まれている。特に，大統領等の政府の高官に対して逮捕状が発付される場合，本国からの反発があるだけでなく，その者がICC 規程の当事国を訪問する場合，外国の政府高官が享有する免除・特権の尊重義務とICC 規程の下でのICC への協力義務の選択という政治的に困難な状況が生じる。このような観点からの批判を象徴するのが，2016年の南アフリカ，ガンビア，ブルンジの相次ぐICC からの脱退の意思の表明である。この時期にはアフリカ連合が集団的な脱退をも検討していたとされる。最終的にはブルンジのみが脱退したが，アフリカ諸国の批判がなくなったわけではない。さらに，2019年にはフィリピンが脱退の意思を表明し，2020年に効力が発生した。なお，ICC は，ブルンジとフィリピンの事態に関する管轄権について，脱退の意思表示までの事態について管轄権を有するとの判断を示している。

13-25

ハイブリッドな刑事裁判制度

ICC が設立されたとはいえ，その管轄権は国内裁判所に対して補完的な地位にとどまる。また，ICC 規程 11 条により，ICC の管轄権は規程の効力発生後に行われた犯罪に限定されている。2002 年以前に行われたコアクライムについて，関係国の刑事管轄権の行使による実効的な訴追および処罰が実現しない場合，国連や地域的な国際組織と援助の意思がある国家が援助して，特別な刑事裁判手続が設置される例が多くなっている。こうした特別な刑事裁判手続は，関係国の国内の刑事裁判手続に国際的な要素が加味されていることから，ハイブリッドな刑事裁判制度と呼ばれる。

　ハイブリッドな刑事裁判制度は，裁かれる事件の性質や関係国の意思によって，どのように国際的な要素が加味されるかが異なってくる。シエラレオネの場合は，同国政府からの要請により，国連が国際的な裁判所の設置を検討した結果，安保理決議 1315（2000 年）を受けて，2002 年に国連とシエラレオネの間で締結された協定に基づき，特別裁判所が設置された。なお，この裁判所については，国連とシエラレオネ政府の間の協定（2010 年）により，残余特別裁判所が設立されている。カンボジアの場合は，2001 年のカンボジア議会による特別法廷の設置法の採択を受け，2003 年の国連総会決議 57/228B に添付された草案に基づき，2005 年に国連とカンボジアの間で協定が締結され，特別法廷が設置された。レバノンの場合は，同国政府の要請により，安保理決議 1757（2007 年）に添付さ

れた国連とレバノンの間の合意に基づき，特別裁判所が設立された。コソボの場合は，同国とEUの間で協定が締結された後，2014年のコソボ憲法の改正と特別法の制定により，専門家裁判部と専門家検察事務所が設置された。セネガルでは，元チャド大統領であるアブレの大統領在任中の行為の訴追のために，AU委員会とセネガルの間の協定に基づき，特別アフリカ裁判部が設置された（⇨*8-20*，*Column ⑩*）。なお，東ティモールでは，2000年に国連東ティモール暫定行政機構（UNTAET）の下で東ティモールの国内裁判制度の一部に重大な犯罪に関する特別パネルが設置されたが，2005年5月の国連の撤退以降，このパネルの機能は停止状態にある。

　これらのハイブリッドな刑事裁判制度は，犯罪を裁くことを望む国の意思と要望，および裁かれるべき犯罪行為の内容に応じ個別に設けられるものとなっている。したがって，裁判所の設置の方法（国際協定に基づくか，国内の刑事裁判制度の一部に設置するか），設置場所（犯罪行為地か第三国か），裁判官の国籍（犯罪行為地国の国籍を持つ者を裁判官とするか），適用される法（国際法，犯罪行為地国の国内法）等の点でそれぞれ異なる。ウクライナ侵略に関してプーチン大統領の国際法上の刑事責任を問うための手続としてハイブリッドな刑事裁判制度を特別に設立することが適切であるとの立場は，侵略犯罪を含めすべての犯罪行為についての訴追手続を可能にすることへの期待によるものである。規程15条の2第5項の制限のゆえに，ICCはプーチン大統領について侵略犯罪に対する管轄権を行使することができないし，2023年に発付された逮捕状は限定的な戦争犯罪に関するものにとどまっている（⇨*13-24*）。

　管轄権の対象となる犯罪という点以外にも，ハイブリッド刑事裁判制度には，一国の国内裁判制度で実効的な裁判ができない場合に，

国際的な援助により実効的な裁判を行い，深刻な犯罪行為を行った者が不処罰を享有することを回避する有効な方法の一つであろう。

ハイブリッドな刑事裁判制度は，一つの国の国内裁判制度で実効的な刑事裁判ができない場合に，国際的な援助により設立される。こうした裁判制度の実効性の確保のためには，制度の設立時だけでなく，審理の継続中，場合によっては裁判所が任務を終了するプロセスにおいても，国際的な援助が不可欠といえよう。

13-26
社会の和解に向けての国際協力

紛争や混乱の社会秩序の回復のためには，刑事手続で犯罪人を訴追および処罰するだけでは十分ではない場合がある。特に，加害者と被害者が社会に共存し続けなければならない状況では，処罰だけでは社会の融和は実現しないと考えられる。このような場合に，国際的な支援により，社会の和解の実現を目的とする手続が設けられる。この方法は，南アフリカで「真実と和解委員会」が設立されたことに端を発している。ルワンダでは，安保理決議に基づく刑事法廷に加えて，ガチャチャ（Gacaca）と呼ばれる伝統的な手続と国家統合和解委員会が併設されている。東ティモールでは，「受容，真実および和解委員会」，シエラレオネでは，「真実と和解委員会」が設立された。また，スーダンのダルフール紛争についても，「真実と和解委員会」の設立の必要性が認識されている。これらの委員会には，地域社会の住民の真の和解の実現を目指し，訴追および処罰とは別の方法による社会秩序の回復への貢献が期待される。

8 国家元首等の刑事責任

13-27

国際刑事裁判手続における国内法上の公的地位の不問

多くの国では，国家元首や政府高官，議員等に国内法制度上の特権・免除を認めている。国際法でも，国家元首や首相，外務大臣等は，外国において特権・免除が認められることが原則である（⇨第3章*4*）。しかし，個人の国際犯罪については，国内法上の公的地位を問わず，国際法上の責任が問われることが原則である。この国内法上の公的地位の不問の原則については，ヴェルサイユ条約227条でヴィルヘルムⅡ世の個人としての責任が問われるべきことが規定されて以降，国際的な刑事裁判制度で常に明文の規定が置かれてきた。

極東国際軍事裁判所とニュルンベルク国際軍事裁判所では国家元首の個人責任の追及は実現しなかったものの，その他の政府の要職にある者について，個人の国際法上の責任が問われた。第2次大戦中の国家元首の責任についての裁判の事例としては，ルーマニアの指導者イオン・アントネスクーが，共産主義政府によってブカレストで設置された特別裁判で死刑判決を受け，処刑された例がある。ICTY規程7条2項，ICTR規程6条2項および国際刑事裁判所規程27条でも，被告人の公的地位により刑事上の責任の免除や刑罰の軽減が認められないとされており，大統領や政府の高官の責任が問われる事件が多くみられる。このことは，ハイブリッドな刑事裁判制度においても共通してみられる。なお，ICC規程では98条で免除の放棄および引渡しへの同意に関する協力に関する規定が置か

れ，国家免除や外交上の免除に対して一定の配慮がなされている。

13-28

国家元首等の特権・免除と国際法上の刑事責任

国際裁判所やハイブリッドな刑事裁判制度で国内法上の公的地位の不問だけで十分な手続が実現するわけではない。

ICTY の場合，ミロシェビッチ大統領に関する裁判手続が可能になったのは，2001 年に新ユーゴスラヴィアで新政権が誕生し，彼の引渡しを決定した後であった。また，コソボのサチ元大統領は，2020 年に自らが大統領を辞任した後，コソボ専門家裁判部に拘束された。このように，引渡しが実現する場合は訴追の手続が可能になるが，ICC における，スーダンのアル・バシール大統領やケニアのケニヤッタ大統領の場合は，特権・免除との関係で，引渡しについての難しい問題が生じている。大統領等の現職の国家元首や政府高官の引渡しが請求される場合，当該被疑者が所在する国は，ICC 規程の下での ICC への協力義務（86 条）と，被疑者が享有する免除の尊重義務という矛盾する 2 つの義務に直面することになる。ここでは，免除（immunity）か不処罰（impunity）かという問題が生ずるのである。アル・バシール大統領の引渡しについては，スーダンだけでなく，南アフリカとヨルダンもこれに応じなかった，ICC は，ヨルダンによる引渡しの拒否は，ICC 規程に違反するとの判断を示した（控訴裁判部，2019 年 5 月 6 日判決）。

13-29

国内裁判所での個人の国際犯罪の訴追

国内法上の根拠があれば，各国の国内裁判所も個人の国際犯罪を裁くことができる。国内裁判所の管轄権は，原則として属地主義に基づいて個人の国際犯罪についての刑事管轄権を行使することになる。しかし，国によっては，属地主義以外の犯罪行為に対する管轄権の行使の根拠となる国内法規定を定めている場合があ

る。たとえば，2023 年 11 月，フランスはシリアのアサド大統領ら 4 人に対する逮捕状を発付した。いずれかの国の国内法に基づく国家元首や外国の政府高官に対する逮捕状の発付や裁判手続の開始は，ICC やハイブリッドな刑事裁判制度で裁けない犯罪について，国家の刑事裁判権の行使により，不処罰の問題に対応しようとする試みである。しかし，こうした裁判手続においても，被疑者の引渡しに関する困難な問題が生ずる。自国の国家元首や政府高官を他国に引き渡す国があるとは考えにくい。また，当該被疑者が第三国に滞在する場合，被疑者の本国と滞在国の間で，特権・免除に関する問題が生じうる。チリのピノチェト元大統領が英国滞在中に，スペインがその引渡しを求めた際，元大統領として享有する不可侵権や特権・免除が，引渡しの可否の判断の論点の一つとなった。英国の貴族院は，拷問や人質を取る行為は国家元首の任務の範囲外であるので，元大統領としての特権・免除は認められないと判断した。

　個人の国際犯罪に該当する犯罪行為について，いずれかの国の国内裁判所で外国の国家代表や政府の高官等の刑事責任が問われる場合，引渡しに関する問題等が生じる可能性が高く，国家間の紛争となる場合もみられる（⇨*Column* ⑰）。

Column ⑰　人道に対する犯罪の訴追および処罰の実現とベルギーの普遍主義に基づく国内法 ---------

　ベルギーは 1993 年に「1949 年のジュネーヴ条約と 1977 年の議定書 I および II の違反の処罰に関する法律」を制定し，1999 年にこれを追加修正する「国際人道法の重大な違反の処罰に関する法律」（以下，1999 年法）を制定した。これらの法律は，普遍主義に基づく刑事管轄権の行使を可能にするものであった。2000 年 4 月 11 日，ベルギーはこの法律に基づいて，コンゴ民主共和国の現職の外務大臣たるイエロディア

氏に対して，人種的な憎悪を教唆する内容の講演についての逮捕状を発付し，国際刑事警察機構（インターポール）を通じて，これを回覧した。さらに，イエロディア氏が大臣職を離れた段階で，赤手配書（被疑者の引渡しのためにその逮捕や一時的な身柄拘束を要請する書類）の発付をインターポールに要請した。

　ベルギーによるイエロディア氏に対する逮捕状の発付とその国際的な回覧の国際法違反に関する紛争が付託された 2000 年 4 月 11 日逮捕状事件で，ICJ はベルギーによる逮捕状の発付とインターポールを通じた国際的な回覧は，現職の外務大臣が外国に滞在中に共有する刑事管轄権の免除と不可侵権の侵害にあたると判断し，ベルギーは自らが選択する方法によりこの逮捕状を取り消し，その旨を逮捕状が回覧された諸国に通知しなければならないと判断した。

　ベルギーは逮捕状を撤回する決定を ICJ の判決の翌日に行い，その旨を逮捕状が回覧された諸国に通知した。また，同国は外国政府の高官に対して逮捕状を発付しないことを宣言した。さらに 2003 年に 1999 年法の改正を行い，外国人がその国家機関としての地位に基づいて享有する免除は，国際法の下で確立している制限の範囲を除いて，この法律の適用を妨げないとされ，また，改正 5 条は，ベルギーの領域や国民と関係がなく，被疑者がベルギーの領域内に不在の場合のベルギーの管轄権の行使の可能性を非常に限定的なものにしている。ベルギーは，ローマ規程の発効（2002 年）を考慮してこの法改正を行った。

　この事件の後，ベルギーがセネガルを相手として紛争を付託した事件が，訴追または引渡しの義務に関する問題事件（2012 年）である。アブレは，1982 年から 1990 年までチャドの大統領を務めたが，その在任中には拷問，強姦，強制失踪等，人道に対する犯罪に当たると考えられる行為に関与したとされる。アブレは失脚後，セネガルに滞在していた。彼が関与したとされる犯罪の被害者たちが，まずセネガルで刑事事件の附帯私訴による損害賠償請求を行ったが，セネガル法では普遍主義に基づく刑法規定がないため，チャドで行われた行為に関する訴えは認めら

れなかった。その後，被害者たちはベルギーで刑事事件の附帯私訴による損害賠償請求を行った。ベルギーは，1999 年法の下での犯罪行為と拷問等禁止条約の下での犯罪について，刑事管轄権を行使しうるからである。その後，ベルギーでアブレに対する逮捕状が発付され，ベルギーがセネガルにアブレの引渡しを要求し，インターポールは彼についての赤手配書を回覧した。

　アブレの引渡し請求について，セネガルの裁判所は，国家元首の免除を理由として，引渡しを認めなかった。これを受けてセネガルはこの問題を AU に付託した。その後，ベルギーはセネガルにアブレの引渡しを請求を続けたが，引渡しは実現しなかった。2009 年にセネガルを相手国とし，拷問等禁止条約の下で，自国内に拷問犯罪の容疑者が滞在する場合の国家の義務に関する紛争を ICJ に付託したのが，訴追または引渡しの義務に関する問題事件である。ICJ は，2012 年の判決で，セネガルの同条約 6 条 2 項および 7 条 1 項の違反を認め，セネガルがアブレを引き渡さない場合，さらなる遅滞なく，アブレの事案を訴追のために権限ある当局に付託することを命じた。

　この事件では，アブレが，自己の引渡しが人権の侵害に当たるとの訴えをアフリカ人権裁判所と西アフリカ共同体（ECOWAS）裁判所に提起した。アフリカ人権裁判所は管轄権なしとの結論であったが，ECOWAS 裁判所は，アブレの主張の一部を認め，セネガルの国内法による裁判は既判事項の原則と刑事法の不遡及原則に従わなければならないと判断した。この判決を受け，AU がアブレの裁判を国際的な性格の特別な裁判所で行うための準備を行い，2012 年の ICJ の判決後，同年 8 月に「セネガルの裁判制度の中での特別アフリカ裁判部の設立に関する協定」が締結され，2013 年に刑事裁判が始まった。2017 年 4 月 27 日の重罪院控訴部判決（この制度での最終判決）により，アブレの刑が確定し，損害賠償の金額も決定された。

第14章 国際経済法

●本章のサマリー

　国際経済法は個人の国際的な経済活動を正当で安定的に運営する制度を作る機能を持つ（⇨**1**）。国際投資の活性化は，国内経済と国際経済の両方の発展にとって重要な効果を持っている。この分野での国際法は現在二国間で締結された条約を中心に発展しつつある（⇨**2**）。

　WTO（世界貿易機関）は国際貿易を広く規律する初の国際組織である。WTO の下では，モノ貿易のみならずサービス貿易等の自由化も規律され，紛争処理手続が整備されるなど，WTO は貿易の自由化に大きく貢献しているが，貿易外関心事項との関係をどう扱うかは大きな問題である。FTA（自由貿易協定）は複数国間で貿易障壁を取り払い，域内の自由化を図るものであり，要件を満たす FTA は WTO を補完するものとなる。TPP 協定は 21 世紀型の経済ルールとして注目される（⇨**3**）。独占禁止法や輸出管理法といった経済法の域外適用は，領域国の属地的管轄権の衝突を生じさせ，外交上も深刻な対立を発生させることがある（⇨**4**）。国際贈収賄に関する諸条約や社会保障協定は，国際ビジネスに携わる人々が是非とも知っておくべき条約である（⇨**5**）。

SUMMARY

1 国際経済法に関する法の発展

14-1
人の経済活動と国際法

本来，経済活動は私的なものであり，国家が介入すべきものではない。しかし，

個人の経済活動は，国家によって設けられた制度の下で国家が定めた法規則に従って行われる。したがって，それを正当に運営し，活性化させ，必要な場合に制限するには，国家が一定の政策のもとで制度を構築することが不可欠である。個人の国際的な経済活動についても同じような理由で国際法の規則による規律が必要である。

<table>
<tr><td>14-2
二国間の通商条約</td></tr>
</table>

個人の経済活動に関する国際法の中で，二国間の通商条約は今日でも多く見られるが，その最初の例は 12 世紀初頭に欧州の君主間で結ばれた相互の臣民の扱いについての条約である。これらの条約では，相互主義に基づいて，商業活動や課税権についての私人の処遇に関する規定が置かれていた。こうした二国間の通商条約は 16 世紀の近代国家制度の成立以降，19 世紀までに飛躍的な発展を遂げることになる。この時期には二国間で多くの**通商条約**が結ばれ，相互主義に基づく**最恵国待遇**などを約束した。

　二国間の通商条約は，その条約の当事国に関する限り，個人の経済活動についての一定の保護を実現できるが，本質的に当事国と当事国以外とを差別的に扱う制度である。また，こうした条約では，当事国の国力の差が条約の内容に直接的に反映される。さらに，第 1 次大戦と第 2 次大戦の戦間期に典型的に見られるように，貿易や通商の自由化よりも保護主義や貿易の制限をもたらす可能性がある。

<table>
<tr><td>14-3
第 2 次大戦後の多国間化への動き</td></tr>
</table>

第 2 次大戦後，多数国間条約や国際組織の設立によって，国際社会に一定の制度を導入しようとする動きが，経済関係の分野にも見られるようになった。**世界銀行**や**国際通貨基金**の設立は，それぞれ，経済支援と国際金融体制についての多国間化が早い時期に実現したことを示している。同じ時期に貿易の分野でも，**国際貿**

易機関（ITO）の設立が検討されたが，これは実現しなかった。ITO
が本来果たそうとした役割を多国間条約体制によって補完したのが
関税及び貿易に関する一般協定（GATT）である。その後，世界貿易
機関（WTO）が設立され，通商の分野で専門的な国際組織が機能す
ることとなった。これらの普遍的な国際組織は西欧諸国の協力の下
で米国によって建てられた「意図的な新自由主義的秩序」である。

14-4
地 域 主 義

第2次大戦後の多国間化への動きは，地
域的な経済協力体制の設立とも関連する。
前述した普遍的な国際組織に加えて，地域的な多国間の体制が大き
な役割を果たすようになっている。

　最も早期に経済分野の統合が進んだのは，欧州地域においてであ
った。欧州諸国は，統合の第1段階として**欧州石炭鉄鋼共同体**
（ECSC）を設立した。その後，この地域では統合の段階が進み，現
在は政治的な統合にまで至っている（⇨*4-11*）。欧州地域以外でも，
特に米州諸国を中心に多数国間の**自由貿易協定**によって，地域的な
経済統合を進めようとする動きが見られる。また，アフリカでも地
域的な経済協力関係が条約によって構築されている。アジアでは他
の地域よりも遅れたものの，地域的な経済統合を目指す交渉が急速
に進展している。

2 投資の保護と促進

14-5
投 資 の 意 味

「**投資**」という言葉について，国際法上
確定的な定義はない。通常，投資家（自
然人，法人を問わない）が一定の資本を投下してある程度継続的に収

益性がある事業を展開することをいうと説明されている。そして，国際投資とは，外国人投資家がこの投資を行うことをいう。特に，外国人投資家が投資受入国での事業活動の経営を支配し，またはこれに参加することを国際直接投資という。

14-6 投資の保護と促進における国際法の機能

国際投資は，資本や技術，人の国際的な移動をも促進し，資源を有効に活用し，世界経済全体の規模を拡大させる効果を持つ。しかし，国家は自国の領域内における外国人の経済活動に一定の制限を課す権限を有しており，外国人の投資をどの程度に認めるかは投資受入国の判断によるところが大きい。投資受入国の国家政策は，投資参入時と参入後の2つの段階で，外国人投資家の国際投資に影響を与える。

まず，投資参入時においては，たとえば，外国人の出資を49%までに制限する現地化法，外国人が会社を設立する場合に内国民の経営参加を要求し，外国人投資家に対する直接のコントロールを図る合弁事業法，外国人の市場への参入を規制する外国投資審査法，**パフォーマンス要求**（たとえば，国産品使用要求，輸出要求・国内販売制限，外貨均衡要求，内国民雇用要求，研究開発要求）などの規制が行われる場合がある。また，投資の参入後は，上記のパフォーマンス要求，元本や投資から得られた利潤の外国への送金の制限などの規制を受ける場合がる。さらに投資受入国の政治的，社会的状況が不安定な場合，騒乱や革命によって，投資財産に被害が生じる場合があり，また，国の制度の変更によって，収用や国有化，参入時の投資条件の一方的な変更などが生ずる場合もある。

経済的な利潤を追求する活動において，私人が一定のリスクを負うことは当然であるとしても，投資受入国の国家政策や国内事情が

原因となるリスクおよび不確実性は一個人が対応できるものではない。こうした状況で，資本と技術を有する私人による国際投資を活性化するには，国家による制度的な対応が必要である。投資家の本国が国内法制度を整備することも重要だが，世界経済全体の発展に国際投資が重要な意味を持つことを考えれば，国際的な制度による対応も必要である。この分野での国際的な制度は，外国人投資家が投資活動によって獲得した財産や権利の適切な保護と，資本，技術，ヒトの国際的な移動の促進および自由化という2つの側面に対応するものでなければならない。

　多くの旧植民地諸国が独立を達成した時期までは，先進国の外国人投資家が発展途上国で獲得した投資財産を保護することが重視された。しかし，1980年代以降，自由主義経済の発展により，先進国間での資本，技術，ヒトの移動の活性化がより重要な課題となり，かつ先進国間の経済的な競争が激化した結果，先進国間での国際投資の促進および自由化という側面がより注目されるようになった。

14-7
外国人の財産保護

伝統的な国際法では，国際投資の保護は，外国人の投資財産の領域国による保護に関する機能を果たしていた。欧州諸国では，自国内の基準で相互に外国人を保護することが一般的であり，この慣行が国際法の規則としても認められていた。しかし，19世紀に欧米諸国の国民が資源の豊富な地域に進出するようになると，外国で資産を取得し，活動する自国民の保護が先進国の重要な課題となった。こうした在外自国民の保護は外交的保護の権利の行使によって行われていたが，第2次大戦以降は，特に二国間投資協定（BIT）の締結によって，国際投資に関わる自国民の権利の保護が図られるようになった。

> **収用や国有化と外国人
> の財産や権利の保護**

国家政策による収用や国有化は外国人の投資財産に大きな影響を与えることになる。欧米諸国の国内法では，私人の財産を公の目的のために収用する場合，所有者の国籍を問わず，高額の補償が支払われることが通常である。こうした慣行から，慣習国際法上の合法的な国有化や収用の要件は，公共の目的，無差別，かつ，**十分，実効的かつ迅速な補償（ハル原則）** の支払とされていた。第2次大戦後，旧植民地から独立した発展途上国は，領域内の資源や経済活動が自国の発展と国民のために利用されるべきであると主張し，**新国際経済秩序**（**NIEO**, New International Economic Order）の樹立と，発展途上国の事情が考慮されうる新たな国際法規則の発展を求めるようになった。発展途上国は，このような規則の確立のために，条約の締結による国際法の規則の変更ではなく，国連総会の決議を通じて NIEO に関連する国際法規則の国際社会への浸透を試みという手段をとった。1962 年の**天然資源に対する恒久主権**に関する決議（決議 1893（XVII））から 1974 年の**国の経済権利義務憲章**（決議 3281（XXIX））までに採択された多くの総会決議によって，NIEO の下での天然資源に対する恒久主権に関する主張が国際社会において一定程度容認されるようになった。

発展途上国は，植民地時代の外国人の利権を排除するために国有化や収用が必要であると考え，NIEO の下，国有化や収用を国家の権利と位置づけ，さらに合法的な国有化や収用のための要件の緩和を求めるようになった。特にハル原則の緩和について，決議 1803（XVII）で，措置をとる国で実施されている規則と国際法に従った適切な（appropriate）補償の支払との文言が使われた。さらに，決議 3281（XXIX）では，措置をとる国の関連法令および自国が関連

すると認めるすべての事情を考慮した適切な補償の支払との文言になり，「国際法に従う」という基準が削除された。また，補償に関する紛争の解決につき，決議1803（XVII）は，措置をとる国の国内裁判手続を尽くすことが求められているものの，紛争の両当事国の間で合意がある場合の仲裁や国際裁判手続への言及があるのに対し，決議3281（XXIX）では，補償の問題に関する紛争の解決は，国有化を行う国の国内法に基づき，かつ，その国の裁判所における解決とされている。ただし，すべての関係国の自由な意思により他の解決手段が選択されうることが認められている。

　これらの一連の総会決議の内容がどこまで慣習国際法となったかについては議論があった。**テキサコ事件の仲裁判断**（1977年）〈百選74〉では，決議1803（XVII）と決議3281（XXIX）について，採択の経緯や内容が検討され，前者について慣習国際法となっているとの判断が示された。ただし，合法的な国有化や収用のための補償基準については，1980年代以降急増したBITで，ハル原則を採用する規定が置かれ，条約によって補償の基準が再び上がったことが注目される。

　NIEOの下での国有化や収用の権利の主張と並行して，しのびよる国有化または収用という現象もみられる。国有化や収用という文言は，国家が個人の財産を物理的に奪取する行為であるのに対し，税金などの投資条件を次第に厳しくすることで，外国人に投資活動からの撤退の判断を余儀なくさせることを，しのびよる国有化または収用という。**しのびよる国有化または収用**も財産の物理的な奪取と同様に国有化または収用とされ，通常の国有化や収用と同様の要件を満たさなければ違法であるとされている。

かつては，投資受入国が資源開発の認可状（コンセッション）を与えるという一方的な権利付与の文書に基づいて外国人投資家による資源開発などの投資活動が行われる場合が多かった。しかし，外国人投資家がもたらす資金や技術などが発展途上国の経済発展に不可欠なものとなるにつれて，投資受入国と外国人投資家の間で締結される契約によって，資源の開発などの継続的かつ長期的な経済活動が実施される場合が増加した。このことは投資受入国と外国人投資家の間の関係が契約に基づく等位の関係に変化したことを意味する。このような契約は**国家契約**と呼ばれ，天然資源の開発だけでなく，地域の経済開発事業や天然資源を利用した生産施設の建設と運営とその生産物の流通，観光施設の建設と運営など，多岐にわたる事業を対象とするものとなっており，外国人投資家に開発権や税制上の優遇措置などが規定される場合が多く，外国人投資家の投資活動への正当な期待の根拠となる。

国家契約では両当事者が等位の関係になるものの，一方の当事者である国家や政府の政策の変更や革命などの政治的要因によって契約違反や契約の一方的破棄などの問題が生じる可能性があることを否定できない。そのような事態に対応するため，国家契約では将来の契約関係の安定的な維持を保証する**安定化条項**（**stabilization clause**）が置かれることが多い。また，BITまたは自由貿易協定（FTA）や経済連携協定（EPA）の投資に関する章（以下「投資章」）で，投資受入国と外国人投資家の間の契約上の権利の保護に関する規定が置かれる例もみられる。なお，国家契約の安定性の確保の観点から，国家契約が国際法によって規律されると考える「契約の国際化」が論じられたこともあるが，契約関係の詳細の規律には国際

法は十分とはいえないため，今日では，国家契約に準拠法に関する規定がない場合，契約履行地たる投資受入国の法を準拠法と考える立場が一般的になっている（⇨14-11，14-12）。

14-10

国際投資の促進のための国際的な制度

個人の国際投資は，世界経済の発展に寄与し資源の有効な開発を促進するものの，様々なリスクを伴う。個人の投資活動の促進には，国家が個人の投資意欲を刺激するような制度を整備することが必要である。そのためには，各国が自国民による国際投資を奨励するために設けている投資保証などの制度も重要であるが，国際的な制度も必要であると考えられた。

世界銀行は投資保証制度と投資紛争の解決のための制度を設けている。投資保証制度としては，「**多数国間投資保証機関**（**MIGA**, Multilateral Investment Guarantee Agency）を設立する条約」（1985年）に基づき，1988年にMIGAが設立された。MIGAの目的は，特に発展途上国である加盟国への民間投資の促進のために，投資受入国の発展に寄与するような民間の投資について，投資受入国の同意を条件に，投資の障害となる非商業的危険（革命，戦争，資産収用，契約不履行，送金不能など）に対する保証を行うことである。

投資紛争の解決のための制度としては，投資紛争解決条約（1965年）に基づいて，**投資紛争解決国際センター**（**ICSID**, International Centre for the Settlement of Investment Disputes）が設立された。それ以前は投資紛争の解決は，いずれかの国の国内裁判所，または外交的保護の権利の行使による国家間の紛争解決手段に委ねられる例がほとんどであった。投資紛争に最も関係がある投資受入国の国内裁判所の場合，国家を相手とする訴訟では外国人投資家が不利な立場となる可能性が高く，また国内法制度に対する不信もある。さらに，

他の国の国内裁判所の場合は，国家免除（⇨第3章 *1*）などの問題もある。また外交的保護の権利を行使するか否かは外国人投資家の本国が決定するものであり，投資紛争の政治化を避けるために国家が権利の行使を差し控える可能性も高かった（⇨第8章 *5*）。外国人投資家が投資受入国を直接の相手とする投資紛争を国際的な手続で解決できるようにしたのが ICSID である。

ICSID には，設立当初からの調停と仲裁のほか，2022 年に仲介と事実認定の手続も設けられた。それぞれの当事者の同意がある場合，締約国の国民たる外国人投資家と他の締約国の間の投資紛争の解決のためにこれらの手続を利用することができる。この制度は外国人投資家が国家を相手とする紛争解決のための国際的な手続の当事者となることを可能にするとともに，外国人投資家の国籍国が外交的保護の権利を行使できないとすることによって投資紛争が国家間の問題となることを防ぐ，「非政治化」をもたらすとされている。なお，ICSID では，ほとんどの事例で仲裁が利用されている。

14-11

投資協定または FTA や EPA の投資章の発展

個人の国際投資を活性化するための国際的な制度として注目され増加しているのが，投資協定または FTA や EPA の投資章である。UNCTAD の資料によれば，2024 年 1 月 5 日時点で，BIT は 2828 件（うち 2219 件が発効），投資章を含む条約（FTA や EPA）は 451 件（うち 371 件が発効）に及ぶ。

1980 年代までは，先進国の国民の投資財産の保護のための BIT が先進国と発展途上国の間で締結されていた。しかし，それ以降は，投資の促進および自由化をも目的とする BIT が増加し，また，投資の促進および自由化が経済関係全体の強化の一環に位置づけられるようになり，投資章を置く FTA や EPA が，一定の発展を遂げた

国家間で締結されるようになった。また，二国間だけでなく多国間の協定が締結されることで，より広範な経済圏がカバーされるようになった。

投資章を置く多国間の FTA や EPA の最初の例は，**エネルギー憲章条約（ECT）**（1994 年）である。日本は 2002 年に ECT の当事国となった。二者の間の協定ではあるものの，広域的な経済圏をカバーするものとして，日本と ASEAN の EPA，**カナダと EU の間の包括的経済貿易協定（CETA）**，**日・EU 経済連携協定**などをあげることができる。さらに，**環太平洋パートナーシップに関する包括的及び先進的な協定（TPP 11 または CPTPP）**や**地域的な包括的経済連携（RCEP）**協定のような多国間の協定も締結されるようになり，いわゆるメガ FTA またはメガ EPA がみられるようになっている。TPP 11 には 2023 年，英国の加入も認められた。

14-12
**投資協定または投資章
の基本的制度**

投資協定は，投資受入国への参入後の外国人投資家の投資財産や利益の保護を主たる目的とするものと，投資受入国への参入への自由を保障することで国際投資の促進および自由化も主たる目的とするものに分かれる。先進国間で締結される FTA や EPA の投資章は後者のタイプである。

投資協定や投資章の基本的な内容としては，**内国民待遇**，**最恵国待遇**（MFN, Most Favoured Nation），**無差別原則**，投資財産の十分な保護と安定性の確保，**公正衡平な待遇**，投資利益の外国への自由な移転（外国送金の自由）の保障などを挙げることができる。さらに，より高いレヴェルの投資の促進や自由化を志向する協定や投資章では，健康，安全，環境，労働基準に関する規定（例：日・アルゼンチン投資協定 22 条）や市場アクセスの自由に関する規定（例：日・EU

経済連携協定 8.7 条），国家の安全保障に関する規定（例：日中韓投資協定 18 条）など，新しい問題に対応する規定も置かれている。

投資協定や投資章では紛争解決手続に関する規定も重要な要素と位置付けられている。協定の当事国間の紛争解決手続に関する規定だけでなく，外国人投資家対投資受入国の紛争解決手続を保証する規定（ISDS 条項）が置かれることが多く，これを援用した投資仲裁は増加の一途をたどっている。⇨*14-10* で言及した ICSID のほか，外国人投資家対投資受入国の投資紛争の解決のために利用可能な国際的な仲裁制度として，**常設仲裁裁判所**（⇨第 16 章），国際商業会議所（ICC）などがある。また，各国の国内の仲裁制度でも，アメリカ仲裁協会（AAA），ストックホルム商業会議所（SCC）の手続もしばしば用いられている。アジアでは，1991 年にシンガポール仲裁センター（SIAC）が設立された。

14-13
投資仲裁に対する批判と常設の投資裁判所

ICSID などの投資仲裁制度を利用するためには，外国人投資家と投資受入国の仲裁への同意が必要となる。将来生じうる投資紛争を国際的な仲裁制度を利用して解決することについての投資受入国の同意は，個別の国家契約の紛争解決条項や，投資受入国の国内法規定，投資協定や投資章の投資受入国と外国人投資家の間の投資紛争を国際的な仲裁で解決することを認める ISDS（Investor-State Dispute Settlement）条項によって示されうる。

投資協定や投資章の ISDS 条項は，外国人投資家に対する投資環境の整備という役割を担っており，ISDS 条項に基づく投資仲裁の事例が非常に多くなっていることは，外国人投資家が**投資仲裁**を積極的に評価していることの証左である。しかし，ISDS 条項に基づく投資仲裁の急増から，その問題点も指摘されるようになった。投

資仲裁の判断（公正衡平な待遇や投資家の合理的な期待といった，多くの仲裁条約や投資章に共通する規定に関する判断）の一貫性の欠如，仲裁判断の公平性への疑問（外国人投資家に有利な判断が出される事例が多い）といった，仲裁裁判の本質的な性格に由来する批判がみられる。それ以外にも，仲裁人の倫理や公平性と高額の仲裁手続の費用も批判されるようになっている。さらに，投資仲裁において外国人投資家が投資受入国の政策について投資協定や投資章の違反を論じ，その違法性が認められることによって，投資受入国の国内法制度や政策に影響が生じうることも指摘されている。

このような批判を受けて，欧州諸国を中心に常設の**多国間投資法廷**（**MIC**, Multilateral Investment Court）の設立に関する議論が進んでおり，CETA の投資紛争解決制度は EU の MIC の設立に向けた議論を反映している。また，UNCITRAL でも多国間投資裁判所に関する議論が行われている。

14-14
国際投資の自由化と安全保障

1980 年代以降は特に国際投資の促進および自由化のための制度が整備されてきた。しかし，2000 年代半ば以降，先進国を中心とする各国が安全保障を理由として外国人の投資家の経済活動に一定の制限を設ける国内立法を行うようになっている。WTO 協定や投資協定，FTA や EPA の投資章でも安全保障を理由とする規制が一定限度容認されている。経済安全保障の重要性がます中，こうした条項の適用が問題となる事案が増えると考えられる。

14-15
日本と投資協定，投資章を含む EPA

第 2 次大戦後の日本は多国間外交を重視したことで，他の先進国と比べ，BIT をあまり多く締結していなかった。しかし，2002 年に政策を変更し，二国間の経済関係の強化に積極的に取り

組むようになった。これ以降，多くの BIT や EPA が締結されるようになった。特に ASEAN 諸国との間では，二国間の EPA だけでなく，**日・ASEAN 経済連携協定**も締結されており，さらに，ASEAN 諸国の中には TPP 11 や RCEP 協定の当事国となっている国もある。また，オーストラリアとの関係では，日豪経済連携協定に加えて，**TPP 11** と **RCEP** 協定が適用されることになる。

　EPA は国籍を基準として個人の経済活動に適用されることになるが，たとえば，原産地証明に関わる規則については条約によって異なる点がみられ，多様な要素が複合的に関連する国際的な経済活動において，どの EPA の適用を受けることがより有利かが異なる場合がありうる。国際的な経済活動に従事する個人は，自己の国籍国および自らの活動に関係する国がどのような条約の当事国であり，どの条約の適用を受けることが自らの経済活動に最も有利かを検討した上で，選択できるだけでなく，そのような選択を求められるようにもなっている。

14-16

普遍的な投資協定の必要性？

経済関係の条約の交渉が二国間や共通の利益を有する国家間で行われる場合，関係国の特殊な利害に細かくかつ柔軟に対応できることから，条約の内容や文言についての合意が比較的簡単に達成されうる。*1*で述べたように，二国間条約や共通の利益を有する限定的な多国間条約という地域的な条約は当事国に限定された特別な法制度の構築にとどまり，普遍的な規則や制度を構築するものではない。

　OECD と WTO では，投資に関する普遍的な制度の構築のための努力がみられる。OECD は 1995 年に，**多数国間投資協定**（MAI, Multilateral Investment Agreement）に関する交渉を開始したが，1998 年

に交渉が決裂した。WTO では，2017 年の第 11 回閣僚会議で採択された共同声明イニシアチブと呼ばれる，有志国の参加によるルール形成の試みの成果として，2021 年 12 月にサービス貿易にかかる国内規制ルール，2023 年 7 月に交渉開発のための投資円滑化ルールに関する交渉がそれぞれ妥結した。

有力国を含む広大な経済圏をカバーする地域的な FTA や FTA の諸規定で見られるようになっている先進的な規則は，今後もさらに発展することが予測され，普遍的な制度としての投資に関する国際法の内容に影響を与えうるだろう。投資分野の国際法規則の策定において，地域的な規則と普遍的な制度の相互関係を注視していく必要がある。

3 WTO と FTA

14-17
WTO

WTO（世界貿易機関）は 1995 年に発足した。これは，国際貿易を規律する初の国際組織であった。1947 年に成立した GATT は，国際組織とはならず（国際貿易機関（ITO）構想は挫折した），実体ルールが暫定適用されてきたのである。

WTO の特徴としては，以下の点を挙げることができる。第 1 に，モノ貿易に関するルール（GATT において存在してきた）のみならず，サービス貿易についてのルール（GATS（**サービス貿易協定**））や農産物についてのルール（農業協定），知的財産権についてのルール（TRIPs，知的所有権の貿易関連の側面に関する協定）なども規定した。経済のサービス化に伴い，サービス貿易は今後ますます重要になる。

サービス貿易については4つの態様（モード）がある。第1モードは，国境を越える取引（A国領域からB国領域へのサービス提供。例，外国の通信販売の利用），第2モードは，海外における消費（A国の領域内でのB国の消費者に対するサービスの提供。例，外国のホテルでの会議），第3モードは，業務上の拠点を通じてのサービス提供（A国のサービス提供者がB国内にある業務上の拠点を通じてのサービスの提供。例，海外支店を通じた金融取引），第4モードは，自然人の移動によるサービス提供（A国のサービス提供者による，B国の自然人の存在を通じてサービスを提供。例，招聘した外国人音楽家によるコンサート）である。また，WTO協定においては，アンチダンピング（不当廉売）に関する協定やセーフガード（輸入急増に対する緊急輸入制限措置）に関する協定など，特に問題となる主題についての合意をした。

　第2は，市場アクセス，内国民待遇，最恵国待遇といった通商上の基本概念との関連についてである。**市場アクセス**とは，GATSで登場した概念であり，外国のサービス業者が国内市場に参入できること（相手国で営業できること），**最恵国待遇**とは，相手国国民に対する待遇を任意の第三国国民に対する待遇よりも悪くないようにすること（外外無差別），**内国民待遇**とは，外国民に対する待遇を自国民に対する待遇よりも悪くないようにすること（内外無差別）をそれぞれ意味する。二国間通商航海条約においては，最恵国待遇と（部分的に）内国民待遇を定め，モノの貿易に関する一般ルールであるGATTはこれを多数国間化することによって自由化を広めた。他方，サービス貿易については，従来は基本的に相互主義の世界であった（通商航海条約や特段の条約がカバーする部分は別途それによる）が，GATSは一般的に自由化をすすめることとなった。GATSでは，最恵国待遇を一般的義務として認める（ただし限定された範囲で免除登

録が可能である）一方，市場アクセスおよび内国民待遇については，特定の約束として認める（＝認めてもよいという宣言がなされている分野に限って，市場アクセスと内国民待遇を認める）と規定する。もっとも，サービスの多岐にわたる分野につき，特別のルールが定められ，自由化の範囲は限定したり別途交渉をすすめると規定する（例，航空，金融，電気通信，海運等）。

第3に，紛争解決機関が設置され，紛争解決手続が整備された。小委員会（パネル）の設置については，一方当事国の申立てで相手国が反対しても設置がなされる。パネル勧告に続き，上訴（上級委員会による報告）も予定されている。上級委員会の報告は当事国を拘束すると解せられる。これまでに約600件の紛争がパネル・上級委員会にかけられ，350以上の判断がなされてきた。2019年末から上級委員会は機能停止の状況にあり，これへの暫定的な対応として，仲裁による解決の枠組みであるMPIA（多数国間暫定上訴仲裁アレンジメント）が有志国により立ち上げられた。日本も2023年3月にMPIAへの参加を決定した。

第4に，途上国との関係では，1979年11月28日のGATT締約国団決定（授権条項）において，「締約国は，一般協定第1条の規定にかかわらず，異なるかつ一層有利な待遇を，他の締約国に与えることなしに開発途上国に与えることができる」と合意された。WTOの下でも同決定は有効であるが，グローバル化が途上国に不利に作用するのではないかとの懸念は絶えない。

第5に，「環境と貿易」（⇨*15-2*），「労働基準と貿易」，「文化と貿易」といった貿易外関心事項をどう扱うかが大きな問題となっている。この問題は，たとえば「環境と貿易」については，実体ルールとしてどちらの価値を優先させるか（たとえば環境規制措置をとらな

い国との間で特定物資の貿易禁止をすることが認められるかという解釈論の問題，および，そのような禁止措置を優先させるルールをつくるべきかという立法論の問題の双方の問題がある）としてのみならず，そもそもどのフォーラムで扱うことが適切であるかという問題としても現れる。現実には，環境や労働等を扱う機関においてはWTOのような確立した紛争解決機関がないため，WTOで争われることになるがそれが妥当か，WTOパネルや上級委員会は結局のところ貿易価値を優先する判断をするのではないか，との懸念は払拭されていない。

第6に，「安全保障と貿易」（これも貿易外関心事項である）が大きな問題となっている。GATT 21条(b)は，「自国の安全保障上の重大な利益の保護のために必要であると認める」措置をとることを妨げない旨規定する。この規定の解釈につき，2019年4月のWTOパネル報告（ウクライナ対ロシア，通過中の輸送に関する措置事案）〈百選89〉では，援用国（ロシア）の自己判断に完全に服するものではなく，何が安全保障上の利益に該当するかの解釈は基本的には各国の裁量によるものの信義則によって規律されるとした上で，ロシアによるこの規定の援用を結果として容認した。

第7に，WTOの下での一方的措置について。WTO協定の違反となる措置（たとえば正当な理由のない数量制限）に対してとりうる措置は，もっぱらWTO協定の枠内のものに限定され，枠外の一方的措置をとることは認められない。この意味でWTOは自己完結的法制度だといわれる。ただし，相手国が上級委員会報告を遵守しない場合には，最終的にはretaliation（報復的措置）の発動が一方的措置として認められる（紛争解決了解22条）。

| 14-18 |
| FTA と EPA |

FTA（**自由貿易協定**）とは，複数国間（同一地域である必要はない）で関税等の貿易

障壁をとりはらい，域内の貿易自由化をはかるものである。FTA は，締約国を域外国より有利に扱うという意味で，WTO で定められた最恵国待遇の例外をなすものである。WTO 協定上は，GATT 24 条8 項(b)，GATS 5 条の要件をみたすものであれば，認められる。つまり，「相当な範囲の分野を対象にし，実質的にすべての差別が存在しないこと」が要件であり，特定のセクターについてのみ FTA を設けるといったことは認められない。要件を満たす FTA であればWTO を「補完」するというのが WTO 事務局の基本的な立場である。

　1990 年以降，東アジアを除く世界の各地域（北米，欧州，南米，オセアニアなど），において地域経済統合の動きが顕著であり，NAFTA（北米自由貿易協定），メルコスール（南米南部共同市場），AFTA（東南アジア自由貿易協定）などが有名である。2023 年 12 月の時点でWTO に通報されている地域貿易協定（RTA）は 594，うち発効中のものは 361 である。

　日本は，以前は WTO 一本ですすめる予定であったが，FTA の進展の中でそれでは不利になると判断し，初めての FTA をシンガポールとの間で 2002 年に締結した。貿易以外にも投資，競争政策，知的財産権などの分野での自由化合意も含むため，**EPA**（**経済連携協定**）といわれる。FTA 締結の際に最大のネックとなるのが農業の自由化であるが，シンガポールとの FTA を締結しても日本の農業セクターにはほとんど打撃を与えないというメリットがあった。モノ，サービスの自由化に加え，投資保護（投資許可段階で内国民待遇を与えるという従来の BIT よりもすすんだ内容）も含む内容となっている。

　その後，日本は 2004 年 9 月には，メキシコとの間で，2005 年 12月には，マレーシアとの間で，EPA を締結した。農業分野の自由化を含む点で画期的なものである。後述する TPP 協定や RCEP 協定

も EPA である。EU との間での EPA は 2018 年 7 月に署名され，2019 年 2 月に発効した。2021 年 1 月現在，さらに，チリ，タイ，インドネシア，ブルネイ，フィリピン，ASEAN，ベトナム，スイス，インド，ペルー，オーストラリア，モンゴル，英国との EPA も発効しており，発効済のものは計 18 である。オーストラリアとの EPA は，食糧・エネルギー安全保障に関連する規定がある点でも注目される。

14-19
TPP 協定と RCEP 協定

5 年半に及ぶ交渉の結果，2015 年 10 月に，日本，米国，カナダ，メキシコ，ペルー，チリ，オーストラリア，ニュージーランド，シンガポール，マレーシア，ブルネイ，ベトナムの 12 か国は，環太平洋パートナーシップ（TPP）協定の大筋合意に達し，2016 年 2 月に TPP 協定（TPP 12）が署名された。前文および全 30 章（冒頭の規定及び一般的定義，内国民待遇及び物品の市場アクセス，原産地規制及び原産地手続，繊維及び繊維製品，税関当局及び貿易円滑化，貿易上の救済，衛生植物検疫（SPS）措置，貿易の技術的障害（TBT），投資，国境を越えるサービスの貿易，金融サービス，ビジネス関係者の一時的な入国，電気通信，電子商取引，政府調達，競争政策，国有企業及び指定独占企業，知的財産，労働，環境，協力及び能力開発，競争力及びビジネスの円滑化，開発，中小企業，規制の整合性，透明性及び腐敗行為の防止，運用及び制度に関する規定，紛争解決，例外，最終規定）からなる。物品関税だけではなく，サービス・投資の自由化をすすめ，さらに知的財産，電子商取引，国有企業など幅広い分野において 21 世紀型の経済ルールを構築するものである。米国は 2017 年 1 月にトランプ大統領の下で TPP から離脱し，発効要件（12 署名国すべての国内手続の完了の寄託）が満たされなくなったため，米国を除く 11 か

国により発効に向けた協議がなされ，2018年3月に包括的・先進的TPP協定（TPP11またはCPTPP）が締結され，11か国間でTPPの内容を適用するとした（2018年12月発効）。2023年7月には英国の加入に関する議定書が署名された。関税については，日本が貿易する全品目中，95％につき関税を撤廃する。農産品については51％につき発効後即時に関税を撤廃し，最終的には81％につき撤廃する。重要5項目（米，麦，乳製品，牛肉・豚肉，甘味資源作物）については約30％の品目につき関税を撤廃し，他の品目についても税率引下や輸入枠を拡大する。投資章において，投資家と国家との間の紛争解決（ISDS）の手続が整備されることとなった。乱訴を抑制するため，①仲裁廷は，国家の義務違反の判断の前に，訴えが仲裁廷の権限の範囲外であるとの被申立国による異議について決定する，②判断内容を公開する，③申立期間を一定の期間に制限する。紛争解決章につき，協議規定を設けるとともに，協議による解決が得られない場合には，締約国の要請に基づき紛争ごとに設置されるTPP協定上のパネルにより最終的な解決を得るための手続を規定する。

TPP協定には，アジア太平洋地域において新たなバリュー・チェーンが創出されること，自由・民主主義・基本的人権・法の支配といった普遍的価値を共有する国家間での経済的な相互依存関係が深化することが期待されている。

TPPから離脱した米国との間では日米貿易協定および日米デジタル貿易協定が2019年10月に署名された（2020年1月発効）。前者は，世界のGDPの約3割を占める日米間の物品貿易に関する協定である。後者は，今後重要性が増大するデジタル貿易についてのハイレベルなルールを示すものとして注目される。

RCEP 協定は日本，中国，韓国，ASEAN 諸国，オーストラリア，ニュージーランドの計15か国が参加する EPA であり，2020 年 11 月に署名された。全20章からなり，貿易，投資のほか，知的財産，電子商取引，競争，中小企業，経済・技術協力，政府調達等についても規定する。日本の貿易総額の約半分を占める地域の EPA であり，日本の経済成長に寄与することが期待される。2020 年 1 月に日本を含む 10 か国について発効した。

4 経済法の域外適用

14-20 域外適用 国内法が当該国外に適用されるという**域外適用**は，独占禁止法や輸出管理法といった経済法分野においてはしばしばみられる。このような立法管轄権の域外適用は，自国外にある自国系企業の子会社に対しても自国法が適用されるという形で現れることが典型であるが，より広範な域外適用がなされることもあり，いずれにせよ領域国（当該企業の子会社の所在地国）の属地的管轄権との衝突が生じる。経済法の域外適用にこれまで最も熱心だったのは米国である。

14-21 独占禁止法の域外適用 経済法の域外適用が最初に現れたのは，独占禁止法の分野においてであった。1945 年の**アルコア事件**において米国連邦控訴裁判所は，「行為（カルテル）の結果が国外で発生することを意図し，実際に発生した場合には，行為者に対して管轄権を行使できる」という効果理論を採用した。その後，欧州からの批判をも勘案して，1976 年の**ティンバレン事件**〈百選2版20〉において米国連邦控訴裁判所は，効果主

義に基づく管轄権の行使を合理性原則に基づいて自制する場合があるとした。他方，欧州においても，欧州司法裁判所は，1988年のウッド・パルプ事件判決において，競争阻害行為を禁止する規則（現在の欧州連合運営条約101条）の域外適用を認めた。米国―EC間では，1991年に独禁共助協定が締結された。日本は，1999年に日米独占禁止協力協定を，2003年に日EU独占禁止協力協定を，2005年に日加独占禁止協力協定を締結した。これらの協定は管轄権の境界線自体を決定するものではなく，競争当局間の協力を規定するものである。

　日本の最高裁は2017年12月12日判決（ブラウン管カルテル事件）〈百選18〉において「価格カルテル（不当な取引制限）が国外で合意されたものであっても，……価格カルテルにより競争機能が損なわれることとなる市場に我が国が含まれる場合には，当該カルテルは，我が国の自由競争経済秩序を侵害するものということができる」として独占禁止法の域外適用を認めた。

14-22
輸出管理法の域外適用

　独占禁止法よりもはるかに外交上の大きな対立が生じうるのが，輸出管理法の域外適用であり，特に，いずれも米国が実施した，1982年のシベリアパイプライン事件，1996年のキューバ自由および民主的連帯法（ヘルムズ・バートン法），同年のイラン・リビア制裁法（ダマト法）が，外交上の対立を生じさせた例として有名である。

　シベリアパイプライン事件は，米国が，1981年末のポーランドにおける戒厳令布告はソ連の命令によってなされたものであって，ポーランドの人民の自決権および人権に対する重大な違反であるとして，1982年6月に対ソ連経済制裁措置を拡大し，米国企業の在外子会社によって製造された，または，米国の技術データを用いて

外国で製造された石油・ガスの製品・輸送装置のソ連への輸出・再輸出をも禁止するとしたことから生じた。これに対して，ソ連からの石油・ガス輸入を必要としていた英国やフランスは，「米国の措置に従ってはならず，もし自国企業が従った場合には刑事罰を含むペナルティーをその企業に課す」という対抗立法を制定して，米国の措置に反対した。欧州委員会も，この米国の域外適用は国際法違反であって認められないとする旨の声明を1982年8月12日に発した。それゆえ，英国やフランス等にある米国系企業の子会社は，米国の法令に従って輸出を拒めば現地法令の違反となり，反対に現地法令に従って輸出を続ければ米国法の違反となるというジレンマに陥った。

　ヘルムズ・バートン法は，キューバ軍用機による領空外での米国民間航空機撃墜事件に触発されて制定されたものであり，キューバのカストロ政権の打破を目的とするものであった。既に課されていた対キューバ経済制裁を強化する内容のものであったが，域外適用との関連で特に注目されるのは，キューバ革命に伴い1959年以降にキューバ政府によって没収された米国民の資産を運用しているすべての者（外国企業を含む）に対して，真の所有者である米国民は，米国国内裁判所において訴訟を提起でき，前者は後者に対して金銭賠償を負うという条項，および，この没収や運用にかかわった外国人（企業役員，株主等）に対して査証（ビザ）発給を否認するという条項が含まれているということである。欧州連合やカナダはこの域外適用に抗議した。欧州連合はWTOに小委員会（パネル）設置を要請した。1997年4月，欧州連合と米国は，この訴訟容認条項の発動を停止すること，欧州連合がWTOパネル手続の停止をすることで合意に達した。

ダマト法は，イラン，リビアによる国際テロリズムの支援および大量破壊兵器の獲得を問題として，本法成立後にイラン，リビアに4000万ドル以上の投資を行った者（外国に所在する外国企業も含む）に対して，輸出許可証発行の禁止，政府調達の禁止，輸入制限等の措置の中から措置を課すというものである。日本や欧州諸国は，米国の対イラン，リビア政策自体には理解を示しつつも，このような域外適用については非難・抗議をした。日本政府は，1996年8月に「本法は国際法上許容されない国内法の域外適用になり得るだけではなく，WTO協定との整合性の問題が生じる可能性がある。このような問題点を孕んだままでの本法の発効は遺憾である。米国政府には，国際法との整合性を確保しつつ本法を慎重に運用することを強く求める」旨のコメントを発表した。EUは，①ダマト法に効果を与えるEU域外の判決を承認・執行してはならない，②EU域内で設立された企業はダマト法に従ってはならない，③ダマト法に従わないことによって損害が生じた欧州企業にはEU加盟国の裁判所での損害賠償請求ができるという内容の対抗立法を制定した。

　このような域外適用をめぐる紛争は，属地主義の排他的優位が国際法上，確立しているとまではいえないことから生じているといって過言ではないが，1996年11月の国連総会決議51/22では，域外適用一般につき，「他国の企業および国民に制裁を課す一方的な域外的法律の即時取消しを要請する」，「域外的・強制的な一方的経済措置または立法行為を承認しないよう，すべての国家に要請する」とした。このような決議が積み重なれば，属地主義を優位するルールが結晶化することとなりえよう。

　域外適用をめぐる紛争の解決にあたって，いずれかの関係国の国内裁判所は真に適切なフォーラムとはおよそいいがたい。外交交渉

または国際司法裁判所といった国際的フォーラムでの解決（包括的な合意（条約の作成）はおよそ容易ではないため，事案ごとの解決）が求められるといえよう。

Column⑱ 米中経済対立と両国の輸出管理法の域外適用

米国と中国の対立の激化に伴い，両国ともに輸出管理法を域外適用するという動きが見られる。米国は，香港，ウイグル，南シナ海に関わる取引や先端技術に関わる取引等を対象にした種々の経済的規制措置を中国に対してとっており，その中には域外適用も含まれている。他方，中国は，米国による諸措置に対抗する形で，2020年12月に域外適用の内容を含む輸出管理法を施行した。また中国は，2021年1月には不当域外適用阻止弁法を施行した。同法は，米国法の域外適用に対する対抗立法である。さらに中国は，2021年6月には反外国制裁法を制定した。

通商法の域外適用をめぐる米国と欧州連合との対立との相違は，米欧対立が米国法の域外適用対欧州連合法の属地主義をめぐる対立であったのに対して，米中対立は米国法の域外適用対中国法の域外適用をめぐる対立となっていることである。日本企業を含む第三国の企業にとって深刻な問題は，米国法の規制対象となった中国企業と取引を継続すると米国法によってペナルティを課され，他方，米国法に従って当該中国企業との取引を停止すると，中国法によってペナルティを課されたり，当該中国企業から損害賠償請求を受けたりするという「板挟み」の状況が生じかねないということである。

5 国際ビジネスに携わる人々に関連する条約

国際ビジネスに携わる人々に関連する条約として，ここでは，国際贈収賄に関する諸条約および社会保障協定（年金通算協定）につ

いて簡単にみる。

14-23
国際贈収賄に関する諸条約

ロッキード事件が端緒になって米国では1977年に海外腐敗行為防止法が制定され，外国公務員へ賄賂を贈った米国民はこの法律で処罰されることとなった。他方，日本や欧州諸国にはこのような法律はなかった。米国は，このままでは米国企業が競争上，不利になると判断し，OECD諸国に働きかけて1997年に署名されたのが，**国際商取引における外国公務員に対する贈賄の防止に関する条約**である。その主な内容は，外国公務員（国際機関の職員を含む）に対する贈賄を犯罪とするために必要な措置をとるよう各国に義務づける（1条1項）というものである。わが国では，不正競争防止法を改正して条約上の義務履行ができるようにした（外国政府の公務の公正さの担保は，刑法の贈賄罪の保護法益の射程範囲外であるため，このような国内法対応となった）。

このOECD条約は，国際商取引が公正に行われることを担保することを目的としたものであって，汚職の取締りとそれによる国家のクリーンな公務の確保自体を直接の目的としたものではない。それゆえ，この条約では外国公務員に対する贈賄は処罰対象となるが，収賄は処罰対象とはなっていない。

これに対して，より広く国際贈収賄を腐敗ととらえて，社会全体の公正と正義の確保を目指すための刑事条約の動きがある。まず，欧州評議会（CE）では，1999年に腐敗対策刑事条約を作成した。民間の腐敗も対象とする，贈賄のみならず収賄も対象とすることで，腐敗の国際犯罪化を国際公益に合致するものであるとした点が特徴である。

その後，国連においても，腐敗が開発や民主主義の進展を阻害す

る大きな要因になっているとの認識の下，2003年の国連総会において**国連腐敗防止条約**が採択され，日本も同年に署名した。国際贈収賄を対象にした包括的な条約（全71か条）であり，締約国は，①腐敗を犯罪化すること，②腐敗の慣行を防止し違反者を訴追するための国内組織を発展させること，③盗まれた財産を回復するため他の政府と協力すること，④腐敗と戦うための国際協力をすすめること，が義務づけられる。③は，政治家が収賄した資金を外国金融機関に秘匿した場合に一定の範囲で政府に返還させる規定も設けられた点が新しい特徴である。

　世界銀行の調査では，腐敗のコストは他のいかなる犯罪による損害よりも大きく，世界の贈収賄の総計は年間1兆ドルを超えると推計される。

14-24
社会保障協定

社会保障協定（年金通算協定）は，数年間のみ海外に滞在する日本企業の社員等が，日本と外国の双方の年金に加入する義務が課されたり，外国の年金加入が短期間の場合に年金が受給されない（場合によると日本の年金も受給できない）といった年金加入をめぐる不合理を解決するものである。二重加入の回避によって保険料負担が軽減されるため，経済界も主要各国との締結を求めてきた。1998年に初の協定がドイツとの間で締結され，さらに，英国，韓国，米国，ベルギー，フランス，カナダ，オーストラリア，オランダ，チェコ，スペイン，アイルランド，ブラジル，スイス，ハンガリー，インド，ルクセンブルク，フィリピン，スロバキア，中国，フィンランド，スウェーデンとの間での協定が発効しており，イタリアとの間では署名済である。

●本章のサマリー

　国際環境問題は，越境環境汚染の問題を超えて，国際社会全体の問題
さらには地球の問題として認識されるようになってきている。国際環境
法には，国際法一般とは異なるいくつかの基本的特質が存在する（⇨**1**）。
本章では，特に，オゾン層破壊防止問題に関するウィーン条約とモント
リオール議定書，および，地球温暖化防止問題に関する気候変動枠組条
約と京都議定書について，やや詳しく検討する（⇨**2**）。環境問題に関す
る条約の規律対象は多様であり，生物多様性，自然保護，海洋汚染，有
害廃棄物の越境移動，化学物質の越境移動などがある（⇨**3**）。

SUMMARY

1　国際環境法の基本的特質

15-1
環境問題の国際的発展

　越境環境汚染に関して，**トレイル熔鉱所**
事件仲裁判決（1941 年）〈百選 24〉が，「い
かなる国家も他国の領域内で煤煙による損害を発生させるような方
法で自国の領域を使用し，または使用を許可する権利を有しない」
と判示したことは，国際環境法の端緒をなすものである。このよう
に当初，越境環境汚染に対する領域管理責任の問題としてとらえら
れた国際環境問題は，1972 年のストックホルム国連人間環境宣言が
端緒となって，国際社会全体の問題として，つまり環境損害が単に

特定の他国への損害にとどまらず，国際社会全体に対する法益侵害としてとらえられるようになったといえる。同宣言第21原則では，「国は，……自国の管轄又は管理の下における活動が他国の環境又は国の管轄外の地域の環境を害さないことを確保する責任を負う」とした。さらに，1980年代から90年代においては，環境損害の問題は，個々の大規模な汚染源を取り締まることを超えて，国際社会において行われている無数の経済活動が総体としてみると生態系を破壊するという問題として，つまり「国際社会全体の問題」であると同時にそれさえ超えて「地球の問題」として認識されるようになってきたといえる。*2*でみるオゾン層破壊問題や地球温暖化問題はその典型である。

15-2
国際環境法の基本的特質

国際環境法の基本的特質を以下，5つのキーワードをもとにして説明する。

第1は，「**持続可能な開発**」（sustainable development）である。人類の諸活動が環境に何らかの負荷を及ぼすものである以上，環境に配慮しない無制限の開発は永続することはできない。開発の許容範囲については，まず時間的には，将来世代に対する配慮を無視したものであってはならない。次に，貧困からの脱却とそのための開発を切望する途上国への配慮という点では，「持続可能な開発を達成する上で，環境保護は，開発過程の不可分の一部をなすものであり，それから切り離して考えることができない」（環境と開発に関するリオ宣言（1992年）第4原則）とともに，各国（先進国と途上国）は「共通に有しているが差異のある責任を有する」（同第7原則）とされ，「法内容の不平等」が認められている。

第2は，「**枠組条約**」（framework convention）と「**議定書**」（protocol）である。環境関連条約の中には，*2*でみる「オゾン層保護について

のウィーン条約＋モントリオール議定書」や「気候変動枠組条約＋京都議定書」のようにこの「枠組条約＋議定書」方式を採用するものが少なくない。枠組条約では，条約体制の趣旨・目的，規制の大枠（一般的な防止義務），実施機関の設立等について規定し，規制内容の詳細は事後に開催される締約国会議で締結される議定書において規定する。このような「枠組条約＋議定書方式」を採用する利点としては，総論賛成・各論反対をまとめやすくするとともに，科学的知見の進展にあわせた柔軟・迅速な対応を可能にするという利点がある。

第3は，「**予防的アプローチ**」（precautionary approach）と「**予防原則**」（precautionary principle）である。国際環境分野においては，「科学的不確実性があることは規制をしない根拠とはなりえない」という考え方に従って予防的な措置が採用されることがあり，条約や宣言においてそのような予防的方策への言及がなされることもある。たとえば，気候変動枠組条約3条3項では，「深刻な又は回復不可能な損害のおそれがある場合には，科学的な確実性が十分にないことをもって，このような予防措置をとることを延期する理由とすべきではない」とする。もっとも，慣習国際法上，このようなルールが確立されたとまではいえず，その意味で「予防原則」として説明するよりも「予防的アプローチ」として説明する方が妥当である。

第4は，「**不遵守手続**」（non-compliance procedure）である。環境条約上の義務の不遵守に対しては，国家責任論の一般的ルール（国際法違反は事後救済義務を生じる）や条約法の一般的ルール（条約の重大な違反に対しては当該条約の運用停止や終了をなしうる）は適用されないとしばしば指摘される。すべての締約国による遵守がとりわけ強く要請される国際環境分野においては，ペナルティーではなく履行

促進措置こそが最も強く求められるという考え方の下に，たとえば，オゾン層保護に関するモントリオール議定書第4回締約国会合報告書の附属書V（1992年の同会合決定IV/5により採択）においては，不遵守の場合にとられる措置として，「警告の発出」や「権利・特権の停止」とともに「適当な援助」が挙げられている。

このような不遵守手続は，環境義務を遵守する意思はあるが能力（資金，技術，人員）がない国家への能力構築（capacity building）としての意義を有する。留意すべきは，環境上の義務違反すべてに対して不遵守手続の考え方が採用されるべきというわけでは全くなく，意図的環境破壊の場合には，国際法上の責任追及がなされるべきである。実際に，1991年の湾岸戦争時に油井に火を放ったイラクに対しては，安保理の補助機関として設立された国連補償委員会（UNCC）の枠組みの下に，イラクが犯した環境損害に対する補償請求がなされた。

第5は，「**環境と貿易**」である。環境保護のための規制措置は国際面では特に貿易に対する規制として現れることがある。たとえば，モントリオール議定書4条では，非締約国との間でのフロン等の規制物質の輸出入を禁止する旨を規定するが，このような措置はGATT/WTOの自由貿易原則（無差別待遇，最恵国待遇，数量制限の禁止）との抵触が生じることになる。GATT 20条やGATS 14条の一般的例外には「環境保護のための措置」はないが，このような措置は国際法上，認められるのであろうか。この点に関しては，第1に，当該措置が「偽装された保護貿易」と認定される場合には，GATT/WTO法上，違法となる。WTOの紛争解決機関において，この主題にかかわるケースが扱われたことがあるが（マグロ・イルカ事件（1991年）〈百選初版77〉，ガソリン事件（1996年），エビ・カメ事件（1998

年）〈百選 78〉，アスベスト事件（2001 年）），WTO 紛争解決機関は一般国際法（WTO 法以外）に照らした判断は権限外でできないこと，MEA（多数国間環境協定）にも通常は一般的な紛争解決条項があることにかんがみると，そもそも WTO が「環境と貿易」を扱うのに真に適切なフォーラムなのかが問われなければならない。また，MEA に基づく環境規制措置に比べて，MEA に基づかない国家の一方的決定に基づく環境保護のための貿易規制措置は，正当化はより困難である。

2 オゾン層破壊問題・地球温暖化問題と国際法

15-3
オゾン層破壊問題

長距離越境大気汚染条約（1979 年）は，大気汚染に関する初の多数国間条約であったが，地球規模の環境問題に対してよりすすんだ対応がなされたのが，オゾン層破壊問題への対処であった。地上 10 〜 50 キロメートルの成層圏に存在するオゾン層が地上で使用されるフロンガスによって破壊されると，人体や農作物に深刻な損害が生じる。UNEP（国連環境計画）において 1977 年からこの問題の検討がなされ，オゾン層破壊防止のため，1985 年に**オゾン層の保護のためのウィーン条約**が採択された（1988 年発効）。枠組条約であり，2 条 1 項で「締約国は，この条約及び……議定書に基づき，オゾン層を変化させ又は変化させるおそれのある人の活動の結果として生じ又は生ずるおそれのある悪影響から人の健康及び環境を保護するために適当な措置をとる」と規定する。規制内容の詳細を規定する 1987 年の**モントリオール議定書**（89 年発効）においては，2 条 4 項において，10

年間で特定フロンの消費・生産を半減するとした。しかし，その後，このペースではオゾン層保護にとっては不十分であるとされ，モントリオール議定書第1回締約国会議（1989年）では，今世紀中にフロンを100%削減する，第2回会議（1990年）では，フロンのほかに特定ハロン，四塩化炭素も2000年までに全廃し，メチルクロロホルムは2005年までに全廃する，第4回会議（1992年）では，フロンの生産・消費を1993年までに75%削減し，1995年には全廃する，といった具合に規制内容を前倒したり規制対象物質を拡大したりすることが合意された。第28回会議（2016年）では，代替フロンを新たに議定書の規制対象とするキガリ改正が採択された。その他，**1**でみた貿易規制措置や不遵守手続の導入も特徴的である。

15-4
地球温暖化防止問題

この問題が国際的に特に注目され本格的に討議され始めたのは1988年のことである。IPCC（気候変動に関する政府間パネル）というWMO（世界気象機関）とUNEP（国連環境計画）の下に設置される，科学者と行政官からなる政府間国際組織によって，気候変動の実態についての検討がなされてきた。1990年5月に採択されたIPCC第1部会の報告書は「今後規制がなされない場合には，10年あたり0.2〜0.5度の気温上昇が生じ，2025年までには約1度上昇し，21世紀末までには約3度上昇する。温室効果ガス排出を規制すれば温暖化はかなり防げる」という趣旨のものであった。

1992年6月の国連環境開発会議（UNCED，地球サミット）では，このIPCC報告が契機となって**気候変動枠組条約**（地球温暖化防止条約；UNFCCC）が採択された。同会議では，環境と開発に関するリオ宣言，アジェンダ21，生物多様性条約，森林保全の原則声明も採択された。

リオ宣言はストックホルム人間環境宣言から 20 年たった時点における環境問題に対する各国政府の基本認識を示したものであるといえる。リオ宣言第 4 原則では，「持続可能な開発を達成する上で，環境保護は，開発過程の不可分の一部分をなすものであり，そこから切り離して考えることはできない」として，持続可能な開発（sustainable development）という概念を前面に打ち出している。これは，地球環境が大規模にとりかえしのつかないほど破壊されてしまっては，もはや経済開発どころではないから，開発のプロセスにおいて環境保護を不可欠なものとしてとり入れることにより，将来にわたって人間の諸活動が可能となるようにしようということである。第 7 原則では，地球環境の悪化への異なった寄与という観点から，「各国は共通に有しているが差異のある責任を有する」として，途上国・先進国のダブル・スタンダードを認めている。さらに，第 11 原則では「各国は，実効的な環境法令を制定しなければならない」，第 13 原則では「各国は，汚染その他の環境損害の被害者への責任と補償に関する国内法を整備しなくてはならない」として，国内法制定を求めている。また，貿易との関連では，第 12 原則で「環境目的のための貿易政策上の措置は，国際貿易に対する恣意的な，若しくは不当な差別又は偽装された規制手段とすべきではない。輸入国がその管轄権の外で環境問題に対処するために行う一方的な行動は，避けるべきである」とする。

　リオ宣言に盛り込まれた環境に対する基本的な政策（持続可能な開発）を実施するための行動計画が，アジェンダ 21 であり，想定しうる対応策を示した 100 以上のプログラムからなる。

15-5
気候変動枠組条約

気候変動枠組条約は，地球温暖化防止条約とも呼ばれる（1992 年 5 月採択，1994

年3月21日発効）。同条約の究極的目的は，「気候系に対して危険な人為的干渉を及ぼすこととならない水準において大気中の温室効果ガスの濃度を安定化させること」（2条）である。前文第4パラグラフにあるように，「過去及び現在における世界全体の温室効果ガスの排出量の最大の部分を占めるのは先進国において排出されたものであること，開発途上国における1人当たりの排出量は依然として比較的少ないこと並びに世界全体の排出量において開発途上国における排出量が占める割合はこれらの国の社会的な及び開発のためのニーズに応じて増加していくことに留意し」として，途上国と先進国とで異なるルールを設けることとしている。附属書Iに掲げる先進締約国その他の締約国（日本，米国，EU諸国，ロシア，ウクライナ，バルト3国，東欧といった市場経済移行国など41の国と地域）は，温室効果ガスの人為的な排出を抑制することならびに温室効果ガスの吸収源および貯蔵庫を保護しおよび強化することによって気候変動を緩和するための自国の政策を採用し，これに沿った措置をとるとし，「二酸化炭素その他の温室効果ガス……の人為的な排出の量を1990年代の終わりまでに従前の水準に戻すことは，このような修正に寄与するものであることが認識される」（同条約4条2項(a)）とする。非常にわかりにくい表現であるが，2000年までに1990年の排出水準に戻すことは法的義務とされたわけではなく，努力目標とされたにとどまり，また，2000年までに1990年レベルに「戻す」とされ「安定化させる」とはならなかったため，瞬間的に戻せば以降は上昇してもよいことになる。また森林のCO_2吸収分（シンク）をカウントしてよいとのネット方式の考え方が採用された。なお，附属書IIに掲げる先進締約国（OECD諸国）からの途上国への資金や技術の供与が規定されている（同条約4条3項〜5項）。

枠組条約では規定されなかった具体的な条約履行問題は，事後の議定書によって規律されることになる。そのための締約国会議 (COP) として，1995年12月にベルリンで COP 1 が，1996年7月にジュネーヴで COP 2 が，1997年12月に京都で COP 3 が開かれた。COP 3 の成果が**京都議定書**であり，1997年12月11日にコンセンサスにより採択された（ロシアの批准に伴い，2005年2月16日に発効した）。まず同議定書の主な内容を概観すると，第1に削減の数量が詳細に規定された。すなわち，気候変動枠組条約附属書 I の締約国（日・米・西欧といった先進国およびロシア・東欧といった市場経済移行国）は，これらの諸国によって排出される温室効果ガス（二酸化炭素，メタン，一酸化二窒素等）の全体量を，2008年から2012年までの約束期間において，1990年の水準より少なくとも5%削減することを目的として，温室効果ガスの人為的な排出量（二酸化炭素換算量）の合計が，附属書 B に定める各国ごとの排出割当量を超えないことを確保しなければならない旨，規定する（同3条1項）。各国ごとの排出割当量（削減率）は，日本は6%削減しなければならない，米国は7%削減しなければならない，EU は8%削減しなければならない，ロシアは±0%でよい，オーストラリアは8%まで増加してよい，などとなった。全体としては5.2%の削減となる。EU については**バブル**（共同達成）が認められ（同4条），EU 全体として8%の削減をすればよいとされ，EU 加盟国ごとの排出割合は EU 内のルールとして定められた。温室効果ガス抑制・削減につき，気候変動枠組条約では，先進締約国を法的に拘束するものではなくて「誓約と審査」にとどまったが，京都議定書では法的に拘束力のある数値が合意された。「A国が，X年を基準として Y年に P%，温室効果ガスを削減する」という事項の決定が COP の課

題であり，特に P% という数字の決定が COP 3 において最も紛糾した点であった。

　第 2 に，附属書 I 締約国の削減数値の決定に関しては，複雑な仕組みが設けられ，それが，上記のバブルのほか，ネット方式，バンキング，排出権取引，共同実施，さらに後述のクリーン開発メカニズムである。**ネット方式**というのは，森林による CO_2 吸収を数量計算において認めるものであるが，1990 年以降の人為的な植林による CO_2 吸収分に限りカウントされることになった。同時に同年以降の森林伐採による CO_2 未吸収分（排出増加分）もカウントされる（同 3 条 3 項）。**バンキング**は，約束期間における排出量が割当量を下回る場合に，その差に相当する量を次の約束期間の割当量に加える（繰り越す）ことができるとするものである（同 3 条 13 項）。他方で，ボローイング（約束期間における排出量が割当量を上回る場合に，次の約束期間の割当量から前借りすること）は認められなかった。**排出権取引**とは，他国の割当量の一部を買って自国の割当量にプラスすること（売った側は自国の割当量から差し引くこと）である（同 3 条 10 項 11 項・17 条）。**共同実施**とは，附属書 I の締約国間で排出削減となる共同事業を実施した場合には，排出量を移転できるというものである（同 6 条）。EU 域内では 2005 年 1 月から排出権取引がスタートした。エネルギーセクター等の施設を対象として，企業ごとに排出枠を割り当て，不遵守の企業に対しては，2005 年からの 3 年間は 1 トンあたり 40 ユーロ，2008 年からは 100 ユーロの罰金が科された。日本では京都議定書遵守のための大企業の温暖化対策は日本経団連の環境自主行動計画に基づき業界ごとになされた。

　第 3 に，途上締約国には，将来拘束力ある排出抑制をすべきであるという条項は規定されず，排出抑制に関するいかなる義務も課さ

れなかった。これは，COP 1 でのベルリン・マンデートにおいて，「附属書 I 締約国以外には新たなコミットメントは導入しない」と合意したはずだと途上国が強く主張したためである。資金メカニズム（同 11 条）およびクリーン開発メカニズム（同 12 条）が，途上国に関連する採択された規定である。**クリーン開発メカニズム**とは，先進国と途上国が共同で温室効果ガス削減プロジェクトを実施した場合，途上国はこれによる利益を享受でき，先進国は削減量を利用できるというものである。

　排出権取引，共同実施，クリーン開発メカニズムは，京都メカニズムといわれる。こういった措置が導入された背景にあるのは，一方で市民社会からの要求で先進国には高い削減率が課されたこと，他方で費用対効果を勘案して省エネルギー技術の進んだ国でより多くの対策を実施した方が経済合理性にかなうとの判断である。

　2001 年の第 6 回締約国会議（COP 6）再開会合（ボン）では，京都メカニズムについては，第 1 に，その活用は国内対策に対して補足的であることを確認した。第 2 に，排出権取引の売りすぎを防止するため，締約国は，あらかじめ割り当てられた排出枠の 90% または直近の排出量のうちどちらか低い方に相当する排出枠を常に留保する必要があるとされた。第 3 に，原子力につき，先進国は，共同実施やクリーン開発メカニズムのうち原子力によって生じた排出枠をカウントすることはできないとされた。次に吸収源については，森林管理の吸収分については国ごとに上限を設ける（日本は 3.7%）こととし，またシンクの対象として新規植林と再植林を認める。遵守（履行）については，約束期間に削減目標を達成できなかった場合には，超過した排出量を 1.3 倍割増しした上で次期排出枠から差し引くとした。なお不履行の結果につき拘束力あるルールを作成す

るためには京都議定書18条により議定書の改正が必要になるが，そのようなルールを設けるか否かについては同議定書発効後の第1回締約国会合（COP/MOP1）において決定することとされ，2005年12月のCOP/MOP1（モントリオール）では，法的拘束力を持たない形でこの遵守ルールが採択された。2001年11月のCOP 7（マラケシュ）においては，上記のボン会合での合意を正式決定するとともに，クリーン開発メカニズムの転売を一定の範囲で認めること，共同実施やクリーン開発メカニズムの繰越しを一定範囲で認めること，不遵守国の京都メカニズム参加資格の回復手続，などにつき合意した。

京都議定書の発効要件は，55以上の締約国の批准，かつ批准した先進締約国の排出するCO_2量が附属書Ⅰ全締約国の温室効果ガス排出量の55%を上回っていることであった（25条）。世界最大の温室効果ガス排出国である米国は，1998年に署名したものの2001年3月に京都議定書不支持の方針を発表した。米国上院は95対0で京都議定書の批准に反対する決定をし，これを受けて2002年3月，ブッシュ大統領は，「中国やインドといった人口大国を含む世界人口の80%が免除され，米国経済に重大な損害を引き起こす京都議定書には反対する」とし，米国独自の温暖化対策を進めるとした。もっとも米国抜きでも，ロシアの批准により，京都議定書は2005年2月に発効要件を満たして発効した。

締約国会議における各国の利害状況は複雑である。先進国間でも，EUは削減に非常に熱心，米国は不熱心，日本はその中間である。ロシアは，エネルギー浪費型の産業構造を有していたがソ連崩壊後に経済が低迷したため，排出枠に余剰が生じて他国に売却できるというホット・エアーを獲得することになった。オーストラリアは，

石炭輸出，広大な国土と人口増などが考慮されて増加が認められた。温暖化という現象だけであれば，カナダは可耕地が増えるといわれる（カナダは2011年12月に京都議定書からの脱退を表明し，1年後に脱退した）。日米欧では何％削減するか，これを三極一律にするか（EUが主張），EUバブルを認めるか（日米は当初反対）等で紛糾した。途上国も一枚岩では全くなく，利害状況に応じて産油国，島嶼国，中進国，大国（中国，インド），その他の途上国と5つに分けて考えることができる。産油国は，二酸化炭素削減により石油が売れなくなることを危惧して，補償要求を提起してきたが，このような要求は一般国際法上も相当因果関係を欠く間接損害にすぎないから，認められる可能性はなかった。島嶼国は，温暖化による海面上昇により国土が水没する危険をおそれて，小島嶼国連合（AOSIS）が先進国に高い削減目標を求めてきた。批准に先立って，クック諸島（ニュージーランドとの自由連合），ニウエ（同），キリバスは，「京都議定書の当事国となることは，気候変動の悪影響に対する国家責任に関する国際法のいかなる権利の放棄をも意味するものではないこと，また京都議定書のいかなる規定も一般国際法上の諸原則から逸脱するものと解釈されてはならないこと」を宣言した。また，ツバルは，京都議定書の批准を拒む米国およびオーストラリアを相手どって国際司法裁判所に提訴する意向さえ示した。中進国（韓国，シンガポールなど）は，エネルギー消費構造が先進国に近く，途上国のカテゴリーに含めること自体に問題がある。中国，インドという大国の温室効果ガス排出が環境に与える影響は極めて大きい。

2009年12月のCOP15では，コペンハーゲン合意に「留意」するCOP決定が採択されるにとどまった。同合意では，先進国は2020年までの削減目標を，途上国は削減行動を，2010年1月末ま

でに提出するとされ，また，途上国が支援を受けた行動は，測定・報告・検証（MRV）の対象とするとされた。日本は，「1990年比で2020年には温室効果ガスの排出を25%削減する。但しすべての主要国による公平かつ実効性のある国際枠組みの構築及び意欲的な目標の合意を前提とする」との削減目標を2010年1月にUNFCCC事務局に提出したが，東日本大震災後のエネルギー状況にかんがみ，2013年11月のCOP 19（ワルシャワ）において，2020年の削減目標を2005年比で3.8%減とすることを公表した。日本は2008年から2012年までの約束期間に1990年比で8.2%の温室効果ガスの削減を達成した（総排出量は1.4%増となったが，森林吸収により3.8%，京都メカニズムクレジットにより5.9%減となった）が，政府による排出枠購入分だけで約1500億円も投じられた。

　2012年にカタールで開催されたCOP 18で採択された京都議定書ドーハ修正では，第2約束期間が2013年から2020年までの8年間となり，参加各国が削減率を明記した。日本，カナダ，ニュージーランド，ロシアは第2約束期間には参加しないこととなった。2011年のCOP 17（ダーバン）では2020年以降の新たな法的枠組について2015年までに合意することが決定され，さらにCOP 19ではすべての国に対してCOP 21に先立って2020年以降の約束草案を示すことが要請された。日本は2015年7月17日に，温室効果ガス排出量を2030年度には2013年度比で26%削減するとの約束草案をUNFCCCに提出した。

15-7 パリ協定

2015年12月のCOP 21（ル・ブルジェ）において2020年以降の地球温暖化対策を定めたパリ協定が採択された。法的拘束力を有するが，米国に配慮して「議定書」という名称は用いず「協定」という名称を用いた。

産業革命前と比べて世界の平均気温の上昇幅を2度を十分下回るようにし，1.5度の上昇に抑えるように努力することを目標とする（2条）。各国の温室効果ガスの排出削減率を明示して義務化することは行わないが，各国は自主目標を達成するために国内的措置をとる義務および5年ごとに自主目標を報告する義務を有する（4条）。締約国は気候変動による悪影響から生じる損害への対処の重要性を認識する（8条）が，先進国による補償の規定は含まれなかった。先進締約国は，途上締約国の温暖化防止対策のために資金提供をする（9条）。具体的な支援額については，COP 21決定（法的拘束力を有しない）において，2025年より前に年間1000億ドルを下回らない額を決定することが合意された。本協定は，世界全体の温室効果ガス排出量の55％以上に相当する55以上の締約国の批准書，受諾書，承認書または加入書の寄託から30日後に発効する（21条。2016年11月4日に発効）。パリ協定6条に基づく実施指針は2021年のCOP 26（グラスゴー）において採択された。日本が提案・実施している二国間クレジット制度（JCM，途上国と協力して温室効果ガスを削減し削減効果を両国で配分するもの）は，6条2項の協力的アプローチの代表例である。

　2022年のCOP 27（シャルム・エル・シェイク）では，気候変動の「損失及び損害」に対処する基金の創設が決定され，2023年のCOP 28（ドバイ）では，基金の基本文書が採択された。2023年3月29日に国連総会は，気候変動対策で国家が負う国際法上の義務および，島嶼国や現在・将来の世代に重大な損害が生じた場合の国家の責任について，国際司法裁判所の勧告的意見を要請する決議を採択した。

3 その他の環境問題と国際法

15-8

生物多様性

1992 年に採択され，1993 年に発効した**生物多様性条約**は，生物多様性の保全，生物資源の持続可能な利用，遺伝資源の利用から生じる利益の公正かつ衡平な配分を目的とする（1条）枠組条約である。国家は自国の生物資源をその環境政策に従って開発する主権的権利を有する（3条）。15条7項では，「締約国は，遺伝資源の研究及び開発の成果並びに商業的利用その他の利用から生ずる利益を当該遺伝資源の提供国である締約国と公正かつ衡平に分配するため，……適宜，立法上，行政上又は政策上の措置をとる。その配分は，相互に合意する条件で行う」と規定するが，他国（特に途上国）の有する遺伝資源の利用に対する対価をどう定めるかは今後の大きな課題である。19条3項に基づきバイオテクノロジーにより改変された生物（遺伝子組換え生物，LMO）の規制につき合意したのが，2000 年に採択された**カルタヘナ議定書**である（2003 年に発効）。同議定書は，生物多様性に悪影響を及ぼす可能性のある LMO の安全な移送・取扱い・利用につき十分な水準の保護を確保することを目的とする（1条）が，人のための医薬品である LMO の越境移動は対象外である（5条）。種子等，直接環境に放出される LMO については，事前の情報に基づく手続が適用される（7条〜10条・12条）。食料・飼料として利用・加工することを目的とする LMO については，情報交換センターに締約国が提供する情報に基づき輸入の可否を判断する（11条）。2010 年 10 月には，輸入した LMO により生態系に損害が生じ

た場合，事業者に対応措置を求めることができる旨を定めた名古屋・クアラルンプール補足議定書が採択された。また，同月には，生物遺伝資源の利用配分に関して名古屋議定書が採択された。この議定書では，遺伝子を持たない複合物も派生物に含まれる（2条），生物遺伝資源の利用には原産国の事前同意を要し，原産国が証明書を発行する（5条），各締約国は1以上の生物遺伝資源利用監視部局を設ける（13条）といった内容を有する。途上国は過去にさかのぼって遺伝資源の利益配分を求めたが，先進国が反対し，本議定書には規定されなかったため，利益配分の対象は本議定書発効以降のものに限定されることになる。具体的な利益配分は当事者間の契約で決定されることとなる。2022年12月には生物多様性に関する新たな世界目標である昆明・モントリオール生物多様性枠組みが採択された。2023年6月には国家管轄権外区域の生物多様性の保全と持続可能な利用に関する国連海洋法条約の下での協定（BBNJ協定）が採択された。

15-9 自 然 保 護

野生動植物の保護に関しては，**ワシントン条約**（「絶滅のおそれのある野生動植物の種の国際取引に関する条約」，CITES）が1973年に採択され，1975年に発効した。同条約は，輸出国と輸入国が協力することにより，野生動植物の国際取引の規制を協力して実施することにより，その採取や捕獲を規制して絶滅するおそれのある野生動植物の保護を図ることを目的とする。動植物に応じて，商業取引を基本的に禁止するもの（附属書 I ），輸出国の許可を受けて商業取引を行うことを可能とするもの（附属書 II ），自国における捕獲・採取を防止するため他国の協力を求めるもの（附属書 III ）という異なる規制を課している。「持続可能な利用」の許容範囲が実際には大きな問題となる。

湿地の保護に関しては，ラムサール条約（「特に水鳥の生息地として国際的に重要な湿地に関する条約」）が 1971 年に採択され，1975 年に発効した。各締約国は重要な湿地を指定し，登録簿に掲載し，適正な利用を促進するため，計画を作成・実施する。

15-10　砂 漠 化　砂漠化対策としては，**砂漠化対処条約**（「深刻な干ばつ又は砂漠化に直面する国（特にアフリカの国）において砂漠化に対処するための国際連合条約」）が 1994 年に採択され，1996 年に発効した。アフリカ諸国など深刻な砂漠化に対処するために，国家行動計画を作成・実施すること，そのための取組みを先進国が支援すること等を規定する。

15-11　海 洋 汚 染　海洋環境については，国連海洋法条約第 12 部（192 条以下）が一般的な規定を置く。海洋汚染は汚染源との関係で，陸起因汚染，大陸棚開発起因汚染，深海底開発起因汚染，海洋投棄起因汚染，船舶起因汚染，大気起因汚染の 6 つに分かれる。**陸起因汚染**は，海洋汚染の 90％ を占めるといわれるが，各国の領域主権の壁ゆえに規律が困難である。国連海洋法条約 207 条 1 項は，陸起因汚染防止のための国内法令制定を各国に求める。各種条約としては，バルト海を対象にした海洋汚染防止のためのヘルシンキ条約（1974 年），北海を含む大西洋の一部と北極海を対象とした陸上源からの海洋汚染防止条約（パリ条約，1974 年），地中海を対象としたバルセロナ条約（1976 年）に基づくアテネ議定書（1980 年），南東太平洋を対象としたリマ条約（1981 年）に基づくキト議定書（1983 年）がある。なお，UNEP（国連環境計画）は地域海計画を進めており，各地域ごとに協力体制が整えられており，アテネ議定書とキト議定書はその成果でもある。東アジアにおいては，NOWPAP（北西太平洋地域海行動計画）が日韓中露の

間で進められ，データベース，環境法のレビュー，地域モニタリングプログラムなどのプロジェクトが進められているが，地域海条約には至っていない。

海洋投棄起因汚染については，国連海洋法条約210条1項が，投棄による海洋環境の汚染を防止するための国内法令制定を各国に求める。同条5項では，領海，排他的経済水域，大陸棚への投棄は沿岸国の事前の明示の承認なしに行わないものとし，沿岸国は投棄を規制する権利を有するとする。1972年にロンドン海洋投棄条約が採択され，投棄禁止の物，事前の特別許可を要する物，事前の一般許可を要する物が区別された。1993年10月にロシアは日本海に低レベル放射性廃棄物を投棄していたことが明らかになり問題となった。これが端緒となって，同年11月にロンドン条約の附属書の改正が採択され，低レベル放射性廃棄物も明確に投棄禁止の対象となった。

船舶起因汚染については，国連海洋法条約211条2項が，旗国に汚染防止の国内法令制定を求める。寄港国は外国船舶寄港の条件として汚染防止の特別の要件を定めることができる（3項）。沿岸国は外国船舶からの海洋汚染を防止するための法令を制定できる（領海につき4項で無害通航を妨害してはならないとし，排他的経済水域につき5項で一般的な国際的規則・基準に適合するものでなければならないとする）。各種条約としては，1954年の海洋油濁防止条約，1973年のMARPOL条約（船舶汚染防止国際条約）および1978年議定書がある。

海洋プラスチックごみについては，2019年のG20大阪サミットにおいて2050年までに海洋プラスチックごみによる追加汚染をゼロにすることを目指す大阪ブルー・オーシャン・ビジョンが提唱された。2022年の国連環境総会では，プラスチック条約の交渉開始

が決定され，2024年末の作業完了を目指して交渉が進められている。

15-12
有害廃棄物の越境移動

この問題に関しては，**バーゼル条約**（「有害廃棄物の国境を越える移動及びその処分の規制に関するバーゼル条約」）が1989年に採択され，1992年に発効した。有害廃棄物の越境移動およびその処分につき，国際的な枠組みを策定し，環境を保護することを目的とするものである。有害廃棄物の輸出には，輸入国の書面による同意を要する（6条）。非締約国との廃棄物の輸出入は原則として禁止される，廃棄物の運搬・処分は許可された者のみが行うことができる，不法取引は防止・処罰の対象となる（4条）。1995年にOECD諸国から非OECD諸国への廃棄物の越境移動を禁止する旨の同条約改正がなされた（未発効）。同条約12条に基づき，1999年には，「有害廃棄物の越境移動に関する損害賠償責任議定書」が採択された（未発効）。廃棄物が処分者に渡るまでは輸出者が，それ以降は処分者が厳格責任を負うという内容である。

15-13
化学物質の越境移動

有害な化学物質や駆除剤の規制に関しては，1998年に**ロッテルダム条約**（「国際貿易の対象となる特定の有害な化学物質及び駆除剤についての事前のかつ情報に基づく同意の手続に関するロッテルダム条約」，PIC）が採択された（2004年発効）。特定の化学物質に対する禁止・規制措置をとった締約国は当該措置を事務局に通報する（5条）とともに，附属書Ⅲの27種類の化学物質および自国で禁止・規制された化学物質が輸出される場合には，ラベルで危険性を表示する（13条）。残留性有機汚染物質に関しては，**ストックホルム条約**（「残留性有機汚染物質に関するストックホルム条約」）が2001年に採択された（2004年発効）。残

留性有機汚染物質から人の健康と環境を保護することを目的とするものであり，該当する物質を指定して，意図的な製造・使用の禁止と輸出入の禁止（附属書A），意図的な製造・使用の制限と輸出入の禁止（附属書B），非意図的な生成の削減（附属書C）を行う。2013年10月には**水銀に関する水俣条約**が採択された。新規鉱山開発の禁止，既存鉱山からの採掘の発効後15年での廃止，水銀製品の製造や輸出入の2020年以降の禁止等を内容とする。

15-14
その他の条約

環境分野での二国間条約としては，総括的な内容を有するもの（日米環境協力協定（1975年），日中環境協力協定（1994年）など），個別的な内容を有するもの（たとえば渡り鳥保護条約）がある。地域レベルでのものとしては，北欧環境保護条約（1974年），南太平洋環境保護条約（1986年），欧州連合運営条約第3部第20編などがある。国連欧州経済委員会（ECE）は先進的な内容を有する環境条約を採択してきた。エスポ条約（「越境環境影響評価条約」）（1991年），オーフス条約（「環境に関する情報の取得，環境に関する決定過程への公衆参加および司法救済に関する条約」）（1998年）などがある。欧州評議会（CE）が1998年に採択した刑法による環境保護条約は，環境破壊をした故意犯・過失犯に対して刑事・行政制裁を科すよう各締約国に求めるものであり，環境回復命令，法人責任，環境保護団体の刑事訴訟手続への参加などの条項があるのが特徴的である。

15-15
環境に関する国際司法裁判所判決

国際司法裁判所は，パルプミル事件（アルゼンチン対ウルグアイ）〈百選2版79〉において2010年4月に注目すべき判決を下した。アルゼンチンは，ウルグアイがウルグアイ河（両国が沿岸国）沿いに製紙工場建設を許可したため，ウルグアイ河の汚染が懸

念されるとし，二国間条約（ウルグアイ河規程）上のアルゼンチンの権利が侵害されたと主張した。2007年1月，裁判所は，「回復不能な侵害であるとの証明はなく，工場建設までは汚染の危険がない」として，建設差止めの仮保全措置の要請は認めなかったが，2010年4月の本案判決では，ウルグアイはウルグアイ河規程の下での手続上の義務に違反したが，他方，同規程の下での実体上の義務には違反しなかったと判示した。「提案された産業活動が国境を越えて重大な悪影響を及ぼすリスクがある場合には，一般国際法上，環境影響評価を行うことが求められると考えられる」と指摘した点，および，「予防的アプローチは立証責任を転換させるものではない」と指摘した点が，国際環境法全般に影響を与えるものとして特に注目される。

また，ニカラグアがコスタリカ領を占拠して運河を建設し環境損害を生じさせたとしてコスタリカがニカラグアを提訴した事案において国際司法裁判所は，2013年4月の命令において2つの事件（「国境地帯においてニカラグアが行っている活動」事件と「コスタリカにおけるサンファン川沿いの道路建設」事件）の併合を指示した上で，2015年12月の本案判決〈百選80〉において，ニカラグアはコスタリカの領域主権を侵害し，補償義務を負うと判示した。さらに2018年2月の補償額判決〈百選82〉において，ニカラグアはコスタリカに対して，①環境損害分として120,000ドル，②国際的に保護される湿地の回復分として2,708.39ドル，③コスタリカ領域内でのニカラグアの違法な活動の結果コスタリカが負う経費として236,032.16ドル，④本案判決以降の利息（年4%）分として20,150.04ドルを支払うべき旨を判示した。コスタリカは補償基準として ecosystem services approach（市場取引の有無にかかわらず環

境価値をカバーすべきとの考え方）を，ニカラグアは replacement cost approach（環境損失分の代替費用のみの補償が認められるとの考え方）を主張したが，判決では国際法は特定の評価方法を定めていないとしてどちらの考え方も採用しなかった。

Column⑲ **エネルギー安全保障と国際法** --------------------------------

　ロシアのウクライナ侵略に伴い，ロシアからの石油やガスやウランの輸入の可否や是非をめぐって，エネルギー安全保障が深刻な問題となっている。エネルギーの確保は基本的に各国の自助努力に委ねられている。エネルギー安全保障が確保されているとは，必要な際に必要な種類のエネルギーが必要な量だけ確保される状態が継続しているということである。環境との関連では，温室効果ガスを多く排出する石炭や石油でエネルギーを賄うには一定の限界がある。他方，再生可能エネルギーは常時安定的に必要な量のエネルギーを十分供給できるには至っていない。脱炭素化の過程において石油や天然ガスは不可欠であるが，将来，座礁資産になりかねないため新規の大規模な石油・ガスの開発投資は困難である。

　石油については，OECD 諸国の間では IEA（国際エネルギー機関）による ESS（緊急時融通システム）が確立されており，①7% 以上 12% 未満の石油供給削減には，7% の消費削減，備蓄取り崩し，石油融通を，②12% 以上の石油供給削減の場合には 10% の消費削減，備蓄取崩し，石油融通を，③備蓄取崩量が備蓄量の 50% に達した場合には，さらに必要な措置を，各加盟国に求めている。また，IEA 加盟国には 90 日の石油備蓄が求められている。天然ガスについては，備蓄が難しいこともあって，このようなスキームは確立されていない。

第16章 紛争の平和的解決

●本章のサマリー

　本章では，国際紛争の平和的解決を扱う。国家間には，事実関係や法解釈をめぐりさまざまな対立が存在することが少なくない。また，こうした状況において，一方の国家が国際紛争の存在を主張しても，他方の国家がそれを認めないということも決して稀でない。このような場合には，当事者間の交渉などを通じて，まず争点の特定化を行うことが必要である。争点が特定化されることにより，国際紛争の存在を初めて確認することができる。

　国際紛争に関しては，伝統的にいくつかの平和的解決手続が発達してきた。本章では，「手段選択の自由」や法律的紛争と非法律的紛争の区別などの紛争の平和的解決に関する一般的な議論を踏まえた上で（⇨1），非裁判手続（外交的手続）（⇨2）に関して概説する。次に，裁判手続（⇨3）について述べる。最後に，条約により制度化された特別の紛争解決の一つとして，国連による紛争の平和的解決についてもふれることにする（⇨4）。

SUMMARY

1 紛争の平和的解決の義務

16-1

紛争の平和的解決

　今日では，国家は一般国際法上紛争を平和的に解決すべき義務を負う。もっとも，戦争が違法化される以前は，紛争解決に関して平和的解決とともに

強力的解決が併存していた。すなわち，国家は，場合によっては戦争や軍事力の行使を伴うような復仇（reprisal）といった手段に訴えて，自らの権利を実現することが認められていたのである。しかし，戦争の違法化に伴い，国際紛争の解決のために実力に訴えることも禁止された。国連憲章2条3項は，加盟国が国際紛争を平和的手段によって，国際の平和と安全ならびに正義を危うくしないように解決すべき義務を規定する。同様に，憲章33条や**友好関係原則宣言**，**紛争の平和的解決に関するマニラ宣言**（1982年）は，こうした義務を一層詳細に規定した。

| 16-2 |
| 手段選択の自由 |

戦争が違法化される以前でも，紛争を平和的に解決することが軽視されていたわけではない。紛争当事国間の妥協や調整に基づく解決は，従来より提唱されていた。また，強力的紛争解決は通常多くの犠牲を伴うし，安定的な国家間関係を築くためには疑問もあるからだといえよう。

国連憲章33条は，伝統的に確立してきた紛争の平和的解決手段を列挙する。その詳細は*2*で述べるが，33条に規定された諸手段はいくつかの観点から分類することができる。すなわち，第三者の関与の有無という点からは，交渉だけが当事国のみにより行われ，他のすべての手段は第三者の関与を伴う。また，解決の基準という観点からは，裁判のみが法に基づく紛争解決を行うことが求められる。司法裁判においても当事国の合意に基づき「衡平と善」（*ex aequo et bono*）（⇨*5-16*）の適用は可能であるし，審査や調停など他の手段においても法が無視されてよいわけではないが，全般的傾向としては，以上のように述べることができよう。さらに解決の拘束性という観点からは，仲裁裁判および司法裁判の判断あるいは判決のみが当事国を法的に拘束する。他の諸手段では，当事国は第三者の

提示する解決案に法的に拘束されるわけではない。そして，33条の規定は，紛争の平和的解決の手続の発達をおおむね時系列的にたどって列挙したものであるということが推測される。もっとも，分権的性格をもつ国際社会に関しても，国内法と同じようにこうした「進化論」的な立場がうまく妥当するかどうかについては議論もある。いずれにせよ，**手段選択の自由**により，国家は自らの判断に基づき，これらのいずれかによって紛争解決を模索することになる。

16-3
法律的紛争と非法律的紛争

国家は自らの選択した手段により紛争解決を行うが，紛争の性質と解決手段との関係に関しては，従来より議論が存在する。特定の紛争を裁判手続に付すことをあらかじめ規定する条約などが存在するからである。

　この問題に関連して，**法律的紛争**と**非法律的紛争**（政治的紛争）を区別し，前者は裁判手続により解決されるべきものであるのに対し，後者は非裁判手続により解決されるべきであるという主張が伝統的に展開されてきた。その際，議論は法律的紛争と非法律的紛争の区別の基準に集中してきたが，それらは次のように要約できる。

　古典的な立場として，紛争の持つ政治的な重要性により，法律的紛争と非法律的紛争を区別することが試みられた。すなわち，法律的紛争とは政治的に重要ではない紛争であるのに対し，非法律的紛争は政治的に重要な紛争を指すという。しかし，この立場は実定国際法の存在を無視するものなので認めがたい。第2に，実定国際法規定の存否を区別の基準として用いようとする立場がある。すなわち，当該紛争に関して実定国際法がある場合には法律的紛争と考えられるのに対し，実定国際法が欠缺している場合には非法律的紛争であるとする立場である。しかし，この立場は，紛争当事国自身が

あらかじめ実定国際法規定が欠缺しているかどうかを判断すること
を前提とするものなので妥当ではない。その結果，紛争当事国がい
かなる形で紛争を定式化するかを基準とする第3の立場がもっとも
有力であると考えられている。すなわち，当事国が国際法上の権利
義務を争う形で紛争を定式化するのが法律的紛争であるのに対し，
利害などの観点から定式化するのが非法律的紛争であるという考え
方である。紛争の性格規定が紛争当事国の意思に左右されるという
欠点は存在するが，国際紛争は，法的側面とともに政治的側面も持
ち合わせている場合がほとんどなので，妥当な考え方といえよう。

　法律的紛争と政治的紛争の区別に関する議論は，20世紀初頭よ
り国家間に裁判条約が締結されるようになるに伴い，一定の紛争は
裁判による解決にはなじまないという主張を国家が正当化しうる点
に実際上の意義があった。現代でも，特定の紛争に関して，国際裁
判所の受理可能性を争うというような形でこうした主張がなされる
ことがある。このことは，法律的紛争と政治的紛争の区別という問
題が国際紛争の性質や，国際社会における司法機関の機能といった
本質的問題に深く関わっていることを示している。

16-4
**司法機関 —— 紛争処理
機関の多元化**

さらに今日では，海洋法や人権・人道法
などの特定分野において独自の裁判所が
設けられたり，通商や環境などの分野で
自前の紛争処理機関が条約制度にあらかじめ設けられているような
場合が少なくない。一般に，こうした現象は**司法機関の多元化**，あ
るいは紛争処理機関の多元化などと称される。さらに，こうした多
元化は，さまざまな機関の判断の間に齟齬を生み出して，「国際法
の断片化」が生じるのではないかとの危惧も指摘されたことがあっ
た。裁判所や紛争処理機関の増殖は，紛争を扱う機関の増加という

点では，従来の議論の延長線上でひとくくりに捉えることが可能である。他面において，こうした裁判所や紛争処理機関のなかには，国家間関係において生じる伝統的な意味での紛争の処理とは異なり，個人の権利義務に関わる事案を扱うものであったり，条約により設定された制度を維持するための機能を果たすものもある。したがって，その場合にはすべてを同一類型として捉えることは適切ではないため，注意が必要である。

　以上を念頭におきながらも，次に国連憲章33条に列挙された紛争の平和的解決の手続のうち，非裁判手続（外交的手続）について概観する。なお，同条には「周旋」は規定されていないが，「その他当事者が選ぶ平和的手段」に含まれると解されるので，順次取り上げることにする。

2 非裁判手続

16-5
交　渉

　交渉（negotiation）とは，紛争当事国が外交チャンネル（外交使節団や全権代表者，特別使節団など）を通じて，当該紛争に関して直接話しあうことを指す。外交交渉と称されることもある。国際紛争解決の手段としては，もっとも一般的かつ原初的な方法である。多くの国際紛争は，交渉を通じて解決されてきた。また，交渉は紛争の主題の特定化に貢献し，解決の基準を明確にする役割も果たしてきた。そのため，条約のなかには，他の紛争解決の手段に訴える前に，交渉の前置を規定するものもある（国際紛争平和的処理条約（1907年）9条）。

　交渉は，手続が特に定型化されているわけではなく，解決基準も

国際法に基づく必要があるわけではない。そのため，交渉は極めて柔軟かつ簡略な性格を持つ。その反面，紛争当事国の力関係が直接反映されることもあるため，場合によっては一方の当事国に不利な結果を招く場合もある。なお，国際司法裁判所（ICJ）が**北海大陸棚事件**（1969年）〈百選2〉などで述べた**交渉命令判決**は（⇨**10-6**），裁判所が提示した枠組みの中で当事国が誠実に交渉することを命ずるものであり，伝統的に確立してきた紛争の平和的解決手段としての交渉とは，もはや異なる性格を持つものとして捉えることができる。

16-6

周旋と仲介（居中調停）

周旋（good offices）とは，紛争当事国の間に第三国（ローマ教皇などの高名な個人の場合もある）が介在し，会場や交通・連絡手段など便宜の提供により交渉の促進を行うが，交渉の内容にまでは関与しないものをいう。斡旋（あっせん）と称されることもある。このような手段は，紛争当事国間に外交関係がないときや，両国間の関係が手詰まり状態に陥ったときの打開に有効である。**仲介**（mediation）は，介在する第三国がさらに進んで紛争の解決案を提示する場合をいう（かつては**居中調停**（きょちゅう）ともよばれた）。紛争当事国は，こうした解決案の提示を非友誼的な行為とみなしてはならない（国際紛争平和的処理条約（1907年）3条）。もっとも，第三国が提示する解決案は，紛争当事国を法的に拘束するものではなく，解決案を受け入れるか否かは紛争当事国の任意である。国際紛争平和的処理条約の第2章は，以上の点について詳細に規定した。

　周旋と仲介は，理論的には以上のように説明できる。もっとも，実際には両者の区別は必ずしも明確ではなく，連続的な場合もある。また，過去の例では，大国の政治的影響力に基づき周旋や仲介が行われた例もある。そのため，紛争当事国が，事実上，解決案の受諾

を迫られた場合もある。歴史的には，日露戦争の講和の際，セオド
ア・ルーズヴェルト米大統領の仲介によりポーツマス条約（1905
年）が締結された例が有名である。また，ICJ の**在テヘラン米国大使
館員人質事件**（1980 年）〈百選 62〉では，イランが判決を無視したた
め，最終的にはアルジェリアの仲介により紛争解決がなされた。

16-7　審　査

審査（inquiry）とは，個人的資格で選任
された委員により構成される審査委員会
が，公平かつ誠実な審理により事実関係の解明を行い，紛争解決を
容易にしようとするものである。国際紛争は，事実関係に関する見
解の相違から生じることが少なくないからである。審査は，国際審
査とも称される。第 1 回**ハーグ平和会議**（1899 年）において，ロシア
の提案に基づき，国際紛争平和的処理条約に規定が設けられた。も
っとも，審査が一躍脚光を浴びたのは，**ドッガー・バンク事件**（1904
年）に関してであった。すなわち，日露戦争の際，ロシアの艦隊が
北海のドッガー・バンクで操業中の英漁船を日本の水雷艇と誤認し
て砲撃する事件が起きた。これに関して，当時ロシアと同盟関係に
あったフランスは，英・ロシア関係の悪化をおそれて審査を提案し
た。その結果，事件は首尾よく解決した。この成功を受けて，1907
年に改訂された国際紛争平和的処理条約において，第 3 章に詳細な
規定が設けられた。なお，審査は，事実の解明により国際紛争の解
決を容易にしようとするものであるが，実際にはそれを超える場合
もある。たとえば，ドッガー・バンク事件との関連で審査への付託
のために英国とロシアの間に締結された英露特別協定は，事実認定
だけでなく，責任の所在についても報告すべきことを規定していた。

16-8　調　停

調停（conciliation）とは，個人的資格で
選任された委員により構成される国際調

停委員会（常設またはアド・ホックに設置される場合もある）が，独立かつ中立的立場から紛争を全般的に検討し，解決案を提示するものである。国際調停ともいわれ，仲介と審査が合体したものということもできる。もっとも，仲介の場合，第三国の政治的影響力に基づき紛争解決が促進されることが多いのに対して，調停の場合は委員会による専門的観点から解決案を示した報告書が示される点に注意する必要がある。また，報告書に示された解決案を紛争当事国が受け入れるか否かは任意であるが，実際には受諾される場合が多い。

調停委員会は，紛争を法的側面だけでなく，非法的な角度からも検討することができる。そのため，解決案の提示にあたっては，さまざまな考慮を加えることが可能であって，紛争の現実的側面に目を配りやすい。その反面，仲裁裁判や司法裁判と比較すれば，解決案がもつ先例としての価値は劣るとされる。

調停は，第1次大戦以前の英米仏間に締結された**ノックス条約**（1911年）や米国が多数の国と締結した**ブライアン条約**（1913～1914年）の経験を踏まえて，連盟理事会の紛争処理の政治的性格に対抗する形で登場した。**国際紛争平和的処理に関する一般議定書**（1928年）の第1章には，調停に関する詳細な規定が設けられた。また，連盟には，多数の調停の条約が登録された。もっとも，実際には，調停は従来それほど活用されてきたわけではない。なお，近年では，多数国間条約の解釈適用をめぐる紛争に関して，調停により解決すべきことを規定する場合もある（条約法条約66条など）。しかし，多数国間条約は本来統一的法秩序を構成すべきものであって，解釈適用をめぐる紛争に対して調停を用いることに対しては批判もある。

3 裁 判 手 続

　以上のような非裁判手続とは異なり，裁判手続は第三者が示した解決案（判決）が紛争当事者を法的に拘束する点に特徴がある。裁判手続は，仲裁裁判（arbitration）と司法裁判（judicial settlement）に大別される。前者は，紛争ごとにアド・ホックに設立されるのに対し，後者は常設的な性格をもつ。また，前者は，後者と比較すればより緩やかで迅速な手続を許容し，裁判官の選任や裁判の準則に関しても当事者の意向がある程度反映されうる。実定法以外の基準（たとえば「**衡平と善**」（*ex aequo et bono*）（⇨*5-16*））に基づき裁判を行うことも可能である。これに対して，後者の場合は，あらかじめ規定された手続規則に基づき，裁判が行われる。裁判の基準も，一般的に「国際法に従」うべきものとされる（ICJ 規程 38 条 1 項）。歴史的には，前者が先に登場した。

16-9
仲裁裁判の登場

　（1）　ジェイ条約　　近代国際法における仲裁裁判の最初期の例としては，**ジェイ条約**（1794 年）をとりあげることができる。この条約は，正式には英米友好通商航海条約という名称をもつが，条約締結を推進した米国務長官ジョン・ジェイ（John Jay）の名にちなみ，しばしば同氏の名を冠して略称される。同条約は，米独立戦争後の英米関係の修復を目的としたものだった。具体的には，①米国メイン州とカナダとの境界をなすセント・クロア川をめぐる紛争，②独立以前に米国民が英に負っていた債務の補償問題，および③独立戦争の際にフランスが米国を承認したことに伴う英仏戦争に関連した海上捕獲の問

題が扱われた。ジェイ条約は，古代および中世において行われていた仲裁を近代に復活させ，国際紛争の平和的解決に仲裁が有用であることを証明した。

（2）　アラバマ号事件　　もう1つの注目すべき事例は，**アラバマ号事件**（1872年）〈百選6〉である。米国の南北戦争の際，英国は南軍に対して**交戦団体の承認**を与えて，中立の立場にあった。南軍から発注を受けて英国民間企業が建造した軍艦（アラバマ号）は，その後ポルトガルのアゾレス諸島付近で英国から運搬された武器弾薬の供給を受けたことにより，英国の中立義務違反が問われた。この紛争に関して，1871年に英米間で条約が締結され（ワシントン条約），ジュネーヴで仲裁に付された。判決は英国の責任を認めた。アラバマ号事件の解決により，仲裁裁判に対する関心が一層高まり，1794年から1900年までの間に177件の仲裁裁判が行われたといわれるほどの発展をとげた。その結果，仲裁裁判を常設化しようという機運が必然的に高まった。第1回ハーグ平和会議（1899年）こそが，この問題を取り上げた国際会議だった。

16-10
常設仲裁裁判所の設立

第1回ハーグ平和会議では，国際紛争平和的処理条約が採択された。この条約により，**常設仲裁裁判所**（PCA）が設立された。すなわち，同条約の締約国は，国際法上の問題に堪能であるとの名声があり徳望が高い者4名以下を任命する。任命された者は，裁判官として名簿に記入される。同条約締約国間に紛争が生じ，当該紛争を常設仲裁裁判所において処理しようとするときは，名簿の中から仲裁裁判官を選定し，裁判部を組織すべきこととしたのである。これにより，常設的な仲裁裁判所が初めて成立した。

もっとも，「常設」とはいっても，実際に存在するのは事務局に

より管理される名簿だけである。あらかじめ任命された裁判官の中から仲裁裁判官を選ぶ仕組みにより，たしかに裁判をやりやすくしたことは事実だったが，「常設」という修飾語は実体からやや乖離したものだった。「常設的な裁判所であって欲しい」という願望を表明したもの，あるいは当時の国際社会のほぼすべての国家が参加した一大国際会議の「乏しい実績を豊富な修辞で包んだもの」と評されるゆえんである。

16-11 現代における仲裁裁判の意義

常設仲裁裁判所は，合計20件程度の裁定を行ったものの，**常設国際司法裁判所**（PCIJ）設立以降は次第に利用されなくなった。今日では，常設仲裁裁判所の国別裁判官団が，ICJ裁判官の候補者を指名する役割を担っている（ICJ規程4条1項）ことの方がよく知られているともいえる。もっとも，現代においても，仲裁裁判自体の意義がうすれてしまったわけではない。第2次大戦後，一時的にせよ仲裁の利用数が増加したといわれるように，仲裁裁判は，国家の側から見れば依然として魅力的な紛争解決の手段である。**仲裁契約**（「コンプロミ」（compromis）とも称される）により，当事者が裁判所の構成を支配できるからである。特に，司法裁判に対して国家が必ずしも全幅の信頼を寄せていない場合や国境紛争などの特定の分野に関しては，仲裁裁判の有用性は衰えていない。近年では，ビーグル海峡事件（1977年）〈百選2版83〉のように仲裁裁判官全員が現役のICJ裁判官であって，判決も非常に厳密な論理に貫かれているような，非常に「司法的」な性格を持つ仲裁裁判も出現するようになった。また，国連海洋法条約でも，当事者が紛争解決のために同一の手続を受け入れていないときは，附属書に基づき仲裁に付すべきことを規定している（287条）。比中南シナ海事件（2016年）

〈百選36〉は，これによるものだった（⇨第10章**3**）。

Column⑳ 国際裁判と日本 --

　日本が初めて当事者となった国際裁判は，**マリア・ルース号事件**（1872年）だった。同事件は，横浜に寄港中のペルー船マリア・ルース号から逃亡した中国人労働者を，奴隷にあたるとして日本が保護したことからペルーが謝罪と賠償を要求したため生じた日・ペルー間の紛争だった。ロシア皇帝アレクサンドルⅡ世を単独仲裁人とした仲裁裁判が行われ，日本側に国際法違反はないと判断された。

　また，1905年の**家屋税事件**は，不平等条約の改正により廃止された外国人居留地に所在する家屋に対して，日本が課税したことから生じた日本と英国，フランスおよびドイツとの間の紛争だった。この紛争は常設仲裁裁判所に付託された（本野一郎（日本），ルノール（フランス），グラム（スウェーデン）により裁判部構成）。2対1の評決で，日本の主張は認容されなかった。本件での敗訴が，2000年の**みなみまぐろ事件**で仲裁裁判が行われるまでの約100年近くにわたり，日本が国際裁判を忌避する1つの理由になったといわれる（なお，みなみまぐろ事件と最近の南極海捕鯨事件（2014年）〈百選37〉については，⇨**Column⑫**参照）。

16-12
司法裁判の誕生前史

　第2回ハーグ平和会議（1907年）では，本当の意味での常設的な裁判所として，仲裁司法裁判所（Cour de Justice Arbitrale）の設立が提案された。また，交戦国の捕獲審検所の上訴審として，**国際捕獲審検所**の設立の提案もなされた。しかし，前者は裁判官の構成に関して大国と小国の対立が解けず結局挫折した。また，後者は個人の出訴権が認められた例としても著名であるが，同審検所を設立する条約（国際捕獲審検所設置ニ関スル条約）は未発効に終わった。その結果，地域的なものを除けば（1907年に中米司法裁判所が設立されたが，10件の事案を扱った後1918年に終了した），PCIJこそが史上初めて設立された普遍

的な司法裁判所だったといえよう。

16-13
常設国際司法裁判所の設立

連盟規約 14 条は，「連盟理事会ハ，常設国際司法裁判所設置案ヲ作成シ，之ヲ連盟国ノ採択ニ付スヘシ」と規定していた。これを受けて設立された 10 名からなる**法律家諮問委員会**（Advisory Committee of Jurists）は，PCIJ 規程の草案を作成した。委員の中には，「戦前の日本が生んだ最高の外交官」といわれる安達峰一郎も含まれていた。同草案は，連盟理事会および連盟総会での審議と修正を経て採択された。こうして，PCIJ は設立されたのである。現在の ICJ は，PCIJ の実質的な後身である。このほか，今日では，個別的ないし地域的な裁判所として**国際海洋法裁判所**（ITLOS）や**欧州司法裁判所**などがある。以下では，今日の国際社会において最も重要な位置を占めている ICJ を中心として取り上げ，必要に応じて PCIJ にも適宜言及しながら，その構成，管轄権の構造および裁判手続などについて概観する。

Column㉑ **PCIJ と ICJ の形式的な「非連続性」と実質的な「連続性」**--------

　PCIJ は連盟とは法的に別個の存在だったのに対して，ICJ は国連憲章 7 条で国連の主要な司法機関として位置づけられ，国連憲章第 14 章で詳細な規定も設けられている。1945 年 10 月 24 日，国連憲章と同時に ICJ 規程も発効したが，PCIJ の解体はその後だった。こうした点は，PCIJ と ICJ は別個の存在であり，両者の間には一定の断絶が存在することを示している。

　他方で，ICJ 規程は PCIJ 規程をほぼ一字一句そのまま引き継いでいるし，PCIJ 規程に基づき行われた選択条項受諾宣言で効力を持つものは，ICJ 規程の下でも有効であると読み替える努力がなされた（ICJ 規程 36 条 5 項参照）。ICJ 設立当初の裁判官の若干名は，PCIJ の最後の裁判官でもあった人だったし，使用する建物もハーグに所在する平和宮で

同じである。ICJ が PCIJ の判例に言及することも少なくない。こうした点にかんがみれば、両者の間には連続性が存在し、ICJ は PCIJ の実質的な後身といってさしつかえない。

<table>
<tr><td>16-14
ICJ の構成</td></tr>
</table>

ICJ は 15 名の裁判官で構成され、そのうちのいずれの 2 人も同一の国籍であってはならない（ICJ 規程 3 条（以下、特に断らない限り本節で言及する条文は ICJ 規程を指すものとする））。また、裁判官は徳望が高く、各国で最高の司法官に任ぜられるために必要な資格を持つか、国際法に有能であるとの名声がある法律家でなければならず（2 条）、国連の安保理および総会での選挙により選ばれる。選挙のときには、裁判官全体の中に「世界の主要文明形態及び主要法系が代表されるべき」ことが留意されなければならない（9 条）。もっとも、この点は、実際には**地理的配分の原則**（geographical distribution）の適用により、西欧・北米 5 名、東欧 2 名、中南米 2 名、アジア 3 名、およびアフリカ 3 名の裁判官を割り当てることにより処理されている。なお、裁判官の任期は 9 年で、3 年ごとに 5 名が改選される（13 条）。

このほか、ICJ に関する特有な制度として、**国籍裁判官**がある。国内法に目を向ければ明らかなように、紛争解決機関としての裁判所は、当事者からの独立性を持つことが一般的な特徴である。ところが、国際裁判の場合、この原則は必ずしも貫かれているわけではない。すなわち、ICJ の場合、当事者の国籍を持つ裁判官は出席する権利を持つ（31 条 1 項）。また、自国の国籍を持つ裁判官がいないときには、当事者は特任裁判官（judge *ad hoc*）を指名する権利を有する（同条 2 項・3 項）。特任裁判官は、当事者の国籍を持つ者が指名される場合が多く、ICJ 裁判官候補者として指名された者から

選ばれるのが望ましいとされる。このような制度は，司法機関に対して求められる中立性と理論的には矛盾するおそれがある（もっとも，15名の裁判官の中，1名ないし2名の国籍裁判官あるいは特任裁判官の及ぼす影響力を過大視すべきではない，という指摘もある）。しかし，歴史的に司法裁判よりも先に登場した仲裁裁判では，裁判官は通常当事者により指名されるべきものとされた。国家は，自らの主張が完全に理解されるという保証があって，はじめて安心して裁判に訴えることができると考えられたのである。こうした仕組みの名残が，ICJ にも継承されたものであるといえよう。

　なお，裁判所は，裁判官全員が出席して開廷されるのが原則であるが（25条1項），ICJ 規程は，(a)**特定部類事件裁判部**（26条1項），(b)**特別裁判部**（同条2項），および(c)**簡易手続部**（29条）という少人数の裁判官により構成される法廷を設置することができることを規定している。これらは小法廷と総称される。このうち，特定部類事件裁判部は，もともとヴェルサイユ条約第12部（港湾，水路，鉄道）および第13部（労働）の規定を受けて PCIJ のときに設けられた。法廷は5名の裁判官で構成される。しかし，実際には1度も利用されなかった。そこで，ICJ の時代になり，いかなる特定部類の事件でも扱うことができるように改められ，裁判官の人数の制限も廃された。1993年に環境問題に関する裁判部（7名の裁判官で構成）が設置されたが，2006年に廃止された。また，簡易手続部は，迅速な手続のために設けられるものである。法廷は5名の裁判官で構成される。ただし，PCIJ のときに1回使用例があるだけである。特別裁判部が，ICJ 規程において初めて設けられたものである。この制度も永らく休眠状態にあったが，1980年代中頃から90年代初めにかけて，**メイン湾境界画定事件**（1984年）〈百選初版101〉をはじめと

する4つの事件に関して，次々と特別裁判部が設置された。こうした動向は，ICJのより積極的な活用を求める要請に対する1つの反応だった。もっとも，そこでは特別裁判部を構成する裁判官の人数と人選に関して当事者の意向が強く反映される結果となり，司法裁判の「仲裁化」を招くものとして批判もある。

16-15
ICJの管轄権

ICJは，国のみが係属する事件の当事者となることができる裁判所である（34条）。国際組織や個人には，その資格はない。

国連憲章93条1項により，国連の加盟国は自動的にICJ規程の当事国となる。もっとも，ICJが付託された事案を審理し判決を下すためには（こうしたICJの権限を「**管轄権**」という），当該国家によりICJのかかる管轄権行使に対する同意がなされなければならない（同意原則）。この点は，ICJ規程36条に規定されているが，それらは(1)紛争発生前に行われるもの，および(2)紛争発生後に行われるものに大別することができる。

(1) **紛争発生前のICJ管轄権に対する同意**　紛争発生前に行われる同意には，①一定の種類の紛争に関して，あらかじめ条約によりICJの管轄権に対する同意を示しておく場合（36条1項），および②選択条項受諾宣言（同条2項）によるものがある。このうち，①には，(a)もっぱら紛争解決を目的とした条約によるもの（「当事国が相互にその権利を争うすべての紛争」であって「仲裁裁判所に付託することに合意しない場合」について規定する「国際紛争の平和的解決に関する改正一般議定書」（1949年）17条以下など），および(b)他の主題を扱った条約の中に規定された裁判条項によるもの（「この条約の解釈又は適用に関する両締約国の間の紛争で外交交渉により満足に調整されないもの」で「両締約国が何らかの平和的手段による解決について合意し」ないときにつ

いて規定する日米通商航海条約（1953年）24条2項など。なお，2022年のロシアによるウクライナ侵略開始直後に，ウクライナはロシアをICJに提訴した。その際，管轄権の根拠とされたのは，ジェノサイド条約9条（同条約の解釈，適用または履行に関する締約国間の紛争に関して，ICJを紛争解決機関として指定）および後述の選択条項だった）が含まれる。

②の**選択条項**（「任意条項」ともいう）（optional clause）受諾宣言は，「条約の解釈」，「国際法上の問題」，「認定されれば国際義務違反となるような事実の存在」および「賠償の性質又は範囲」に関して，同一の義務を受諾する他の国に対する関係において，ICJの管轄権を義務的であるとあらかじめ宣言しておくものである。宣言は国連加盟国の義務ではないため，「選択」条項と称される。

選択条項の仕組みは，PCIJ規程をそのまま引き継いだものである。すなわち，PCIJ設立の際，法律家諮問委員会による草案は，裁判所に強制的管轄権を付与するものだった。第2回ハーグ平和会議での挫折を経て，国際社会における真の意味での裁判所を設立しようとする意思をあらわしたものだった。ところが，この草案は連盟理事会で大国の反対にあい，削除された。しかし，連盟総会では，中小国を中心として，法律家諮問委員会の原案を復活させようとする気運が逆に高まった。結局，ブラジル提出の妥協案により，一方で，国家はPCIJ規程に加入するだけでは，裁判所の管轄権を認めたことにはならないとされた。大国の警戒心に対して配慮がなされたのである。他方で，上記4種類の紛争の全部または一部に関しては，あらかじめ裁判所の管轄権を認める宣言を行うことにより，そうした国家相互の関係ではPCIJの管轄権が設定されるようにした。そして，裁判所の管轄権受諾宣言を行う国が徐々に増えることにより，PCIJがやがて真の意味での世界裁判所に近づくことが期待さ

れたのである。

　現在の ICJ は，この仕組みをそのまま継承した。もっとも，国連加盟国のなかで選択条項受諾宣言を行っている国は，加盟国全体の約 3 割程度である。しかも，起草者の意思に反して，受諾宣言には多数の留保が付されている。これらの留保は，裁判所の事項的，（特定の国家との間の紛争という意味での）人的，時間的管轄に及び，またかかる留保は相互主義により相手国によっても援用される。その結果，この仕組みに基づく ICJ の管轄権は，結果的にかなり狭められている。なお，日本は 1958 年に選択条項受諾宣言を行った。しかし，最近の「不意打ち提訴」をさけるために，2007 年に，当該紛争の付託だけを目的として受諾宣言を行った紛争または受諾日から 12 か月未満に付託された紛争を除外する留保を付した宣言を行った。さらに，南極海捕鯨事件（2014 年）〈百選 37〉での敗訴をうけて，「海洋生物資源の調査，保存，管理又は開発について，これから生ずる，これらに関連する又はこれらに関係のある紛争」も除外する新たな宣言を 2015 年に行った。

　(2)　紛争発生後の ICJ 管轄権に対する同意　　紛争が発生した後に国家が ICJ の管轄権行使に対して行う同意としては，①付託協定によるもの，および②**応訴管轄**（*forum prorogatum*）がある。前者は，当事者が合意により事件を付託するものである（36 条 1 項）。こうした管轄権設定の方式は，もっとも伝統的な方式であり，その例としては，北海大陸棚事件（1969 年）〈百選 2〉がよく知られている。後者は，ICJ 規程に明文の根拠をもつのではないが，一方の当事者が ICJ に事件を付託したことに対して，他方の当事者が提訴に応じる姿勢を見せるなど何らかの形で意思表示することにより管轄権に対する同意が確保されたとみなす方式である。こうした方式は，

PCIJ 時代の判例に基づき認められてきたもので，**コルフ海峡事件**（先決的抗弁）（1948 年）〈百選初版 94〉においても確認された。

ICJ の場合，裁判手続は，ICJ 規程および ICJ 規則によってあらかじめ定められている。この点は，当事者の合意により手続が左右される仲裁裁判とは異なる。裁判は，裁判所書記に対して当事者の付託合意書または一方の当事者による書面を提出することにより開始される（40 条 1 項）。裁判所の審理は，**書面手続**と**口頭手続**の 2 つの部分からなる（43 条 1 項）。前者は，当事者による**申述書**および**答弁書**の提出である。また，必要な場合には，**抗弁書**と**再抗弁書**の提出が行われる（同条 2 項）。また，口頭手続は，証人，鑑定人，代理人，補佐人および弁護人から行う聴取である。なお，一方の当事者が出廷しない場合でも，手続は継続する（53 条 1 項）。

一方の当事者による付託により裁判が開始される場合，裁判所の管轄権を争ったり，管轄権が設定されていること自体は争わないものの当該事案を裁判手続に付すことの是非に関して裁判所の**受理可能性**（admissibility）を争うなどのために**先決的抗弁**（preliminary objections）が提出されることが少なくない。その場合，裁判所はまず当該先決的抗弁の審理を行わなければならず，本案の審理は停止される。先決的抗弁が認められれば，そこで裁判は終了する。逆に，先決的抗弁が却下されれば，裁判所は本案の審理へ進む。先決的抗弁がもっぱら先決的性質を持つのではない場合には，本案と併合して審理が進められる。

また，事情により必要と認めるときは，裁判所は各当事者の権利を保全するために，**暫定措置**（provisional measures）（「仮保全措置」ともいわれる）を指示することができる（41 条）。暫定措置の指示は，

当事者の権利が回復しえない損害を被ることを回避するために行われるもので，裁判所の一応の（*prima facie*）管轄権が推定されれば命じることができるとされている。なお，暫定措置の拘束性については，ICJ規程が第41条で「指示する」とのべているため，規程の起草者は法的拘束力を持つことを意図してはいなかったのではないか等を理由として，従来より議論があった。しかし，**ラグラン事件**(2001年)〈百選44〉判決において，その拘束性が初めて承認された。また，最近では，当事者の権利の保全にとどまらず，事態の悪化・拡大の防止や人権・人道上の保護目的のために暫定措置が要請され，命じられることもある。こうした新たな傾向については，批判も提起されている（⇨*Column②*）。

　裁判所は，付託された事件を国際法に従って解決することを任務とする。具体的には，条約，慣習国際法および法の一般原則が挙げられている。そのほか，法則決定の補助手段として，判決および学説も規定されている（38条1項）（⇨*5-14*，*5-15*）。なお，当事者の合意があるときは，裁判所は衡平および善により裁判を行うことも可能である（同条2項）が，現在までにその例はない。

16-17
ICJ の判決

判決は，出席した裁判官の過半数の投票により決定される。可否同数のときには，裁判長またはそれに代わる裁判官の決定投票による（55条）。また，判決には理由を掲げなければならず，裁判に参与した裁判官の氏名も掲げる（56条）。判決がその全部または一部について裁判官全員一致の意見を表明していないときは，いずれの裁判官も個別あるいは反対意見を表明することができる（57条）。

　なお，判決は当該紛争の当事者間においてかつ当該事件に関してのみ拘束力をもつ（59条）。この規定は，一般的に，先例拘束性を

否定するものと解されている。その理由としては，国際紛争は個別的性格が強く，類型化になじまないためであると指摘されることもある。もっとも，こうした明示的な否定にもかかわらず，実際には裁判所の判決はその後の裁判に対して非常に大きな影響を与えている。また，判決は当事者を拘束し（国連憲章94条1項），履行されなければならない。一方の当事者がICJの判決を履行しないときは，国連の安保理は当該判決を執行するために勧告をし，またはとるべき措置を決定することができる（同条2項）。もっとも，判決は比較的よく遵守されており，今までに本条が実際に適用された例はない。

16-18 勧告的意見

争訟事件のほかに，ICJはいかなる法律問題についても**勧告的意見**（advisory opinions）を付与することができる（65条）。勧告的意見を要請することができるのは，国連総会および安保理のほか，国連のその他の機関および専門機関で総会の許可を得るものである（具体的には，経済社会理事会，信託統治理事会，万国郵便連合（UPU）を除く国連の専門機関，および国際原子力機関など）。国家は勧告的意見を要請することはできない。国連総会および安保理の場合，いかなる法律問題に関しても意見を要請することができる（国連憲章96条1項）が，国連のその他の機関および専門機関で総会の許可を得るものの場合は，その活動の範囲内で生じる法律問題について，勧告的意見を要請することができる（同条2項）。

ICJの勧告的意見は，PCIJの諮問意見を継承したものである。すなわち，連盟規約14条は，「裁判所〔＝PCIJ〕ハ連盟理事会又ハ連盟総会ノ諮問スル一切ノ紛争又ハ問題ニ関シ意見ヲ提出スルコトヲ得」と規定していた。この規定を受けた条文は，当初PCIJ規程には設けられていなかった。しかし，諮問意見の有用性が実証される

に伴い，同規程は改正された。現行の ICJ 規程は，これを引き継いだものである。勧告的意見は，国連憲章の解釈や権限の行使の適法性などに関して述べられるものが多い。代表的なものとして，**国連職員が勤務中に被った損害の賠償事件**（1949 年）〈百選 38〉や**国連経費事件**（1962 年）〈百選 39〉を挙げることができる。その名のとおり，意見は「勧告的」であって法的拘束力を持つものではないが，これは争訟事件における判決と勧告的意見の機能が異なるためである。もっとも，勧告的意見は国連の主要な司法機関が表明する意見であるため，実際には争訟事件の判決と同様に非常に高い権威的性格を持つ。**国連特権免除条約**（1946 年）8 条 30 項や**専門機関特権免除条約**（1947 年）9 条 32 項などのように，勧告的意見が関係紛争当事者間で拘束力を持つことをあらかじめ認めている場合もある。なお，**核兵器威嚇・使用の合法性事件**（1996 年）〈百選 112〉に関して当時の小田滋判事が反対意見で指摘したように，「実際的必要性」を背後にもたず，核兵器の使用が国際法上合法か否かといったもっぱら抽象的な法律問題に関して ICJ が勧告的意見を述べるべきかどうかに関しては，国際社会における司法機関の役割をどのように捉えるべきかという問題と関連して議論が分かれるところである。

4 国際組織による紛争解決

　紛争の平和的解決の伝統的な諸手続は，以上に列挙した通りであるが，今日ではこれらのいくつかを有機的に結合させた条約体制や国際組織が存在する。具体的には，たとえば国連海洋法条約は義務的手続による紛争解決の仕組みをもち，紛争当事者は ICJ，国際海

洋法裁判所，仲裁裁判所，特別仲裁裁判所のいずれかを選択することが出来る（選択の宣言がない場合は，仲裁裁判所を選択したものとみなされる）。また，WTO はネガティブ・コンセンサス方式により紛争解決のための小委員会が設置されるため，この点では司法的性格をもつ。同時に，小委員会による紛争の実体面の判断は，調停的な性格と自由貿易体制の維持という側面も併せ持つ。そこで，これらの詳細に関してはそれぞれ海洋法（⇨第10章**3**），および国際経済法（⇨**14-18**）を扱う部分に委ね，以下では国連による紛争解決を取り上げる。

16-19
国連安保理

国連による紛争の平和的解決は，実質的には，伝統的な紛争解決の手続のうちの周旋や仲介，調停などに類似していることが多い。そうした諸手続を，国連の諸機関の機能との関連で組織化ないし客観化している点に特徴がある。

国連の安保理は，「国際の平和及び安全の維持に関する主要な責任」を負う機関として（国連憲章24条1項），紛争の平和的解決に関してさまざまな権限を持つ。すなわち，紛争当事者は，「その継続が国際の平和及び安全の維持を危くする虞のある」いかなる紛争に関しても，自らが選択する平和的手段により解決を求めなければならない（同33条1項）。しかし，解決できなかった場合，紛争当事者は当該紛争を安保理へ付託しなければならない（同37条1項）。安保理は，紛争の継続が実際に国際の平和と安全の維持を危うくするおそれがあると判断するときは，当事者が既に採用した紛争解決手続を考慮し（同36条2項），法律的紛争は原則として ICJ に付託されなければならないことを考慮（同条3項）した上で，「適当な調整の手続又は方法を勧告する」（同条1項）か，「適当と認める解決

条件を勧告」しなければならない（同37条2項）。また，すべての紛争当事者が要請するときは，安保理は，国際の平和と安全の維持を危うくする虞のある紛争に限定されることなく，いかなる紛争についても勧告を行うことができる（同38条）。こうした活動は，実質的には仲介に該当する。さらに，国連の総会（同11条3項），事務総長（同99条）および加盟国（同35条1項）は，安保理の注意を喚起することができる。注意を喚起する加盟国は，紛争当事国に限定されるわけではなく，国連加盟国でありさえすればよい。安保理は，自ら調査を行うこともできる（同34条）。

16-20
国連総会

安保理だけでなく，国連総会も紛争の平和的解決に関して一定の役割を果たすことが認められている。すなわち，総会は，一般的権限に基づき，「憲章の範囲内にある問題若しくは事項」を討議することができる（国連憲章10条）。また，加盟国，安保理，および国連の非加盟国により付託される国際の平和および安全の維持に関するいかなる問題も討議し，勧告をすることができる（同11条2項）。さらに，「一般的福祉又は諸国間の友好関係を害する虞があると認めるいかなる事態」についても「平和的に調整するための措置を勧告することができる」（同14条）。この規定は，連盟規約19条の「条約ノ再審議」によるものであるが，この意味では，紛争の平和的解決に関する総会の権限は，安保理よりも広範であるということができよう。

もっとも，総会の権限には，以下のような一定の制限もある。すなわち，第1に，国際の平和および安全の維持に関する問題に対して勧告を行う際に行動（強制行動と解されている）を必要とするものは，討議の前または後に安保理に付託されなければならない（国連憲章11条2項）。なお，朝鮮戦争（1950年）の際に採択された「平和

のための結集決議」は，総会の勧告による強制行動を可能としよう
とするものだったが，憲章違反との批判も根強い。もっとも，同決
議に基づき，緊急総会の招集が行われることはある。2022年のロ
シアによるウクライナ侵略に関して緊急総会が招集されたのも，安
保理による要請とこの決議によるものだった。また，第2に，いず
れかの紛争または事態に関して安保理がその任務を遂行している間
は，総会は安保理からの要請がない限り，当該紛争または事態に対
していかなる勧告も行うことができない（同12条1項）。

16-21

事務総長

国連事務総長は，「国際の平和及び安全
の維持を脅威すると認める事項」につい
て安保理の注意を喚起することができる（国連憲章99条）。また，
総会，安保理などから委託されたその他の任務を遂行することがで
きるとされている（同98条）。以上のように，国連憲章において規
定された紛争の平和的解決に関する事務総長の権限は，一見したと
ころ広いものではない。しかし，実際には，しばしば非常に重要か
つ広範な役割を果たしてきた。総会，安保理などからの要請を受け
て，国連事務総長は周旋や仲介，調停などを行うことがある。また，
紛争解決のために，特別代表を紛争地域に派遣することもある。さ
らに，**レインボー・ウォーリア号事件**（1986年）〈百選88〉の解決に
関して事務総長が果たした役割は，それが仲介あるいは調停，仲裁
のいずれかに該当するかに関して議論もあり，注目されてきた。

第17章 武力・経済力の行使と国際法

●本章のサマリー

　国際法上の義務は最終的には武力・経済力といった強制力によって担保されざるを得ないのが国際関係の現状である。国連憲章2条3項は，「すべての加盟国は，その国際紛争を平和的手段によって国際の平和及び安全並びに正義を危くしないように解決しなければならない」と規定し，また，同条4項は「すべての加盟国は，その国際関係において，武力による威嚇又は武力の行使を，いかなる国の領土保全又は政治的独立に対するものも，また，国際連合の目的と両立しない他のいかなる方法によるものも慎まなければならない」と規定する。ここで留意しなければならないことは，紛争の原因を創出した国家が交渉をはじめとする紛争の平和的解決手段に応じようとしない場合，紛争の引き延ばしを図る場合，人々の生命が危機に瀕しており緊急の対応が不可欠である場合などにおいては，平和的解決のみによる紛争解決を唱えるだけでは，国際法違反が放置され，その間に損害が拡大し，違法行為が既成事実化するという最悪の状況が生じ，およそ正義に反する結果となってしまうということである。国際法は，そのような不合理までをも要求するものではなく，平和的解決以外の手段を絶対的に排除しているわけではない。国連憲章においても，武力攻撃に対する自衛権の行使を認め，また第7章の下での軍事的・非軍事的強制措置を認めており，さらに，一般国際法上も自衛権のほか，非軍事的復仇措置（対抗措置）も一定の要件の下に認められてきた。本章では，武力行使の許容範囲および経済制裁の各々について，国連決議に基づく場合と基づかない場合の双方につき概観する（⇨**1**, **2**）。最後に，国連平和維持活動（PKO）についてふれる（⇨**3**）。

SUMMARY

1 武力行使の許容範囲

① 国連決議に基づかない武力行使

17-1
武力行使の一般的禁止
とその例外

国連憲章2条4項は，「すべての加盟国は，その国際関係において，武力による威嚇又は武力の行使を，いかなる国の領土保全又は政治的独立に対するものも，また，国際連合の目的と両立しない他のいかなる方法によるものも慎まなければならない」として，武力行使を一般的に禁止している。現代国際法上，武力復仇（国際法違反の被害国が国際法違反があったという理由だけで武力により反応すること）は禁止されている（友好関係原則宣言）。他方，一般的禁止の例外として許容される武力行使としては，①自衛権の行使としての武力行使および②国連決議に基づく武力行使が考えられ，その他に許容される場合があるか否かが，特に人道的介入に関して問題となっている。

17-2
自　衛　権

自衛権については，国連憲章51条第1文が「この憲章のいかなる規定も，国際連合加盟国に対して武力攻撃が発生した場合には，安全保障理事会が国際の平和及び安全の維持に必要な措置をとるまでの間，個別的又は集団的自衛の固有の権利を害するものではない」と規定する。自衛権の範囲の解釈については，学説は対立してきた。第1に，国連憲章2条4項と51条の関係について，51条が定める武力攻撃に対する自衛の場合以外には一方的な武力行使は容認される余地はな

いという「制限説」と「武力攻撃に対する自衛の場合」以外にも一方的な武力行使が容認される余地はありうるとする「非制限説」の対立である。後者に関しては，51条に基づく自衛権よりも広い範囲の自衛権が慣習国際法上，存在するという説や，一方的な武力行使が自衛権に該当しない場合であっても緊急避難（緊急状態）として容認される場合があるという説がある。第2は，「武力攻撃」の範囲をめぐる対立であり，たとえば，領土への直接の攻撃に限定されるのか在外公館や在外自国民への攻撃も含まれるのかという対立である。また，「武力攻撃が発生した場合」の解釈につき，いわゆる先制自衛を認めるか否かの対立がある。

　国連憲章51条では，自衛権を国家の「固有の権利」であるとする（これに対して，国家責任条文21条では，自衛を違法性阻却事由の1つとして扱っている）。国家実行において，諸国家は一方的な武力行使を正当化するに際して，大半の場合において自衛権を正当化根拠として挙げてきた（自衛権を挙げずに他の論拠を挙げることはほぼ皆無であった）が，国家の「固有の権利」であるから少なくとも政治的には援用しやすいということは否定できないといえよう。

　自衛権に関する古典的事例として挙げられるのが英米間で争われた1837年末に発生したカロライン号事件（米国船を英国軍が襲撃した事件）であり，同事件においてウェブスター米国国務長官が1841年に示した要件，つまり，「自衛権を行使する国家は，差し迫った圧倒的な自衛の必要があること，他の手段の選択の余地がないこと，熟慮の時間がないこと，不合理または過剰なものではないこと，を立証しなければならない」（**ウェブスター・フォーミュラ**と呼ばれる）は，今日，なお，自衛権の発動要件として諸国家によってしばしば援用される。

1986年のICJ**ニカラグア事件判決**〈百選106〉は，自衛権について次のような指摘をした。

　第1に，武力攻撃の範囲につき，正規軍による国境を越えた活動には限定されないとし，侵略の定義に関する決議（1974年の国連総会決議3314）3条(g)に挙げられた場合を含むとしたが，反徒への武器・兵站の供給のみでは武力攻撃には該当しないとした。そして，このような武力攻撃に至らない違法な武力行使に対しては，被害国は自衛権の行使はできないものの均衡性のある対抗措置は発動できるとした。

　第2に，国連憲章51条第2文では，「この自衛権の行使に当って加盟国がとった措置は，直ちに安全保障理事会に報告しなければならない」と規定するが，この事前または事後の「報告」は一般国際法上の義務ではなく，国連憲章上の義務にすぎないとした。また「報告」があったことは，国家が自衛の枠内で行動していると自ら確信している証拠となるとした。

　第3に，集団的自衛権についての要件を明確化した。同判決では，集団的自衛権は，慣習国際法上確立されたものであるとした上で，（個別的自衛権の要件でもある必要性と均衡性を満たすことに加えて），武力攻撃の被害国による武力攻撃を受けたとの宣言があること，および，当該国による集団的自衛権発動の要請があることを挙げた。個別的自衛権が，武力攻撃を受けた国家自身による武力攻撃国に対する武力で反撃する権利であるのに対して，集団的自衛権は，武力攻撃を受けた国家の友好・同盟国が武力攻撃国に対して武力で反撃する権利である。NATOの北大西洋条約や日米安全保障条約は集団的自衛権の行使を約束する条約であるが，このような条約がなくても，武力攻撃後に攻撃を受けた国家のアド・ホックな要請に基づい

て友好・同盟国が集団的自衛権を行使することも一般国際法上は可能である。北大西洋条約5条は集団的自衛権の行使を締約国に対する武力攻撃に限定しているため、非締約国であるウクライナ（ロシアの武力攻撃の被害国）を支援するために集団的自衛権を行使することを可能にする規定は同条約にはないが、何らかの意思決定をしてウクライナ支援のため集団的自衛権を行使することは一般国際法上は可能である。

自衛としての核兵器の行使については、**ICJ核兵器による威嚇または核兵器使用の合法性事件勧告的意見**（1996年）〈百選112〉では、「現在の国際法の状態に照らすと、国家の生存が危機に瀕している、自衛の究極の状況において核兵器の行使が合法か不法かについて、裁判所は確定的な結論を示すことができない」とした。なお、1973年の米ソ間の核戦争防止協定は、核戦争の危機の場合における協議を約束したものであるが、6条では、「本協定のいかなるものも、国連憲章51条に規定された個別的または集団的自衛の固有の権利を害するものではない」と規定した。

2001年9月11日の同時多発テロ事件後の同年10月、米国および英国をはじめとした有志連合諸国はアフガニスタンに対して武力行使をしたが、米国は個別的自衛権、英国は集団的自衛権の行使であるとして、国連安保理に報告した。武力攻撃の主体が非国家主体（テロリスト）であり、テロリストの所在地国（アフガニスタン）に対して武力行使をすることが自衛権として正当化できるかについては見解は分かれた。事件直後の9月12日に採択された国連安保理決議1368前文では、「憲章に従って、個別的又は集団的自衛の固有の権利を認め（Recognizing）」と述べている。「条約の文言は意味あるように解釈されるべきである」という条約解釈の一般原則が決議の

解釈についても適用されるべきだと考えられるのであれば，この文言は単に自衛権一般を想起しているにとどまらず，本事件につき自衛権援用の可能性につき肯定的な方向性を与えたものだと解釈することは合理的であろう。

2002年9月に米国大統領が示した**ブッシュ・ドクトリン**においては，ならずもの国家（rogue States）やテロリストに対して，先制的に武力を行使するとした。なお，2003年3月の米国および英国による対イラク武力行使については，両国は自衛を正当化根拠として挙げたわけではなく，一連の安保理決議から武力行使が正当化されると主張した（⇨**17-6**）。

自衛権に関する日本政府の解釈は次のとおりである。第1に，ウェブスター・フォーミュラを採用し，一般国際法上，ある国家が自衛権を行使するための要件は，国家または国民に対する外部からの急迫不正な侵害があること，これを排除するのに他に適当な手段がないこと，必要最小限度の実力の行使であることと一般に考えられているとしている（2002.2.5政府答弁書）。第2に，「武力攻撃が発生した場合」の解釈につき，単に攻撃のおそれ・脅威があるということによって自衛権を行使することはできないが，組織的，計画的な武力行使が行われるという事態が発生した場合には自衛権の発動は許されるとする（1981.11.9衆議院安全保障特別委員会での答弁）。第3に，国連憲章51条の自衛権とそれ以外の自衛権につき，憲章51条の武力攻撃（組織的，計画的な武力攻撃）以外の侵害に対しても集団的ないし個別的自衛権の発動は排除されないとする（1980.4.26衆議院安全保障特別委員会での答弁）。第4に，在外自国民保護のための武力行使につき，所在地国が外国人に対する侵害を排除する意思または能力を持たず，かつ当該外国人の身体，生命に対する重大かつ

急迫な侵害があり，ほかに救済の手段がない場合には，当該外国人を保護，救出するためにその本国が必要最小限度の武力を行使することは，自衛権の行使として認められる場合がある（1991.3.13衆議院安全保障特別委員会での答弁）。

　他方，集団的自衛権については，憲法上の要請から，「わが国が，国際法上，集団的自衛権を有していることは主権国家である以上当然であるが，憲法9条の下において許容されている自衛権の行使は，わが国を防衛するため必要最小限の範囲にとどまるべきものであると解しており，集団的自衛権を行使することはその範囲を超えるものであって憲法上許されないと考えている」という独特の立場（1981.5.29政府答弁書）を政府は示してきた。しかし，日本をとりまく安全保障環境の変化等にかんがみ，政府は2014年7月1日の閣議決定において，「我が国に対する武力攻撃が発生した場合のみならず，我が国と密接な関係にある他国に対する武力攻撃が発生し，これにより我が国の存立が脅かされ，国民の生命，自由及び幸福追求の権利が根底から覆される明白な危険がある場合において，これを排除し，我が国の存立を全うし，国民を守るために他に適当な手段がないときに，必要最小限度の実力を行使することは，従来の政府見解の基本的な論理に基づく自衛のための措置として，憲法上許容される」として，「存立危機事態」に限定して集団的自衛権の行使を可能とする方針を示した。2015年9月19日に**安全保障関連法**（平和安全法制整備法及び国際平和支援法）が成立し，「存立危機事態」に限定して集団的自衛権の行使を可能とする国内法上の根拠が付与されるに至った。

17-3
人道的介入

人道的介入（humanitarian intervention）の問題は，一国内で自国民（特に少数民族）

や外国人に対して集団殺害（ジェノサイド）に至る迫害があった場合に、他国が軍事力をもって介入して停止させることが国際法上できるかという問題である。人道的介入は、伝統的には人道的干渉と呼ばれ、19世紀には欧米列強が、キリスト教徒迫害をしたとの名目でオスマントルコに武力介入した苦い濫用の歴史がある。人道的介入が安保理決議に基づくものである場合には、その範囲内での行為は国際法上問題はないが、安保理決議によってカバーされていない場合に人道的介入のため武力を行使することが認められるか。この点が大きな問題となったのが、1999年3月のNATO軍による対ユーゴスラビア（セルビア）空爆であった。空爆は、セルビア側によるコソボ自治州のアルバニア系住民への迫害に対する措置としてなされたが、これを容認する安保理決議はなかった。諸国家は、これまで人道的介入を認めることに非常に慎重であった。人道的介入の権利が慣習国際法上あると明言したのは英国（1992年、クルド問題に関して言及）のみである。もっとも、ユーゴスラビア空爆に関しては、「国際法違反であり即時停止を求める」旨のロシア決議案は、安保理において、賛成3（ロシア、中国、ナミビア）、反対12で否決されたことからも明らかなように、「合法性には疑義があるがやむを得ない措置であった」と考える国家は少なくない。当時の日本政府の見解は、「さらなる人道上の惨劇を防止するためやむを得ずとられた措置と理解する」（1999.3.25外務大臣談話）というものであった。リビア内戦に際しては、2011年3月の安保理決議1973（賛成10、棄権5（ロシア、中国、ドイツ、インド、ブラジル）で採択）において、飛行禁止命令の遵守を実施するために必要なあらゆる措置をとる権限が加盟国に付与され（パラグラフ8）、NATO諸国による対リビア武力行使がなされた。他方、シリア内戦における化学兵器使用問題に対

しては、そのような内容の安保理決議は採択されず、主要諸国による一方的な対シリア武力行使もなされなかった。

　いわゆる「イスラム国」（Islamic State；IS）は国際社会の新たな脅威となっている。米国を中心とする諸国はイラク内およびシリア内のISに対して2014年夏から武力行使を行い、米国は自衛権の行使だと主張した。

② 内乱と武力行使

17-4
内乱への武力による関与

国連憲章2条4項が禁止している「武力による威嚇又は武力の行使」は「国際関係」におけるものであって、**内乱**という国内関係には同項は適用されない。内乱における暴力行為の発動自体は直接には国際法の規律対象ではないが、残虐な行為がなされればその行為は集団殺害や国際人道法違反として国際法の規律対象となる。

　冷戦下においては、米ソをはじめとする外国勢力が正統政府または反徒のどちらかを援助するという代理戦争の構図が見られた。伝統的国際法においては、正統政府に対する援助は合法だが、反徒に対する援助は違法だとされてきた。今日そのようなルールが維持されているとは言いがたく、また植民地解放の過程では植民地解放戦線に対する援助こそが合法であって求められ、宗主国に対する援助は違法であるとの見解が強く示された。

　また、A国内で内乱が発生し、B国が政府側［反徒側］を援助し、これが違法である場合にはC国が反徒側［政府側］を援助することが認められるかという対抗干渉（counter-intervention）については、ICJは**ニカラグア事件判決**（1986年）〈百選106〉において、これを容

認できないとした。

③　国連決議に基づく武力行使

17-5
軍事的強制措置
国連憲章24条は安保理に国際の平和の安全の維持・回復に関する「主要な責任」を負わせている。憲章において**軍事的強制措置**について規定しているのは42条である。同条は，国連による集団的安全保障（ある国家が侵略をはじめとする重大な国際法違反等を犯した場合に，国連加盟国が一致団結してこれを終了させる）の理念を具現化した規定である。同条は，「平和に対する脅威，平和の破壊又は侵略行為」の認定（39条）の後，41条の非軍事的措置では「不充分であろうと認め，又は不充分なことが判明したと認めるとき」に必要な軍事的行動を決定するという規定である。ここで想定されているのは**国連軍**の名の下での軍事的行動である。国連軍は軍事参謀委員会の指揮下に置かれ（47条），国連軍創設には兵力提供につき加盟国と国連の間で特別協定が締結されなければならない（43条）。しかし特別協定は締結されたことはなく，それゆえ本来の意味での国連軍が創設されたことはない（さらに冷戦下においては米ソ対立から安保理がほぼ機能麻痺し，集団的安全保障が機能する前提が満たされなかった）。なお，1950年の朝鮮動乱の際に，安保理決議83（ソ連が欠席していたため同決議は成立した）に基づいて，加盟国からの自発的な兵力提供がなされ，米国軍を中心とした朝鮮国連軍が創設されたが，これは本来の意味での国連軍ではない。

17-6
武力行使容認決議
次に，安保理決議において明示的に武力行使が容認されることがある。湾岸危機に際しては，1990年11月の安保理決議678において，イラクが

1991年1月15日までに関連諸決議を完全に履行しない場合には，クウェート政府に協力している加盟国に対して，決議660以下の関連諸決議を支持し履行するため，および，当該地域における国際の平和と安全を回復するため，あらゆる必要な手段を行使することを容認する（authorize）とし，同決議に従って多国籍軍が米国を中心に結成され，1991年1月17日からイラクと戦闘行為に入った（湾岸戦争）。**武力行使容認決議**は，その後も，ハイチ軍政問題に関する安保理決議940（1994年），アルバニアの国内騒擾問題に関する安保理決議1114（1997年），コソボ問題に関する安保理決議1244（1999年），東ティモール問題に関する安保理決議1264（1999年）などにおいて見られる。このような決議がある場合には武力行使の「お墨付き」が付与されることになり，合法性の問題はクリアされることとなる。

2003年3月の米国および英国による対イラク武力行使は，その合法性をめぐって諸国家の見解が対立した。フランス，ドイツ，ロシア，中国などは，違法な武力行使であるとしてこれを非難したが，米国および英国は，イラク問題に関する一連の安保理決議によって正当化されると主張した。要は，査察の妨害等により安保理決議687に基づく停戦の基礎が損なわれたため，武力行使を容認する決議678に基づき武力行使が正当化されるという主張である（米英は同様の論理構成を，1998年12月のイラク空爆においても援用した）。安保理決議の有権的解釈権は安保理のメンバーにあるが，今回はメンバー間で解釈が対立した。そもそも安保理決議の解釈基準は，条約の解釈基準（条約法条約31条以下）のようには確立されておらず，その確立が急務である。

その他，国連が関与する武力行使としては，地域的機関による武力行使（国連憲章53条）がある。しかしこれは安保理の許可を必要

とするため，冷戦下の米ソ対立から安保理が機能麻痺することを見越した諸国家は，これに依拠せず，集団的防衛条約（集団的自衛の合意）に依拠して自国の安全保障を確立してきた。また，朝鮮動乱の際の総会決議377（平和のための結集決議）に基づいて武力行使がなされたことがある。さらに，国連憲章には，旧敵国条項（53条1項但書・107条）および過渡的安全保障（106条）の規定があるが，これらは廃絶状態にある。

2004年11月に示された「国連改革に関するハイレベル委員会報告書」では，武力行使容認決議が正当性を確保するための5つの基準を示している。すなわち，①脅威の重大性，②適当な目的，③最後の手段，④均衡性のある措置，⑤結果のバランスであるとし，安保理および総会の宣言的決議においてこのガイドラインを具現化すべしと勧告している。

2 国際法違反に対する経済制裁

① 国連決議に基づかない（一方的）経済力の行使

17-7
経済制裁

経済制裁（economic sanctions）とは，ある国家の国際法違反に対して他の国家によって実施される前者の国家に経済的害悪を与える措置である。輸出入禁止，航空機乗入禁止，資産凍結などがその中心をなす。国際法違反の直接の被害国が発動するのみならず，第三国によって措置がとられることもある。

措置の中心をなす輸出入禁止については，国家には他国と貿易を

する一般国際法上の義務はないが，多くの場合，GATT/WTO，通商航海条約の諸規定（最恵国待遇，数量制限禁止）とは抵触することになる（GATT 21条やGATS 14条の2の「安全保障のための例外」には，自国の安全保障のためにとる一方的措置は挙げられていても，他国の国際法違反に対してとる一方的措置は挙げられていない）ため，このような経済条約規定が制裁国と被制裁国の間にある場合には，**対抗措置**（countermeasure，古くは非軍事的復仇（non-military reprisal）といわれた）（⇨*8-26*）として違法性が阻却されるかどうかが問題となる（これに対してこのような条約規定がない場合には，報復（retorsion）として裁量的にとりうる措置となる）。非軍事的復仇措置（対抗措置）は，一般国際法上，事前の救済要求や均衡性といった一定の要件を満たせば，認められる（1978年の**米仏航空協定仲裁裁定**参照）。

　直接の被害国以外の第三国による経済制裁の可否については見解は分かれるが，非軍事的復仇として違法性阻却の対象となる必要条件としては，①原因行為が侵略やジェノサイド等，国際社会全体に対する重大な違反であること，②措置が不当利得を生じさせないものであること（資産没収はこの点で問題がある）が挙げられる。

　国連憲章2条4項で禁止対象とする「力」（force）は武力に限定され，経済力は含まれない。もっとも，国際法違反をしていない国家に対して経済的強制を課すことは，国際法上，違法な干渉として禁止される（友好関係原則宣言第3原則では，「他国の主権的権利を自国に従属させ，かつ，その国から何らかの利益を確保するために，経済的，政治的その他他国を強制する措置をとり又はとることを奨励してはならない」とする）。ただし，留意すべきは，国際法違反に対する経済的措置である場合には，上記のように違法性阻却の対象となり，違法な干渉とはならないということである。

経済制裁措置は，ときには，域外適用がなされることがあり，国家管轄権をめぐる問題を引き起こしている（⇨ *14-22*）。

Column ㉒ ロシアに対する経済制裁 --

2022年2月にウクライナを侵略したロシアに対する西側諸国の主要な反応はロシアに対する経済制裁である。ロシアは国連の常任理事国であるため，国連安保理はウクライナ問題については機能麻痺の状況にある中で，西側諸国はロシアに対する貿易・投資・金融等の分野での経済制裁措置を発動している。貿易に関しては，西側諸国はロシアへの最恵国待遇の不供与等の措置をとったが，全面的な制裁措置には至っておらず，例えば石油・ガス・原子燃料等のエネルギーに関しては基本的に輸入禁止措置をとっていない。通商規制措置に関しては，GATT 21条やGATS 14条の2の安全保障例外によって正当化される（⇨ *14-17*）。

対ロシア経済制裁において最も注目されるのは金融上の措置である。EUは，ロシアの主要金融機関を国際金融取引メッセージサービスを提供しているSWIFT（国際銀行間通信協会）から排除した。また日本を含む西側主要諸国は，ロシア中央銀行が外貨準備のために主要各国の中央銀行においている巨額の金融資産を凍結した。外国国家財産の資産凍結は，国連国家免除条約では18条の「判決前の強制的な措置」に該当し，通常の場合にはとりえないが，国際法違反に対する対抗措置として違法性が阻却される。外国中央銀行の資産は同条約21条により通常時には強制執行から免除されるが，凍結資産（またはその運用益）をウクライナ支援に充当できるかについては，西側諸国の間で慎重な検討がなされている。

----

② 国連決議に基づく経済制裁

17-8
非軍事的強制措置

国連決議に基づく経済制裁としては，安保理決議に基づくものと総会決議に基づ

くものがあるが，主要なものは前者である。前者は，さらに①国連憲章41条に基づく**非軍事的強制措置**と②39条に基づく勧告とに大別される。

①は，39条の「平和に対する脅威，平和の破壊又は侵略行為」の認定の後，安保理が輸出入禁止をはじめとする諸措置を決定するものである。例として，自決権を無視した少数者による一方的独立を「平和に対する脅威」として安保理決議232（1966年）および253（1968年）に基づいてとられた対南ローデシア輸出入禁止，アパルトヘイトを「平和に対する脅威」として安保理決議418（1977年）に基づいてとられた対南アフリカ武器禁輸，クウェート侵略を「平和の破壊」として安保理決議661（1990年）に基づいてとられた対イラク経済輸出入禁止，内戦における非人道的行為を「平和に対する脅威」として安保理決議757（1992年）に基づいてとられた対ユーゴスラビア輸出入禁止，航空機爆破犯の引渡拒否などテロ防止への非協力を「平和に対する脅威」として安保理決議748（同年）に基づいてとられた対リビア航空機乗入禁止・武器禁輸，軍事政権による民主政権への移行に関する国内合意の不履行を「平和に対する脅威」として安保理決議841（1993年）に基づいてとられた対ハイチ輸出入禁止（1993年）などがある。2006年10月の北朝鮮による核実験に対しては，安保理は決議1718において「国際の平和及び安全に対する明白な脅威が存在する」と認定して対北朝鮮経済制裁を決定した。

他方，②の勧告決議の例としては，南ローデシアに対する決議217（1965年），南アフリカに対する決議181（1963年）などがあり，これらは①の決議の前段階に採択された。

ある安保理決議の拘束力の有無は，「解釈されるべき決議の文言，

決議に至る討論，援用される憲章の条項，そして一般に安保理決議の法的結果を決定するのに助けとなるあらゆる事情を考慮してケースごとに決定されるべきである」（ナミビア事件・ICJ 勧告的意見（1971 年）〈百選 60〉）。一般に①の決議は国連憲章 25 条により拘束力を有する「決定」だとされるが，拘束力の有無は正確には決議ごとにではなく決議のパラグラフごとに判断されるべきである。安保理決議の前文に「第 7 章の下で行動し」という文言があり，決定する（decide）という文言で始まるパラグラフは拘束力を有すると解される。ここでの拘束力を有するとは，輸出入禁止措置等をとることが加盟国にとって国際法上の義務となり，輸出入を継続するだけで決議違反となるということを意味する。各ケースごとに国連安保理には補助機関として制裁委員会が設けられる。制裁委員会は各国の措置の履行監視にあたり，各国は定期的にとった措置を報告することになっている。

このような非軍事的強制措置は，あくまで「国際の平和と安全の維持・回復のための措置」であって国際法違反に対する対抗措置ではない。それゆえ，リビア，ハイチに対する措置のように，国際法違反かどうかが疑わしい原因行為を「平和に対する脅威」であると安保理が裁量的に認定をして，それに基づき措置を発動することも不可能ではなく，対抗措置の諸要件を満たす必要もない。

非軍事的強制措置においても，①でみた国家の単独の決定に基づく経済制裁措置においても，食糧・医薬品は，人道上の配慮から，通常，禁輸の対象外となっている。他方，武器禁輸は最も主要な経済制裁措置となっている。国際社会においては武器（通常兵器）の輸出それ自体は違法ではなく，その規制は国際的課題である。もっとも，内戦が行われている国家に対して武器禁輸がなされても，対

立する当事者の一方には密輸により武器が流入し，他方当事者には武器が得られない結果，人道上の惨劇が拡大してしまったという悲劇はボスニア・ヘルツェゴビナにおいて現実に発生し，武器禁輸決議（安保理決議 713（1991 年））に大きな課題を残した。

　国連憲章 50 条は，非軍事的強制措置の履行によって自国に重大な経済的打撃が生じる国家には，安保理と協議する権利が認められる旨，規定する。同条に基づいて協議がなされたことはしばしばあるが，現実には安保理は各国に支援の要請をするだけであって「補償」は国連としては全くなされず，具体的な支援は各国の自発的援助に期待せざるを得ない。

　経済制裁は，ときに被制裁国の弱者に大きな経済的打撃を与え，彼（女）らの生存さえ危うくしかねないという問題を有する。弱者への打撃を減少させ，被制裁国のエリート層への打撃を極大化させるというスマート・サンクションの考え方が国連においては推進されつつある。具体的には，被制裁国の有責者の個人資産の凍結，政府関係者の入国の禁止，奢侈品の輸出禁止などであり，スーダンに対する安保理決議 1054（1996 年）やアンゴラに対する安保理決議 1173（1998 年）などにおいて採用されている。

Column㉓ サイバー攻撃とそれへの対処 --------------------------------

　サイバー攻撃は国際社会において頻発している。2007 年にはロシアからと思われるサイバー攻撃によりエストニアの政府機能が麻痺した。サイバー攻撃には，重要インフラへの攻撃によるインフラの麻痺・暴発のほか，個人や企業の情報の窃取・改竄，選挙干渉など多様なものがある。サイバー空間にも国際法が適用されることについては諸国家の共通了解があるものの，内容の詳細については国連のサイバーセキュリティに関する政府専門家会合（GGE）において検討が続けられている。

NATOのサイバー防衛協力センター（CCDCOE）に集った法律専門家が作成したタリン・マニュアルは，サイバー攻撃に関する慣習国際法を包括的に記したものとして国際社会において一定の権威を有している。その主な内容は，次の通り。①一定以上の規模と効果を有するサイバー攻撃は「武力攻撃」に該当し，これに対しては被害国は個別的自衛権の発動が，被害国の友好・同盟国は集団的自衛権の発動が可能になる，②国際法上違法な（ただし武力攻撃には至らない）サイバー攻撃に対しては，被害国は対抗措置を発動できる，③私人によるサイバー攻撃に対しては，国家責任の帰属のルールに従い，私人の本国や領域国が「相当の注意義務」を欠いたために損害が発生した場合には，当該国に国家責任が生じる，④サイバー諜報はそれ自体は国際法違反ではないが，行動によっては違法な干渉に該当することがあり，またサイバー諜報に対して国内法で刑事罰を課すことは可能である。サイバー攻撃への対処につき，被害国はサイバー手段で反撃したとは（たとえ行ったとしても）明言しない。被害国が実際にとり，またとったと明言する措置は，外交上の措置（相手国の外交官の追放等）および経済上の措置（サイバー攻撃の有責者だと考えられる者の金融資産の凍結等）である。このような外交上の措置は「報復」（非友好的ではあるがそれ自体は国際法上合法な措置）に，経済上の措置は通常は「対抗措置」（国際法違反への反応として均衡性等の一定の要件を満たせば違法性が阻却される措置）に該当する。

③ ODA（政府開発援助）と国際法

17-9
ODA 4 原則

ODA は経済的な「力」の行使ではないが，その被供与国に対する政治的・経済的影響力は無視できないものである。ODA の停止は，経済制裁の1つとして挙げられることもある。

わが国の政府開発援助大綱（1992 年 6 月 30 日閣議決定，2003 年 8 月

29日改定）においては，援助実施の原則として，「国際連合憲章の諸原則（特に，主権，平等及び内政不干渉）及び以下の諸点を踏まえ，開発途上国の援助需要，経済社会状況，二国間関係などを総合的に判断の上，ODAを実施するものとする」として，①環境と開発を両立させる，②軍事的用途および国際紛争助長への使用を回避する，③開発途上国の軍事支出，大量破壊兵器・ミサイルの開発・製造，武器の輸出入などの動向に十分注意を払う，④開発途上国における民主化の促進，市場経済導入の努力ならびに基本的人権および自由の保障状況に十分注意を払う，という4原則（**ODA4原則**）を挙げた。同大綱はゆるやかなガイドラインであるが，ODAの供与・不供与にあたって，国際法上の考慮が働くことを示したものであり，現実に大量破壊兵器の開発国や民主化に逆行する行動をとった国家に対して援助を停止するなどの適用例が見られた。

2003年に改定された同大綱では，「紛争・災害や感染症など，人間に対する直接的な脅威に対処するためには，グローバルな視点や地域・国レベルの視点とともに，個々の人間に着目した『人間の安全保障』の視点で考えることが重要である」として，「人づくりを通じた地域社会の能力強化に向けたODAを実施する」とした。

新たに2015年2月10日に閣議決定された開発協力大綱では，開発協力の適正性確保のための原則として，(ア)民主化の定着，法の支配および基本的人権の保障に係る状況，(イ)軍事的用途および国際紛争助長への使用の回避，(ウ)軍事支出，大量破壊兵器・ミサイルの開発製造，武器の輸出入等への状況，(エ)開発に伴う環境・気候変動への影響，(オ)公正性の確保・社会的弱者への配慮，(カ)女性の参画の促進，(キ)不正腐敗の防止，(ク)開発協力関係者への安全配慮，を挙げている。

2023 年 6 月 9 日には開発協力大綱が改定され，新しい時代の質の高い成長と法の支配に基づく自由で開かれた国際秩序の維持・強化が重点政策とされた。同年 12 月には，相手国の要請を前提としない提案型の ODA の第 1 号案件として，カンボジアのデジタル化を支援する無償資金協力の実施が合意された。また同月，ODA とは別に，同志国の安全保障上のニーズに応え資機材の供与やインフラの整備等を行って軍等が裨益者となる新たな無償資金協力の枠組みとして，政府安全保障能力強化支援（OSA）が導入された。

3 国連平和維持活動

| 17-10 |
| PKOとは |

　平和維持活動（PKO）は，国連実行の中で作り出されたものである。地域的紛争の悪化防止のため，国連決議（大半が安保理決議）に基づいて国連の権威の下になされる軍事的活動である。主たる任務は，紛争地域の停戦の確保，兵力引き離し，国内治安の維持・回復であるが，停戦監視や選挙監視もなされる。国連カンボジア暫定統治機構（UNTAC）や国連東ティモール暫定行政機構（UNTAET）のように行政運営の権限までもが付与され，国家復興・国家建設にかかわるものもある。

　PKO は 2023 年 7 月までに計 71 が組織され，うち活動中のものは 12 である。PKO 要員を最も多く派遣している国家は，南アジア諸国およびアフリカ諸国である。

　日本は 1992 年に国際平和協力法（PKO 法）を制定した。同法は，わが国の国際平和協力として，①PKO への協力，②人道的な国際救援活動への協力，③国際的な選挙監視活動への協力の 3 つの柱を

定めている。2020年12月までに，①については国連カンボジア暫定機構をはじめ計14のPKOに要員（累計1万人以上）を派遣し，②については5つの人道的な国際救援活動に要員を派遣し，③については9つの国際的な選挙監視活動に要員を派遣してきた。同法ではいわゆるPKO5原則（①紛争当事者間の停戦合意，②受入国を含む紛争当事者による活動への同意，③中立的立場の厳守，④要件を満たさなくなった場合の派遣中断・終了，⑤武器使用は要員の生命の防護のため必要最小限）を規定した。2015年9月の安全保障関連法の成立により，PKO法が一部改正され，駆け付け警護や地域の治安維持を担う安全確保業務を国際平和協力業務に追加し，これらの任務遂行のための武器使用を認めるとした。さらに，5原則に加えて関係国際機関・関係国の要請といった一定の要件の下に，有志連合による人道復興支援等の国際連携平和安全活動への参加も認めるとした。

17-11　PKOの憲章上の根拠

PKOは国連憲章が本来予定していなかったものであるため，憲章上の直接の根拠はないが，憲章違反というわけでは決してない。**国連経費事件**（1962年）〈百選39〉では，第1次国連緊急隊（UNEF I，総会決議に基づき創設）およびONUC（コンゴ国連軍）の活動経費が国連憲章17条2項にいう「この機構の経費」に該当するかの判断が求められた。裁判所は「該当する」としたが，UNEF，ONUCの行動とも憲章第7章下の強制行動とは性格を異にするとした。「6章半」などという位置づけもあるが，機能面からは40条の暫定措置が近いといえよう。PKOの経費は国連の通常予算とは別にPKO予算が作成され，加盟国の分担金で賄われる。2023-24年の分担率は，米国（26.94％），中国（18.68％），日本（8.03％），ドイツ（6.11％），英国（5.35％）の順である。

PKO の特徴 〉 PKO の特徴としては，1980 年代までは，①紛争当事者の停戦後に，②紛争当事者および受入国の同意の下に，③大国を除く形で部隊が結成され，④中立性をほぼ保って活動し，⑤武器使用は基本的に自衛の場合に限定されるとされてきた（もっとも，ONUC においては，①②は満たされない状況下での介入となった）。冷戦後は，まず③につき，国連イラク・クウェート監視団（UNIKOM）を端緒として大国が参加し，①②については，国連保護軍（UNPROFOR）や第 2 次国連ソマリア活動（UNOSOM 2）は，内戦当事者の合意や停戦が得られない状況下での介入となり，変質した。④については，UNPROFOR は，主に当事者の一方（セルビアおよびセルビア人勢力）と戦い，また，⑤については，近年の PKO を創設する安保理諸決議においては，前文で「第 7 章の下で行動し」と述べ，本文中で，近隣の文民の保護および要員への暴力防止のため「あらゆる必要な手段をとる」ことが承認された。PKO は，カンボジアやモザンビークでは十分な成果を挙げたが，ソマリア，旧ユーゴスラビア，ルワンダにおいて展開された「戦う PKO」は，人道上の惨劇に実効的に対処することができず，PKO に「事実上の軍事的強制措置」を担わせようとするガリ国連事務総長の「平和執行部隊」構想は挫折した。この反省に立ち，1990 年代後半からは，PKO は紛争後の後始末という本来の任務にほぼ限定し，違法行為の停止という機能は多国籍軍に委ねられることとなった（なお，2013 年 3 月には，国連コンゴ民主共和国安定化ミッション（MONUSCO）に武装勢力を無力化するため実力行使を認める安保理決議 2098 が採択された）。近年は，国家復興・国家建設において，多国籍軍と PKO が協力したり，多国籍軍の任務を PKO が引き継いだりしており，両者には密接な関係が見られる。

第18章 武力紛争・軍備管理の国際法

●本章のサマリー

　本章では，武力紛争法と軍備管理・軍縮について説明する。武力紛争法については，交戦法規について主として説明し（⇨*1*），若干，交戦国と武力紛争非当事国の関係を扱う法に関して説明する（⇨*2*）。これに対して，武力紛争に行使される戦闘手段（武器）の法的規制を「平時」に行うのが軍備管理・軍縮である（⇨*3*）。この問題は，武力紛争に関する法的規制の延長線上に位置づけられ，事前の管理体制として，極めて重要な意義を有する。

SUMMARY

1 交 戦 法 規

　武力紛争法とは，内容的には，伝統的国際法における戦争法に対応するものである。この伝統的国際法においては二元体制がとられ，平時法（Law of Peace）に対して，戦争法（戦時法）（Law of War : *jus in bello*）の体系を発達させてきた。この重要な成果として，ハーグ平和会議（1899年，1907年）で採択された諸条約による法典化がある（これにちなんで，害敵手段や中立法に関する，戦闘行為を直接に規律する法規を「ハーグ法」と呼ぶこともある）。そこでの戦争法は，広義には，交戦国間の敵対行為を規律する交戦法規（狭義の戦争法）と，交戦国と武力紛争非当事国の関係を扱う中立法を含んでいた。

現在では，戦争の違法化とともに，これらの諸法規は，武力紛争法と呼ばれる（国際人道法と呼ばれることもある）。これに関する第2次大戦後の特に重要な成果として，1949年の4つのジュネーヴ諸条約（以下，それぞれについては，ジュネーヴ第1，第2，第3，第4条約とする）と1977年の2つの追加議定書（以下，議定書I，議定書IIとする）による法典化がある（これらの諸条約もその例であるが，ジュネーヴで赤十字国際委員会が中心となって19世紀後半以降，諸条約を作成したことにちなんで，捕虜や文民等の戦争犠牲者の保護に関する法規を「ジュネーヴ法」と呼ぶこともある。ただし，追加議定書は，内容的には，「ジュネーヴ法」と「ハーグ法」の両者を含んでいる）。なお，武力行使の許容範囲（⇨第17章 **1**）を定める規範であっても，その性質に応じて部分的には（たとえば，自衛権の均衡性要件），武力紛争中も適用されるとする説が，今日有力である（「継続適用説」）。

交戦法規の法的基盤は，**軍事的考慮**と**人道的考慮**である。交戦に際しては，一方で相手方紛争当事国を打破するための戦闘上の必要性がある。しかし，他方で，交戦活動を法的に制限する基盤として以下の諸要因が存在する。まず，できるだけ短期間で勝利を得るために必要で効果的な手段，方法のみに資源を集中させ，不必要な措置を排除することを要請する軍事的考慮で（精力集中の原則），戦闘資源の有効利用や相手方の抵抗を最小限にすることを目的とする。次に，人間の本来の感情に基づき，不必要な殺傷や破壊の回避を要請する人道的考慮である。以下の具体的法規に関しても，これらの考慮が相まって形成されている。

18-1
　　適 用 対 象

以下のように，適用範囲が分類される。

（1）　時間的適用範囲　　現在の国際武力紛争法は，適用開始要件を**武力紛争**の存在としている（ジュネー

ヴ諸条約共通2条1文，議定書I1条3項・4項・3条 (a))。これは，技術的な意味での戦争状態が成立するか否かを問わず，武力紛争法の適用を目指す趣旨である。国際的武力紛争法適用の終了時は，紛争当事国領域においては**軍事行動の全般的終了**，占領地域に関しては**占領の終了**である（議定書I3条 (b))。

(2) 主体的適用範囲　武力紛争法が適用される主体は，原則として当該法規が効力を有する武力紛争当事国である。重要な拡大現象としては，**総加入条項**（当該戦争の全交戦国が締結国である場合にのみ，その条約が適用されることを定める条項）**の排除**が挙げられる（ジュネーヴ諸条約共通2条3文，議定書I96条2項）。交戦国の増大とともに，総加入条項の存在が条約の適用機会を減少させ，条約の趣旨を阻害するためである（ただし，既に慣習国際法として確立している法規は，総加入条項が存在する場合でも，その適用は排除されない。ニュルンベルク裁判（1946年）〈百選初版106〉，東京水交社事件（1966年）〈百選初版108〉）。

(3) 事項的適用範囲（紛争の性質と類型）　今日の武力紛争法は，武力紛争を類型化して，適用される。すなわち，武力紛争法が全面的に適用されるのが，**①国際的武力紛争**（議定書Iでは，問題を含むものの，従来内戦とされた人民（民族）解放闘争をも含む。1条4項）である。のみならず，内戦（内乱）と呼ばれてきた，**②非国際的武力紛争**は，従来，国内法の適用対象にとどまっていたが，一定の範囲で適用対象とされるに至っている。ただし，暴動，独立または散発的な暴力行為等の，国内的な騒乱および緊張事態は，武力紛争に該当しないとして，適用対象とされない（議定書II1条2項）。

このうち，非国際武力紛争では相対立する2つの要請（中央政府による国内法秩序の維持の要請と戦闘の犠牲者の人道的取扱いの確保の要

請）が存在しており，これをいかに調和させるかという困難な問題がある。具体的適用法規としてはまず，非国際武力紛争であるという要件を満たせば，ジュネーヴ諸条約共通３条が適用され，犠牲者の最低限の人道的保護が義務づけられるという効果が生じる。さらに一層厳格な要件を満たせば，議定書Ⅱが適用され（１条１項），戦闘外にある者の保護が義務づけられるという効果が生じる。しかし，いずれにしても，紛争当事者の法的地位に影響を与えないとされ，その結果，依然として，国内法に基づく反徒の処罰が可能である。これは，そのような紛争に対する国際法の介入に懸念をもった諸国の受諾可能性を重視したためである。ただし，このような場合でも，要件を満たせば，国際刑事裁判所（⇨13-21）の管轄権に服する点には注意を必要とする。

(4) 侵略者への適用問題（差別適用論）　現時点での国際社会は，武力行使違法化（いわゆる *jus ad bellum* の次元）と交戦法規（いわゆる *jus in bello* の次元）を分離し，前者における違反が後者の適用に影響しないという，**平等適用**の立場を基本的にとっている（議定書Ⅰ前文参照）。

これに対しては，武力行使違法化により，少なくとも一方の紛争当事国は違法な武力行使を行っているとみなし，そのような交戦国の交戦法規上の権利を否定すべきとする**差別適用論**が存在する。しかし，この理論は，現状の国際社会では問題を生じる。たとえば，侵略国の戦闘員の捕虜資格を否定し処罰することや，文民の保護を奪う行為に対しては，人道的考慮から問題が生じるのみならず，当該侵略国が容易に降伏しなくなり，さらに相手国の戦闘員，文民に同様の措置をとる可能性が考えられる。そのため，差別適用論は，現状の国際社会では，軍事的考慮，人道的考慮の両側面からとり得

交戦者（戦闘員）資格

陸戦ノ法規慣例ニ関スル規則（陸戦規則一-三条）ないしジュネーヴ条約（ジュネーヴ第三条約（捕虜条約）四条A）	主体の種別	正規軍構成員，正規軍に編入された民兵隊・義勇隊構成員	民兵・義勇兵・組織的抵抗運動団体構成員	群民兵
	種別ごとの要件	無条件	(1)部下について責任を負う１人の者が指揮していること，(2)遠方から認識することができる固着の特殊標章を有すること，(3)公然と武器を携行していること，(4)戦争の法規および慣例に従って行動していること	占領されていない地域の住民が，敵の接近に当たり，軍隊あるいは左記の４条件を満たす組織的抵抗運動を編成する時間的な余裕がないままに，公然武器を携行し，かつ戦争の法規および慣例に従って行動していること

民兵：戦時において政府が人民を召集して組織した団体，**義勇兵**：有志の人民が組織した団体，**組織的抵抗運動団体構成員**：占領軍に抵抗するために占領住民によって組織された武装団体（レジスタンス，パルチザン），**群民兵**：進入軍隊に抵抗する群集

↕

議定書Ⅰ（四三条一項・二項・四四条三項）	主体	部下の行動について当該紛争当事者に対して責任を負う司令部の下にある組織されおよび武装したすべての兵力，集団および部隊（＝軍隊）の構成員
	要件	攻撃または攻撃の準備のための軍事行動を行っている間，自己と文民たる住民とを区別する義務を負う 　さらに，敵対行為の性質上，自己と文民たる住民とを区別することができない武装戦闘員は，(a)交戦の間，(b)自己が参加する攻撃に先立ち軍事展開中に敵に目撃されている間，武器を公然と携行すること

ないものとなっている。

18-2
交戦者（戦闘員）資格

敵対行為の法的規制に際しては，まず，交戦者（戦闘員）資格を決定する必要がある（以下では，陸戦について述べることとする）。歴史的に見ても，これは武力紛争法の法典化過程において常に最重要の問題であった。すなわち，**交戦者（戦闘員）**は，①合法的に武器をとって戦闘に従

事する資格を有するものである（**能動的交戦者資格**）が，他方で，原則として，②交戦相手からみれば，正当な攻撃対象（**受動的交戦者資格，人的軍事目標**）となり，③捕らえられて敵国の権力内に陥れば捕虜となる（**捕虜資格**），という効果をもたらすものである。逆の面から見ると，この交戦者資格を有しない**文民**（**文民たる住民**）は（議定書 I 50条），①敵対行為に直接参加しなければ，②攻撃されない等の文民としての保護を享受し（議定書 I 51条），③逆に，敵対行為に直接参加した場合には，これらの保護を失い，相手国はこれらの者を，たとえば攻撃や処罰の対象とすることが許容される。

交戦者（戦闘員）資格を規定する具体的な法典化作業には，前記の表に示すような，2つの系譜があるため，それぞれの条約締約国と非締約国との間では，何が一般法かが引き続き問題となる。さらに特に議定書 I の規定には，①ゲリラ側の軍事的要求と対ゲリラ側の軍事的要求のバランスを十分に図っているか，さらには，②ゲリラと文民の区別を曖昧にすることにより，文民が受けるべき保護をかえって損なう危険があるのではないか，という問題点があり，日本を含めた西側諸国が宣言等を付している。なお，資格を有しない傭兵についても，詳細な規定が置かれている（議定書 I 47条）。

18-3
害 敵 手 段

武力紛争は交戦国がその総力を結集して行う闘争であるが，条約のほか，慣習，人道の法則や公共良心の要求から生じた国際法原則によって規律され，**害敵手段**（戦闘手段・方法）の選定は無制限ではない（陸戦ノ法規慣例ニ関スル条約前文（いわゆるマルテンス条項），陸戦ノ法規慣例ニ関スル規則（以下，陸戦規則）22条，議定書 I 35条 1 項）。

さらに，国際司法裁判所（ICJ）においても言及されており注目される原則としては，以下のものがある（核兵器威嚇・使用の合法性

事件（1996年）〈百選112〉）。まず第1に，文民たる住民・民用物の保護を目的とする，戦闘員と非戦闘員の区別原則である。第2に，戦闘員に無用の（不必要な）苦痛を与えてはならないという原則である。

以下では，具体的な規制を，戦闘手段・方法に分けて説明する。

(1) 戦闘手段 禁止される戦闘手段に関する重要な一般原則として，上記の一般原則を戦闘手段に具体化した，①文民と軍事目標を区別し得ない兵器を用いてはならないという，**無差別兵器の使用禁止**（議定書I 51条4項(b)(c)参照）と，②**無用の（不必要な）苦痛を与える兵器の禁止**（陸戦規則23条，特にホ，議定書I 35条2項参照）を挙げることができる（上記，ICJ意見）。ちなみに，「無用の（不必要な）苦痛」とは，当該兵器のもたらす効果に比べて，その与える傷害ないし苦痛の程度が大きいことという理解が有力である（均衡性ないし比例性の原則）。

以上の一般原則では不明確な点が残るため，禁止される兵器の種類や性格を特定化することも多い。まず，**通常兵器**の使用禁止に関する主要な条約としては，次のものがある。1868年サンクト・ペテルブルク宣言（重量400グラム未満の炸裂弾および焼夷弾の禁止），1899年ダムダム弾（身体の中で容易に展開しまたは平たくなる弾丸）禁止宣言，1907年自動触発海底水雷条約，1977年環境改変技術敵対的使用禁止条約，1980年特定通常兵器使用禁止制限条約，1997年対人地雷禁止条約，2008年クラスター弾に関する条約（ロシア，ウクライナ，米国，中国等未批准）等である。なお，人間の関与なしに自律的に攻撃目標を設定することができ，致死性を有する自律型致死兵器システム（LAWS）の規制が問題となっている。

次に，**大量破壊兵器**の典型である核兵器，化学兵器，生物兵器

（NBC ないしは ABC 兵器）の禁止状況は，歴史的発展をも含めて以下の通りである（軍備管理・軍縮も参照⇒*18-9*）。

今日，**核兵器**は，その使用の合法性について多くの議論がある。しかし，核兵器はその巨大な軍事的効果のため，明文の一般的禁止規定は存在しない（ただし，後述の核兵器禁止条約は使用・使用の威嚇も禁止している⇒*18-9*）。国家の主張ないし学説は，多岐に分かれているが，重要な判例として，以下のようなものがある。

核兵器威嚇・使用の合法性事件は，戦闘手段の禁止に主としてかかわる部分として，以下のように判示した。①核兵器威嚇・使用を特に許容したり，包括的かつ普遍的に禁止する慣習国際法も条約も存在しない，（しかし，）②核兵器威嚇・使用は，武力紛争に適用可能な国際法の要件，とりわけ国際人道法の諸原則や諸規則の要件，ならびに明示的に核兵器を取り扱う条約や他の約束の下での特定の義務に合致していなければならない，（そこで，）③核兵器威嚇・使用は，武力紛争に適用可能な国際法の諸規則，とりわけ人道法の諸原則や諸規則に一般的に違反している，④しかしながら，国家の存亡そのものが危機に瀕しているような，自衛の極限的状況においては，核兵器威嚇・使用が合法か違法かについて，裁判所は最終的な結論を出すことができない，とする。ここでは，③に関する法的推論が十分でない点，④においては，判断を回避した点に加えて，武力紛争法（*jus in bello*）上の判断に関して，「自衛」という武力行使に訴えることへの法的規制（*jus ad bellum*）の要素を導入することに対する説得的な理由づけがない点が問題とされよう。

これに対して原爆判決（下田事件）（1963 年）〈百選 113〉は，原爆被害者下田氏ほか 4 名が日本国政府を相手どり国家賠償を求めた，日本の裁判所における事件である。原告の請求自体は棄却したため，

厳密に言えば傍論ではあるが，広島・長崎への原爆投下という具体的事件における適法性に関して，詳細な議論を展開した。判決は，仮に核兵器を禁止する明文の規定がない場合でも，既存の国際法規の解釈や類推適用，実定国際法規の基礎にある国際法の諸原則に照らして判断しうるとし，当該原爆投下を違法と判断した。その理由として，①原子爆弾の巨大な破壊力から見て，無防守都市に対する無差別爆撃として違法で，また，②「不必要な苦痛」を与える非人道的な害敵手段の禁止に違反する，とした。これに対しては，戦闘方法と手段のそれぞれに関わる，両者の理由づけの関係が問題とされている。

化学兵器に関しては，第１次大戦での使用経験にかんがみ，1925年毒ガス等の禁止に関する議定書により窒息性・有毒性ガスおよびその類似物の使用が禁止されたが，そこでも，武力紛争法上，戦時復仇（⇨*18-5*）としての使用は完全には禁止しきれなかった（有力国は同条約にその趣旨の留保を付した）。化学兵器禁止条約（CWC）は，戦時復仇をも含めて，使用を全面的に禁止したものの（1条1項(b)），その実効性は，軍縮規定の実効性に大きく依拠する。

生物兵器に関しては，上記の1925年毒ガス等の禁止に関する議定書が，細菌学的手段の行使をも禁止した。

(2)　戦闘方法　　戦闘方法の規制として，ここでは，**戦闘対象**を説明する。戦闘対象は，交戦法規によって，一定の攻撃目標に限定される（**区別原則**の適用）。議定書Ⅰは，文民たる住民や民用物の保護の強化のため，**防守都市**（敵の占領の企図に対して抵抗している都市）の基準を採用せず，**軍事目標主義**のみを掲げ，今日では，これを一般法と理解する見解が有力である。この軍事目標主義とは，攻撃を軍事目標のみに限定する原則をいう（議定書Ⅰ48条，無差別攻撃

の禁止として，同51条4項・5項）。軍事目標でないものに対する攻撃は，軍事上の利益が低く，人道的考慮を重視しうるからである。

　この軍事目標は，**人的軍事目標**と**物的軍事目標**に分けられる。前者は敵対行為に直接参加する者で，既に述べたように，主に戦闘員から構成される（戦闘員でない文民の保護を定めたものとして，議定書I51条1項～3項⇨*18-2*，核兵器威嚇・使用の合法性事件も参照）。後者の積極的な定義は，「その性質，位置，用途又は使用が軍事活動に効果的に資する物であってその全面的又は部分的な破壊，奪取又は無効化がその時点における状況において明確な軍事的利益をもたらすもの」，とされる（議定書I52条2項）。

18-4 **戦争犠牲者の保護**	以下では，戦争犠牲者の保護を戦闘員，文民について説明する。

　(1) 戦闘員　戦闘外にある敵は保護の対象となり，攻撃の対象としてはならない（議定書I41条1項・2項）。このうち，交戦者（戦闘員）資格を有する戦闘員は捕虜資格を有し，敵の権力内に陥れば，**捕虜**（POW：prisoner of war）となる（⇨*18-2*）。捕虜資格の効果である捕虜の待遇の基本原則は，捕虜は，敵対行為に参加したことを理由に処罰されず，常に人道的に取り扱われなければならないこと（**人道的待遇**）である（ジュネーヴ第3条約13条）。日本も，「武力攻撃事態における捕虜等の取扱いに関する法律」により，これに対処することとしている。

　(2) 文民　**文民**とは，交戦者（戦闘員）資格を有しない者で（議定書I50条1項），以下のような保護を享受する。

　まず，文民は，軍事行動から生ずる危険に対して一般的保護を享有するものとされた（議定書I51条1項）。戦闘や他の作戦行動では，交戦国は戦闘員と文民たる住民を区別する義務を負い（同48条），

後者を保護・尊重し，直接または故意に攻撃対象としてはならない（同51条2項。前述，人的軍事目標主義）。

さらに，1949年のジュネーヴ第4条約（文民条約）の保護対象となる文民は，特別の保護を享有する（ただし，その対象となる文民は，第2編を除き，適用範囲が限定されている）。なお，議定書Iはこれらの保護措置を強化・拡大した（72条〜78条）。

18-5
武力紛争法規の履行確保

武力紛争法規の履行確保手段は，敵愾心（がい）に満ちた異常な状況の中で危険性が高い侵犯を防止ないし停止させるため，極めて重要な制度である。以下では，国家の国際法上の責任制度（⇨第8章）以外のものについて説明する。

戦時復仇（1949年ジュネーヴ諸条約における公定訳は「報復」であるが，原語は，復仇（reprisals））とは，敵の交戦法規違反を停止させ，それを遵守させるため，自らも交戦法規違反行為に訴えることで，その違法性が阻却される行為である（違法性阻却事由⇨第8章**3**）。戦時復仇の要件は，他に手段のないこと（補充性）と相手の違法行為（先行違法行為）と均衡のとれたものであること（均衡性）である。戦時復仇は履行確保の中核的手段であるが，交戦状況下で濫用されやすく，また，先行行為の適法性を主張する相手国からの反対復仇を招くおそれもある。さらに，違反に責任のない捕虜や文民を対象とすることには批判があり，武力紛争法上保護される人や物への復仇を禁止する傾向がある（ジュネーヴ第1条約46条，第2条約47条，第3条約13条3項，第4条約33条3項，議定書I20条・51条〜56条参照）。

また，**戦争犯罪**の処罰も武力紛争法規の履行確保の機能を有する（⇨**13-12**，**13-19**，**13-21**）。

2　武力紛争非当事国の法的地位

18-6

**伝統的国際法における
中立法の内容**

伝統的国際法において，国際法上の戦争
状態が生じた場合に，その戦争に参加し
ていない国家が交戦国に対して有する地
位を**中立**，そのような国家を中立国と呼んだ。中立法は，交戦国が
戦争を有利に遂行しようとする利益と，交戦国の戦争遂行による利
益侵害を避けようとする中立国の利益（中立国国民の通商の自由の確
保や中立国の領土保全）との，対立する利益を調整する制度である。
以上のような中立の地位を規律する中立法は，正戦論が衰退し，有
力国が中立による利益を見出していた 19 世紀から 20 世紀初頭にか
けて発展した。特に，中立による利益を最も尊重する内容の一般条
約が作成されるに至った（1907 年陸戦中立条約，海戦中立条約，1909
年ロンドン宣言（未発効）等）。

　これら一般条約によれば，中立を選択した中立国と交戦国の関係
は中立法により規律され，中立国は交戦国に対して平時と異なる中
立義務を負う。この中立義務には，**黙認**（戦争法で認められた交戦国
の行為により中立国やその国民に生じた損害を黙認する），**避止**（国家とし
て，交戦国に対し軍事上の便宜を与えない）および**防止**（交戦国による自
国領域の軍事利用の防止。アラバマ号事件（1872 年）〈百選 6〉参照）の 3
種の義務（後 2 者をまとめて**公平義務**ともされる）に整理されるのが一
般的であった。

　しかし，いずれの国が交戦国となるかは具体的な「戦争」によっ
て組み合わせが様々なため，直接の交戦国とその他の国との関係は，

（国力の格差，地理的関係，政治的友好関係等）そもそも極めて多様であった。加えて，「戦争」の違法化が進展し，さらに中立通商に大きな利益を有する米国による第 2 次大戦参戦以前の政策変更（「非交戦国（non-belligerent）」と呼ばれた）も相まって，既に戦間期に，法典化による一般化の限界が大きく浮上していた。

18-7

国連憲章下における武力紛争非当事国の地位

今日，この中立概念が，武力行使の違法化と集団安全保障体制（⇨第 17 章）を根幹とする国連憲章下でも維持しうるかが重要な問題である（国連憲章の関連条文に従うことを条件として，中立原則の適用可能性を認めたものとして，核兵器威嚇・使用の合法性事件）。具体的には，憲章第 7 章は集団安全保障体制について規定しており，安全保障理事会により**強制措置の発動**（特に 41 条の非軍事的措置）が決定されれば，それは法的拘束力をもち，加盟国は協力義務を負う（国連憲章 25 条・2 条 5 項）。そのため，このような強制措置がとられれば，加盟国は一方の交戦国を差別して扱うこともあり得るが，その場合は上述のような中立義務とは両立しがたいこととなる。

しかし，安全保障理事会があらゆる場合に武力行使の違法性の認定や，強制措置の発動をなしうるわけではない。そこでこのような際の規範状況をどのように考えるかが，極めて重要な理論的・実務的問題となっている。この点，国連との関係においては，自国に対する義務的な強制措置の発動がなされない限り，加盟国は，中立と類似の地位を少なくとも事実上は選択することができ，協力義務違反とはみられていない。これに対して武力紛争当事国と武力紛争非当事国の関係は，より一層複雑で，重要な諸問題が，依然として未解決のまま残されている（国連総会が認定したロシアのウクライナ侵略に対して，主として西側諸国による広範な「軍事援助」が見られる点は重

要である）。なお，日本が武力紛争当事国となる場合については，「武力攻撃事態における外国軍用品等の海上輸送の規制に関する法律」により，日本領海または周辺の公海における外国軍用品等の海上輸送を規制できるが，国際法上の根拠を中立法ではなく自衛権（⇨*17-2*）に置いている点が注目される。

Column㉔ **ロシアのウクライナ侵略が投げかけた諸問題** ·············

2022年2月に勃発したロシアによるウクライナ侵略は，武力紛争法の広範な分野において深刻な事態を引き起こしており，今後のあり方にも多大な影響を与えることが予想される。侵略者への適用問題（差別適用論），戦闘員資格に関する「傭兵」や文民の「戦闘への直接参加」問題，（事前の区別の努力も含めて）軍事目標主義の違反，捕虜や文民の保護と待遇に関する違反，ドローンの多用や新兵器と報道される多種多様な兵器の投入，既に一般条約によって禁止対象ともなっているクラスター弾の使用，核兵器使用の威嚇，違反行為に対する刑事処罰に関する国内裁判所とICCそれぞれの対応，武力紛争非当事国の「中立」義務の存否と該当性等々，枚挙に暇がない。また，深刻な戦闘の最中において客観的な事実認定も困難を極めている。ここではまず，このような事態を客観的にかつ正確に理解するために，これらの現実的諸問題を念頭に置いて，国際社会においてこれまでに蓄積されてきた武力紛争法の意義を再確認することが極めて肝要である。

··

3 軍備管理・軍縮

18-8
軍備管理・軍縮の意義

軍備管理・軍縮はさまざまな意味で用いられるが，ここでは，軍備管理を，軍事戦略の安定化のため，軍備の質・量・配備地域に制限を設けること

とし，軍縮を，一定の軍備の完全撤廃を指すものとして扱う。法的に見て，軍備管理・軍縮は，武力紛争法と密接な関連性を有する。それは，まず第1に，軍備管理・軍縮が，将来の戦闘状態を想定しながら平時における武器の種類・量，配備地域等に制限を加えるという性質に由来する。これにより，突発的な武力衝突を防ぐという固有の機能（緊張緩和，信頼醸成）に加えて，武力紛争発生時における戦闘を管理する機能を有する点で，武力紛争法と共通する基盤を有する。第2に，戦闘手段の規制（違法化）と軍備管理・軍縮は，相互に他方の規制の遵守基盤となり，同一条約に規定される場合も増加している（たとえば，化学兵器，対人地雷，クラスター弾等）。

　以下では個別の制度を実体法と履行確保措置に分けて説明する。それぞれの制度においては，一方において禁止による相互的ないし一般的利益と，他方において軍備保持という安全保障上の考慮との，対立する利害の均衡を基礎としている。

18-9
実体法上の義務 以下では，各国が負う実体法上の義務に着目して，説明する。

　(1) 個別兵器　特に，核兵器，生物兵器，化学兵器（NBCないしはABC兵器）は，**大量破壊兵器**として，規制の重要な対象となっている（害敵手段も参照⇨*18-3*）。

　核兵器の軍備管理・軍縮は，広島・長崎への原爆投下以後，その巨大な威力が認識され，保有規制と実験禁止が重要な課題である。

　核兵器の保持に関しては，戦後すぐ，主として国連内で規制が議論されたが，冷戦の激化に伴い成果のない状態が続いた。しかし冷戦の緩和により，1960年代後半より，以下のような条約が進展した。一般条約として，**核拡散防止条約**（NPT）（1968年）は，核兵器保有国の増加に直面して，核兵器国の拡散（いわゆる水平的拡散）を

防止する体制を創設した。このように，この条約は，核兵器国の拡散に伴う国際安全保障の不安定化防止を趣旨としている。そのため，核兵器国（米，ロ，英，仏，中）と非核兵器国の義務が異なり，前者は，核兵器を他国に移譲しない義務を負う（1条）のに対して，後者は，核兵器の受領・製造・取得が禁止されている（2条）。本条約は，このため，核兵器の量的制限（いわゆる垂直的拡散の防止）を規定しておらず，非核兵器国からの批判も強かったものの，1995年の再検討会議において，無期限延長が決定された。しかし，今日，非締約国（インド，パキスタン，イスラエル）による核開発・保有やその疑惑問題，締約国でありながら核開発疑惑の存在する国（イランについては，2015年**包括的共同作業計画**により一旦解決に向かったかに見えたが，違反が疑われるとして米国が離脱し，再び深刻な問題が継続している。北朝鮮は，締約国時から違反行為があったと見られるが脱退を表明し，真偽はともかく，核実験実施の宣言等を行っているが，脱退表明後の地位は不明確）があり，条約レジームの実効性が深刻な問題となっている。ちなみに，地域条約においては，いわゆる非核兵器地帯条約も，締約国に，NPT同様，核兵器を保有しない義務を課している（⇨(2)）。

そのような背景の中，核兵器禁止条約が，2017年に採択され，発効した。その内容としては，「核兵器その他の核爆発装置」の開発，実験，生産，製造，取得，保有，貯蔵，移譲，受領，使用・使用の威嚇，配置等を「いかなる場合にも（under any circumstances）」禁止するものの（1条），「核抑止」評価の相違に基づく核兵器保有国やいわゆる「核の傘」にある諸国の強い反対もあって，その将来的展望は予断を許さない。

これに対して，二国間条約，特に米ソ間においては，核戦略「安

定化」のための関連条約が締結されてきた。たとえば，第1次戦略兵器制限暫定協定（SALT I）および対弾道ミサイル（ABM）条約，第2次戦略兵器制限条約（SALT II, 未発効）が締結されたが，これらは，軍備の固定化ないし将来の限界を定めたものであった。これに対して，中距離ミサイル廃棄条約（いわゆる INF（中距離核戦力）廃棄条約）（1987年）では，実際に核兵器の配備削減がなされた点が注目される。さらに冷戦終結以後の関係改善により，両国間で核兵器が実質的にはパリティ（同等）に達しており，大幅な削減も戦略的にはさほど大きな意味を持たないことが共通の認識となった。その結果，ソ連崩壊の前後にかけて，第1次戦略兵器削減条約（START I）が署名され発効した。しかし，第2次戦略兵器削減条約（START II）以降の条約は，米ロ間の関係が再び悪化したことに伴い発効せず，さらに米国はミサイル防衛（MD）計画の推進のため，対弾道ミサイル条約からも脱退した。第1次戦略兵器削減条約の失効（2009年）後，米ロ間で2010年に新戦略兵器削減条約が締結されたが，その後の米ロ関係の悪化を背景として，INF（中距離核戦力）廃棄条約も，2019年，ロシアの違反を理由として，米国の脱退により終了した。新戦略兵器削減条約も2021年，5年間延長されたが，2023年にロシアが履行停止を表明し，予断を許さない状況にある。

　核兵器の実験禁止は，実験に伴う環境汚染の防止，特に非核兵器国にとっては核兵器国の拡散防止，核兵器国にとっては核兵器の改良に伴う軍備競争の抑止を趣旨とする。いわゆる部分的核実験禁止条約（PTBT）（1963年）は，大気圏内，宇宙空間，水中における核実験を禁止したものの，地下核実験を禁止しておらず，核兵器先進国にとっては微温的な規制にとどまった。これに対して**包括的核実**

験禁止条約（**CTBT**）（1996年）は，地下核実験をも含めて包括的に核実験を禁止する条約である（未発効）。問題点として，①発効要件にNPT未加盟で核兵器を保有していると考えられている国（インド，パキスタン，イスラエル）の批准が含まれているため（14条，附属書2），近時の発効は困難であることに加え，②核兵器保有国が未臨界実験（核分裂の連鎖反応が開始する臨界に達する直前までの実験）により条約の重要性を低下させていることが挙げられる。なお，北朝鮮の核実験に対しては，2006年に安保理が平和に対する脅威を認定し，国連憲章第7章の下で，これ以上核実験を実施しないよう要求する安保理決議1718が採択されて以来，累次の安保理決議で制裁が強化されている（⇨*17-8*）。

生物兵器に関しては，生物兵器禁止条約（1972年）において，細菌・毒素兵器の開発，生産，貯蔵，取得を禁止し（1条），現存保有分の廃棄と平和目的への転用（2条），他国への移譲禁止（3条）が規定された。生物兵器が無差別効果を有する点および行使後の効果を制御することが困難なことから，合意が容易であったことによる。

化学兵器に関する軍縮条約は，その軍事上の利益のため，長らく進展しなかった。近時の化学兵器禁止条約（**CWC**）（1993年）は，武力紛争法上の戦時復仇としての使用をも含めて（⇨*18-3*），化学兵器の完全な禁止を目指して，開発，生産，取得，貯蔵，保有，または移譲の禁止に加えて，所有する化学兵器の廃棄を義務づけている（1条）。イラン・イラク戦争での使用や，湾岸戦争での使用可能性に対峙して，化学兵器の拡散の危険性が認識されたためである。

通常兵器に関する一般条約として注目されるのは，以下のような条約である。まず，対人地雷禁止条約（1997年），クラスター弾に関する条約（2008年）が採択され，発効したことである。軍事的利

益がある程度限定されており，これに比して，長期にわたって，一般人に対する損害が甚大であるという人道的側面が重視されたことによる。他方，通常兵器の国際的な移譲の管理強化を目指す，**武器貿易条約**（ATT：Arms Trade Treaty）が 2013 年に採択され，翌年発効した。締約国は，移譲が平和および安全に対する影響，国際人道法・国際人権法の重大な違反やテロ関連条約上の違反行為に使用されるか否か等を評価し，否定的なリスクが重大な場合には，輸出を許可しないとするもので，注目される。

(2) 一定区域における非軍事化　　一定区域において，特定の軍備の配備が禁止・制限され，戦略的な安定に資する場合がある。国際化区域に関しては，南極条約，海底非核化条約，宇宙条約および月協定がある（⇨*9-8*，*10-9*，*11-11*）。国家領域に関しては，軍備配備の自由が強調されることが多く，特定の軍備の制限・禁止は，戦後の平和条約による負担を除くと，一般的には困難である。注目される地域条約としては，**非核兵器地帯**（NWFZ：Nuclear Weapon Free Zone）を設立する諸条約がある（ラテン・アメリカ（1967 年トラテロルコ条約），南太平洋（1985 年ラロトンガ条約），東南アジア（1995 年バンコク条約），アフリカ（1996 年ペリンダバ条約），中央アジア（2006 年セミパラチンスク条約））。これらは，一定地域内から核兵器を排除することを目的とする条約で，諸条約において最低限禁止される共通点は，域内締約国が核兵器を自ら保持することと，（他国の管理下のものであれ，）領域内に配備することである。その目的は 2 点あり，①地域内諸国間の軍事的対立の防止・緩和と，②核戦略上の「軍事目標」を排除することによる域内諸国の安全保障，である。

18-10
検証・査察

この分野においては，各国の安全保障にかかわる機微な性格から，条約上の義務

の履行確保として，**検証・査察**措置が重視される。個別の措置としては，特に検証（締約国の行為と義務の適合性について検討する措置）が設定される場合が多く，さらには（現地）査察（現地において履行状況に関する事実を確認する措置）までもが導入される場合もある。

核兵器不保持の義務に関しては，核物質の平和利用が確保されるよう，国際原子力機関（IAEA）による保障措置（以下，**IAEA 保障措置**）が，原子力双務協定や核拡散防止条約，非核兵器地帯条約等により強制されている。しかしながら，現在，IAEA 保障措置は，イラクが隠蔽していた核兵器開発計画が湾岸戦争後に発覚し，さらに，北朝鮮，イランの核兵器開発疑惑等に見られる，核の水平的拡散への対処という困難な課題を有している。IAEA による対応のうち重要なものとしては，保障措置の範囲がより包括的な「**追加議定書**」を採択し，各国にその受入れを呼びかけていることが挙げられる。これに対して，米国と旧ソ連間においては，現地査察をめぐって原則的な対立が長期間続き，「自国の技術手段」（NTM : National Technical Means）の採用（特に人工衛星の使用）により，国際的な検証・査察機関の設立を実質的に回避してきた。しかし，中距離ミサイル廃棄条約，START I とその後継の新戦略兵器削減条約において，現地査察を設定したことは注目される。

化学兵器においても，国際原子力機関（IAEA）をモデルとして**化学兵器禁止機構**（OPCW）を設立し，検証・査察方式を導入した。注目されるのは，広範な現地査察制度と，疑惑の存在の申立てに応じた，「**申立査察（チャレンジ査察）**」を導入した点である（化学兵器禁止条約9条8項以下）。

生物兵器に関しては，締結当時は検証措置の必要性は認識されなかったが，その後，条約に違反する生物兵器開発が疑われる国があ

り，検証措置の設立や刑事罰による履行確保が課題となっている。

　国際化された区域においては，特別の発展が見られ，査察ないし事実上の査察制度が導入されている（南極条約7条，宇宙条約12条，月協定15条1項，海底非核化条約3条）。領域主権の排他性が十全に主張できない特殊性によるものと考えられよう。

国際法の学習に役立つウェブサイト

　ウェブサイトについては，無料のものを紹介しますが，有料で便利なものもあり，利用できるかは，各大学の図書館に問い合わせて下さい。

◆国際機関
国際連合（UN）　https://www.un.org/
　文書検索 Documents　https://www.un.org/en/our-work/documents
　Audiovisual Library of International Law
　　https://legal.un.org/avl/intro/introduction.html?tab=2
　国際連合国際法委員会（ILC）
　　https://legal.un.org/ilc/
　国際連合主要機関，専門機関一覧
　　https://www.un.org/en/pdfs/un_system_chart.pdf
国際司法裁判所（ICJ）　https://www.icj-cij.org/
国際海洋法裁判所（ITLOS）　https://www.itlos.org/
常設仲裁裁判所（PCA）　https://www.pca-cpa.org/
国際刑事裁判所（ICC）　https://www.icc-cpi.int/
国際復興開発銀行（世界銀行）（IBRD）　https://www.worldbank.org/en/home
世界貿易機関（WTO）　https://www.wto.org/
欧州連合（EU）　https://europa.eu/
　文書検索 EUR-LEX　https://eur-lex.europa.eu
欧州人権裁判所（ECHR）　https://www.echr.coe.int/Pages/home.aspx?p=home

◆政府機関・学会等
日本外務省　https://www.mofa.go.jp/mofaj/index.html
官公庁サイト一覧　https://www.gov-online.go.jp/topics/link/index.html
国会会議録検索システム（日本）　https://kokkai.ndl.go.jp/#/
外務省外交史料館
　https://www.mofa.go.jp/mofaj/annai/honsho/shiryo/

アジア歴史資料センター　https://www.jacar.go.jp/
国際法学会（日本）（サイト内「研究教育情報」は重要）
　　https://jsil.jp/
国際法協会（ILA）　https://www.ila-hq.org/
同・日本支部　http://www.ilajapan.org/
アメリカ国際法学会　https://www.asil.org/

◆条約等
外務省・条約データ検索
　　https://www3.mofa.go.jp/mofaj/gaiko/treaty/
最近の国会承認条約
　　https://www.mofa.go.jp/mofaj/gaiko/treaty/index.html
国連寄託条約（UNTS）
　　https://treaties.un.org/pages/home.aspx
イェール大学アヴァロン・プロジェクト
　　https://avalon.law.yale.edu
有斐閣『国際条約集』収録中止条約（PDF版）
　　http://www.yuhikaku.co.jp/static/deletePDF.html

◆文献等
国立国会図書館サーチ（NDL Search）
　　https://iss.ndl.go.jp/
CiNii　https://ci.nii.ac.jp/

略称等一覧

ABC：Atomic, Biological and Chemical　　原子，生物，化学
ABM：Anti-Ballistic Missile　　対弾道ミサイル
ADIZ：Air Defense Identification Zone　　防空識別圏
AIIB：Asian Infrastructure Investment Bank　　アジアインフラ投資銀行
APEC：Asia-Pacific Economic Cooperation　　アジア太平洋経済協力
ASEAN：Association of South-East Asian Nations　　東南アジア諸国連合
ATCM：Antarctic Treaty Consultative Meeting　　南極条約協議国会議
ATT：Arms Trade Treaty　　武器貿易条約
AU：African Union　　アフリカ連合
BIT：Bilateral Investment Treaty　　二国間投資条約
CE：Council of Europe　　欧州評議会
CIS：Commonwealth of Independent States　　独立国家共同体
CITES：Convention on International Trade in Endangered Species of Wild Fauna and
　　Flora　　ワシントン条約（絶滅のおそれのある野生動植物の種の国際取引に関する条約）
CTBT：Comprehensive Nuclear Test Ban Treaty　　包括的核実験禁止条約
COP：Conference of Parties　　締約国会議
CSCE：Conference on Security and Cooperation in Europe　　欧州安全保障協力会議
CWC：Chemical Weapons Convention　　化学兵器禁止条約
ECAFE：Economic Commission for Asia and the Far East　　アジア極東経済委員会
EC：European Community/European Communities　　欧州共同体
ECSC：European Coal and Steel Community　　欧州石炭鉄鋼共同体
ECOWAS：Economic Community of West African States　　西アフリカ諸国経済共同体
EEC：European Economic Community　　欧州経済共同体
EEZ：Exclusive Economic Zone　　排他的経済水域
EPA：Economic Partnership Agreement　　経済連携協定
ESA：European Space Agency　　欧州宇宙機関
ESCAP：Economic and Social Commission for Asia and the Pacific　　アジア太平洋経済
　　社会委員会
EU：European Union　　欧州連合
EURATOM：European Atomic Energy Community　　欧州原子力共同体
FAO：Food and Agriculture Organization of the United Nations　　国連食糧農業機関
FTA：Free Trade Agreement　　自由貿易協定
GATS：General Agreement on Trade in Services　　サービスの貿易に関する一般協定
GATT：General Agreement on Tariffs and Trade　　関税と貿易に関する一般協定
IAEA：International Atomic Energy Agency　　国際原子力機関
IBRD：International Bank for Reconstruction and Development　　国際復興開発銀行
　　（世界銀行）
ICAO：International Civil Aviation Organization　　国際民間航空機関
ICC：International Criminal Court　　国際刑事裁判所
ICJ：International Court of Justice　　国際司法裁判所

ICPO：International Criminal Police Organization　　国際刑事警察機構
ICRC：International Committee of the Red Cross　　赤十字国際委員会
ICSID：International Centre for Settlement of Investment Dispute　　投資紛争解決国際
　　センター
ICTR：International Criminal Tribunal for Rwanda　　ルワンダ国際刑事裁判所
ICTY：International Criminal Tribunal for the Former Yugoslavia　　旧ユーゴスラビア
　　国際刑事裁判所
IDA：International Development Association　　国際開発協会
IEA：International Energy Agency　　国際エネルギー機関
IFAD：International Fund for Agricultural Development　　国際農業開発基金
IFC：International Finance Corporation　　国際金融公社
IGY：International Geophysical Year　　国際地球観測年
ILC：International Law Commission　　国際法委員会
ILO：International Labour Organization　　国際労働機関
IMF：International Monetary Fund　　国際通貨基金
IMO：International Maritime Organization　　国際海事機関
INF：Intermediate-Range Nuclear Force　　中距離核戦力
IPCC：Intergovernmental Panel on Climate Change　　気候変動に関する政府間パネル
IRMCT：International Residual Mechanism for Criminal Tribunals　　刑事裁判所のため
　　の国際残余メカニズム
ISA：International Seabed Authority　　国際海底機構
ITLOS：International Tribunal for the Law of the Sea　　国際海洋法裁判所
ITO：International Trade Organization　　国際貿易機関
ITU：International Telecommunication Union　　国際電気通信連合
IWC：International Whaling Commission　　国際捕鯨委員会
LMP：Living Modified Organism　　遺伝子組換え生物
MAI：Multilateral Agreement on Investment　　多数国間投資協定
MEA：Multilateral Environmental Agreement　　多数国間環境協定
MFN：Most Favoured Nation　　最恵国
MIGA：Multilateral Investment Guarantee Agency　　多数国間投資保証機関
MONUSCO：国連コンゴ民主共和国安定化ミッション　　United Nations Organization
　　Stabilization Mission in the Democratic Republic of the Congo
NAFTA：North American Free Trade Agreement　　北米自由貿易協定
NATO：North Atlantic Treaty Organization　　北大西洋条約機構
NBC：Nuclear, Biological and Chemical　　核，生物，化学
NGO：Nongovernmental Organizations　　非政府組織
NIEO：New International Economic Order　　新国際経済秩序
NOWPAP：North-West Pacific Action Plan　　北大西洋地域海行動計画
NPT：Treaty on the Non-Proliferation of Nuclear Weapons　　核不拡散条約
NTM：National Technical Means　　自国の技術手段
NWFZ：Nuclear Weapons Free Zone　　非核兵器地帯
OAS：Organization of American States　　米州機構
ODA：Official Development Assistance　　政府開発援助
OECD：Organization of Economic Cooperation and Development　　経済協力開発機構

OHCHR：Office of the United Nations High Commissioner for Human Rights　　国連人権高等弁務官事務所

OPCW：Organization for the Prohibition of Chemical Weapons　　化学兵器禁止機関

OPEC：Organization of the Petroleum Exporting Countries　　石油輸出国機構

OSCE：Organization for Security and Co-operation in Europe　　欧州安全保障協力機構

PCA：Permanent Court of Arbitration　　常設仲裁裁判所

PCIJ：Permanent Court of International Justice　　常設国際司法裁判所

PKO：Peace Keeping Operations　　平和維持活動

PLO：Palestine Liberation Organization　　パレスチナ解放機構

SALT：Strategic Arms Limitation Talks　　戦略兵器制限交渉

START：Strategic Arms Reduction Talks　　戦略兵器削減交渉

TPP：Trans-Pacific Partnership　　環太平洋パートナーシップ

TRIMs：Trade-Related Investment Measures　　貿易に関連する投資措置

TRIPs：Trade-Related Aspects of Intellectual Property Rights　　知的所有権の貿易関連の側面

UNCED：United Nations Conference on Environment and Development　　国連環境開発会議

UNCTAD：United Nations Conference on Trade and Development　　国連貿易開発会議

UNDP：United Nations Development Program　　国連開発計画

UNEP：United Nations Environmental Program　　国連環境計画

UNESCO：United Nations Educational, Scientific and Cultural Organization　　国連教育科学文化機関

UNFCCC：United Nations Framework Convention on Climate Change　　気候変動枠組条約 (地球温暖化防止条約)

UNHCR：United Nations High Commissioner for Refugees　　国連難民高等弁務官

UNICEF：United Nations Children's Fund　　国連児童基金

UNIDO：United Nations Industrial Development Organization　　国連工業開発機関

UNIKOM：United Nations Iraq-Kuwait Observation Mission　　国連イラク・クウェート監視団

UNOSOM：United Nations Operation in Somalia　　国連ソマリア活動

UNPROFOR：United Nations Protection Force　　国連保護軍

UNTAC：United Nations Transitional Authority in Cambodia　　国連カンボジア暫定統治機構

UNTAET：United Nations Tentative Administration in East Timor　　国連東ティモール暫定行政機構

UNWTO：United Nations World Tourism Organization　　世界観光機関

UPU：Universal Postal Union　　万国郵便連合

WHO：World Health Organization　　世界保健機関

WIPO：World Intellectual Property Organization　　世界知的所有権機関

WMO：World Meteorological Organization　　世界気象機関

WTO：World Trade Organization　　世界貿易機関

条約・決議索引

《 》は正式名称，［ ］は通称・別称，（ ）は作成・採択年を示す。

ら 行

わ 行

判 例 索 引

事 項 索 引

【有斐閣アルマ】
国際法〔第5版〕
International Law, 5th edition

2006 年 3 月 30 日	初　版第 1 刷発行	2021 年 3 月 30 日	第 4 版第 1 刷発行
2011 年 3 月 25 日	第 2 版第 1 刷発行	2024 年 3 月 30 日	第 5 版第 1 刷発行
2016 年 3 月 30 日	第 3 版第 1 刷発行		

著　者　　中谷和弘・植木俊哉・河野真理子・森田章夫・山本　良

発行者　　江草貞治

発行所　　株式会社有斐閣

　　　　　〒101-0051 東京都千代田区神田神保町 2-17

　　　　　https://www.yuhikaku.co.jp/

装　丁　　デザイン集合ゼブラ＋坂井哲也

印　刷　　株式会社精興社

製　本　　大口製本印刷株式会社

装丁印刷　株式会社亨有堂印刷所

落丁・乱丁本はお取替えいたします。定価はカバーに表示してあります。
©2024, K. Nakatani, T. Ueki, M. Kawano, A. Morita, and R. Yamamoto.
Printed in Japan ISBN 978-4-641-22230-4

本書のコピー、スキャン、デジタル化等の無断複製は著作権法上での例外を除き禁じられています。本書を代行業者等の第三者に依頼してスキャンやデジタル化することは、たとえ個人や家庭内の利用でも著作権法違反です。

JCOPY　本書の無断複写（コピー）は、著作権法上での例外を除き、禁じられています。複写される場合は、そのつど事前に、（一社）出版者著作権管理機構（電話 03-5244-5088, FAX 03-5244-5089, e-mail:info@jcopy.or.jp）の許諾を得てください。